Weber

Reflexionsmedium ePortfolio

Für Lukas.

Nadine Weber

Reflexionsmedium ePortfolio

Strukturierung von digitaler Portfolioarbeit im Lehramtsstudium

Verlag Julius Klinkhardt
Bad Heilbrunn • 2021

k

Das diesem Buch zugrundeliegende Vorhaben wurde im Rahmen der gemeinsamen „Qualitätsoffensive Lehrerbildung" von Bund und Ländern mit Mitteln des Bundesministeriums für Bildung und Forschung unter dem Förderkennzeichen FKZ 01JA1519 gefördert. Die Verantwortung für den Inhalt dieser Veröffentlichung liegt bei der Autorin.

Die vorliegende Arbeit, mit der Siegelziffer D30, wurde als Inauguraldissertation zur Erlangung des Grades eines Doktors der Philosophie im Fachbereich Erziehungswissenschaften der Johann-Wolfgang-Goethe-Universität zu Frankfurt am Main vorgelegt, unter dem Titel „Reflexionskompetenz im ePortfolio. Eine empirische Studie zur Strukturierung von ePortfolioarbeit mit Studierenden zum Thema Heterogenität im Unterricht".
Gutachterinnen: Prof'in. Dr. Diemut Kucharz, Prof'in. Dr. Charlotte Röhner.
Tag der Disputation: 12.05.2020.

Dieser Titel wurde in das Programm des Verlages mittels eines Peer-Review-Verfahrens aufgenommen. Für weitere Informationen siehe www.klinkhardt.de.

Bibliografische Information der Deutschen Nationalbibliothek
Die Deutsche Nationalbibliothek verzeichnet diese Publikation in der Deutschen Nationalbibliografie; detaillierte bibliografische Daten sind im Internet abrufbar über http://dnb.d-nb.de.

Satz: Kay Fretwurst, Spreeau.
Foto Umschlagseite 4: © Nadine Weber/Agnes Gantz, Wien.

Druck und Bindung: Bookstation GmbH, Anzing.
Printed in Germany 2021.
Gedruckt auf chlorfrei gebleichtem alterungsbeständigem Papier.

ISBN 978-3-7815-2444-6

Zusammenfassung

Die vorliegende empirische Arbeit erprobt ePortfolios als Medium zur Unterstützung der Professionalisierung für Reflexivität zum Thema Umgang mit Heterogenität mit Studierenden des Grundschullehramts. Dabei wird der Ablauf von Reflexionen häufig als wiederkehrender Zyklus dargestellt und bezieht sich auf eigene Handlungen. Zusätzlich gibt es unterschiedliche Modelle zu Qualitätsstufen der Reflexion. Für die vorliegende Arbeit wurden Anpassungen und Ergänzungen im ALACT-Zyklus von Korthagen (2002) vorgenommen, um daraus ein eigenes Modell zum Reflexionszyklus für die ePortfolioarbeit an der Hochschule abzuleiten.
ePortfolios haben das Potential bei den Studierenden zudem Selbstständigkeit, Selbstregulation und Selbstverantwortung anzuregen. Dazu sollte es mit systematischen Reflexionsanlässen verankert, eingeführt und begleitet werden (Weber et al. 2017). Bisherige Studien (u.a. Leonhard 2013, Brouer & Gläser-Zikuda 2010, Vogel 2013) zeigten, dass die Qualität von Reflexionen in Portfolios nicht wie erhofft waren, Selbsteinschätzungen der Studierenden zu hoch und Messung von Qualitätsstufen schwierig.
Diese Arbeit geht davon aus, dass, ähnlich wie bei Kidwai und Kollegen (2010), ePortfolios das Potential haben Studierende zum professionellen, theoriegeleiteten Reflektieren anzuregen und sich die Reflexionskompetenz in der Folge verändert. Durch die bisher vorliegende Forschung zum Thema ePortfolio wird jedoch nicht deutlich, wie viel Strukturierung in einem ePortfolio notwendig ist, damit qualitativ gute Reflexionen entstehen. Die forschungsleitende Fragestellung lautet deswegen: *Welche Form der Strukturierung von ePortfolioarbeit (offen-adaptiv oder geschlossen-angeleitet) verhilft Studierenden zu einer besseren Reflexionskompetenz (Reflexionstiefe, inhaltliche Breite und Reflexionszyklus) in Bezug auf das Thema Heterogenität im Unterricht?*
Um die abgeleitete Fragestellung zu bearbeiten, wurde für zwei Lehrveranstaltungen für Studierende des Grundschullehramts jeweils zwei Bearbeitungsweisen des ePortfolios (offen-adaptiv vs. geschlossen-angeleitet) entwickelt und durchgeführt (2016/2017). Als Instrumente wurde eine selbstentwickelte Fallvignette zum Thema Heterogenität (Wehner & Weber 2017) in der Prä-Post-Testung zur Erfassung der Reflexionstiefe und inhaltlichen Breite eingesetzt. Über die Abschlussreflexion aus den ePortfolios sollte die Nutzung des Reflexionszyklus bestimmt werden und ein Fragebogen als Zwischenerhebung sollte Aufschluss über die Bewertung der Strukturierungsform Aufschluss geben. Die Daten wurden mit der qualitativen Inhaltsanalyse ausgewertet. Die Stichprobe bestand aus 34 Studierenden und daraus acht Einzelfälle im Fallvergleich.
Die Auswertungen deuten darauf hin, dass es möglich ist, Studierende in einer offen-adaptiven Arbeitsweise an der Gestaltung ihres ePortfolios schrittweise teilhaben zu lassen. Die Ergebnisse zur Reflexionskompetenz zeigen darüber hinaus, dass die geschlossen-angeleitete Gruppe sowohl in der Reflexionstiefe, als auch in der inhaltlichen Breite schlechtere Ergebnisse hatte. Bei der Nutzung des Reflexionszyklus ergaben sich hingegen keine Unterschiede zwischen den beiden Bearbeitungsformen des ePortfolios.

Abstract

This thesis investigates ePortfolios as a medium to support students studying primary education in the professionalization of reflectivity on dealing with heterogeneity. Reflection is often represented by a recurring cycle and refers to individuals' actions. There are also different models for quality levels of reflection. This thesis adapts Korthagen's (2002) ALACT cycle to derive a new model of the reflection cycle for ePortfolios at university.

ePortfolios can encourage students to work independently and autonomously, as well as regulating themselves. To achieve this, the students should be anchored and accompanied by systematic reasons for reflection (Weber et al. 2017). Previous studies (e.g., Leonhard 2013, Brouër & Gläser-Zikuda 2010, Vogel 2013) show that the quality of reflections in portfolios deviated from what was anticipated: Students' self-assessments were too high, and it was difficult to measure quality levels.

Like Kidwai et al. (2010), this work assumes that ePortfolios may stimulate students to reflect more professionally and based on theory. However, research on ePortfolios has not studied the amount of structuring that is necessary to create high-quality reflections. Therefore, this thesis asks: *When working with ePortfolios, which type of structure (open-adaptive or closed-guided) helps students to improve the quality of their reflection on the subject of heterogeneity (reflection depth, content width and reflection cycle).*

To answer this question, two ePortfolio methods (*open-adaptive and closed-guided*) were developed and tested in two seminars for students studying primary education (2016/2017). A case vignette on heterogeneity (Wehner & Weber 2017) was used as an instrument in the pre-post-test to measure the reflections' depth and content width.

Finally, the students' work in the ePortfolio was analyzed according to the use of the reflection cycle and evaluated with *qualitative content analysis*. The sample consisted of 34 students, including eight individual cases in the case comparison.

The evaluations indicate that working with open-adaptive ePortfolios enables students to gradually participate in designing them. The results also show that the closed-guided group had less depth and content width in their reflection. However, when using the reflection cycle, there were no differences between the two groups.

Vorwort

Die Idee zu dieser Arbeit erhielt ich durch Beobachtungen meiner Studierenden bei der „Abarbeitung“ von Hausarbeiten. Relativ schnell wurde mir bewusst, dass ich ihnen alternative, prozessbegleitende Prüfungsformen anbieten möchte. Erste Versuche mit papier-basierten Portfolios strukturierte ich noch sehr stark und ließ wenig Freiheiten, trotzdem wurden sie von den Studierenden gut angenommen. Nach einigen Semestern wurde ich mutiger, stellte auf ePortfolioarbeit um, lockerte die Strukturierung und traf immer häufiger auf verunsicherte Studierende, die entweder an ihren Medienkompetenzen scheiterten oder an meinen Anforderungen zum ePortfolio.

Durch die Mitarbeit im BMBF-Projekt *Level* begann ich mir die Frage zu stellen, wie viel Strukturierung für die ePortfolioarbeit eigentlich notwendig ist, damit Studierende prozessbegleitend reflektieren können und ihre Unsicherheiten ablegen. Zum Glück bin ich mit dieser Frage bei meiner Betreuerin Prof. Dr. Diemut Kucharz auf offene Ohren gestoßen, sodass der spannende Weg dieses Dissertationsprojekts seinen Anfang nahm.

Mein besonderer Dank gilt deswegen auch meiner Doktormutter Frau Prof. Dr. Diemut Kucharz, die mich immer unterstützt, durch konstruktive Kritik vorangebracht hat und mir auch in „stürmischen“ Zeiten immer Orientierung gab. Des Weiteren danke ich meiner zweiten Gutachterin Prof. Dr. Charlotte Röhner für die Bereitschaft, diese Arbeit mitzubetreuen.

Danken möchte ich auch meinen aktuellen und ehemaligen Kolleginnen für ihre motivierenden Gespräche und Diskussionen zu meiner Arbeit.

Für die große Unterstützung bei der Arbeit mit Mahara möchte ich auch den zahlreichen Tutorinnen und Tutoren danken sowie den fleißigen studentischen Hilfskräften.

Mein besonderer Dank gilt schließlich meinen Eltern Prof. Dr. Volker Scheid und Ellen Scheid, die meine Arbeit immer wieder mit großem Engagement unterstützt haben. Der größte Dank gebührt meinem Mann, der unermüdlich an mich geglaubt, mir den Rücken freigehalten hat und eine sehr große Stütze für mich ist. Danke auch an meinen Sohn Lukas, der mich immer wieder zum Lachen bringt und unser Leben bereichert.

Nadine Weber — Frankfurt am Main, im Januar 2020

Inhalt

1 Einleitung und Problemaufriss

Die vorliegende Dissertation entstand im Rahmen des Projekts *Level – Lehrerbildung vernetzt entwickeln*, das innerhalb der *Qualitätsoffensive Lehrerbildung* von 2015 bis 2018 an der Goethe-Universität in Frankfurt am Main angesiedelt war. Das Gemeinschaftsprojekt von Bund und Ländern wurde vom Bundesministerium für Bildung und Forschung gefördert und war darauf ausgerichtet, die Qualität der Lehramtsausbildung an deutschen Hochschulen zu verbessern. Da an diesem Projekt zehn Fachbereiche und 14 Institute beteiligt waren, wurden für eine bessere Zusammenarbeit vier inhaltlich verwandte Fächerverbünde[1] geschaffen, in denen die beteiligten Wissenschaftler*innen, Lehrer*innen und Ausbilder*innen kooperierten. Die hier vorliegende Arbeit entstand im *Teilprojekt ePortfolio* des bildungswissenschaftlichen Fächerverbunds.

Allgemein verfolgte das Projekt *Level* den Anspruch, eine Kompetenzentwicklung im Lehramt durch die systematische Analyse von Unterrichtssituationen in fächer- und phasenübergreifenden Kooperationen zu fördern. Als methodisches Bindeglied konnte die Anwendung und Evaluation videobasierter Lernangebote und Forschungsstrategien angesehen werden. Das Projekt setzte dabei inhaltlich an drei zentrale Herausforderungen der aktuellen Lehrkräftebildung an: Zersplitterung, Theorie-Praxis-Verhältnis und Umgang mit Heterogenität.

- Besonders die erste Phase der Lehrkräftebildung sieht sich dem Vorwurf gegenüber, dass die Ausbildung zersplittert, praxisfern oder beliebig sei (u.a. Czerwenka & Nölle 2014; Terhart 2011). Dies drückt sich zum einen durch eine Fragmentierung und Trennung von fachwissenschaftlichen, fachdidaktischen und bildungswissenschaftlichen Studienanteilen in der Hochschule aus, und zum anderen durch eine Segmentierung in drei Phasen der Ausbildung an Universität, Studienseminar und Fortbildungsinstitut (Gröschner & Kunze 2018). Das Projekt *Level* setzt hier an und zielt auf die integrale Vernetzung von lehrerbildenden Akteur*innen der ersten beiden Phasen der Ausbildung sowie von Bildungswissenschaften und Fachdidaktiken.
- Häufig bemängeln Studierende ein unausgeglichenes Theorie-Praxis-Verhältnis in der Lehrkräftebildung. Eine bedeutende Rolle zur Verknüpfung von Universität und Schule wird dabei dem Konzept der professionellen Wahrnehmung (Sherin 2001; Seidel & Stürmer 2013) zugesprochen. Dieses beschreibt die Fähigkeit von Lehrkräften, ihr theoretisches Wissen anzuwenden, um bedeutsame Unterrichtssituationen professionstypisch wahrzunehmen und zu interpretieren. Im Rahmen des *Level*-Projekts wurden deshalb u.a. videogestützte Lerneinheiten und Instrumente zum self-assessment (z.B. ePortfolio) entwickelt.
- Ein bedeutsames inhaltliches Ziel der Lehrkräftebildung ist der professionelle Umgang mit Heterogenität. Häufig wird der Umgang mit heterogenen Lernvoraussetzungen der Schüler*innen, z.B. der Umgang mit Mehrsprachigkeit, von vielen Lehrkräften als nicht zu bewältigende Herausforderung im Unterrichtsalltag erlebt (Tracy & Lemke 2009). Dafür ist der Aufbau von Wissen und der Erwerb von Einstellungen ebenso notwendig (Trautmann & Wischer 2011), wie eine adaptive Unterrichtsgestaltung. Hier setzt das Projekt *Level* mit entsprechenden thematischen Schwerpunkten in den Fächerverbünden an.

---

1 Fächerverbund Bildungswissenschaften, Fächerverbund Mathematik und Naturwissenschaften, Fächerverbund Sozialwissenschaften und Geschichte sowie der Fächerverbund Sprachen.

Die zentralen Ziele des bildungswissenschaftlichen Fachverbunds im Rahmen der phasen- und fächerübergreifenden Vernetzung waren:

- Kooperative Entwicklung aufeinander abgestimmter, videogestützter Lernmodule zur Schulung der professionellen Wahrnehmung
- Integration der Module in einer webfähigen, videobasierten Lehr-Lernplattform zur Förderung des selbstgesteuerten Kompetenzerwerbs, VIGOR (Videographic Online Recorder)
- Erprobung und Etablierung gemeinsamer Blended-Learning Szenarien
- Erprobung und Etablierung technologiegestützter, kompetenzbezogener (Selbst-)Diagnostik (z.B. ePortfolio).

Die vorliegende Dissertation setzt bei dem vierten Ziel an und erprobt ePortfolios als Medium zur Unterstützung der Professionalisierung von Reflexivität zum Thema *Umgang mit Heterogenität* mit Studierenden des Grundschullehramts. Diese Arbeit geht davon aus, dass, ähnlich wie bei Kidwai und Kollegen (2010), ePortfolios das Potential haben Studierende zum professionellen, theoriegeleiteten Reflektieren anzuregen und sich die Reflexionskompetenz (Reflexionstiefe, inhaltliche Breite und Nutzung des Reflexionszyklus) in der Folge verändert. Durch die bisher vorliegende Forschung zum Thema Portfolio wird jedoch nicht deutlich, wie viel Strukturierung bei der ePortfolioarbeit notwendig ist, damit qualitativ gute Reflexionen entstehen. Aus diesem Grund lautet die forschungsleitende Fragestellung dieser Arbeit:

> *Welche Form der Strukturierung von ePortfolioarbeit (offen-adaptiv oder geschlossen-angeleitet) verhilft Studierenden zu einer besseren Reflexionskompetenz (Reflexionstiefe, inhaltliche Breite und Reflexionszyklus) in Bezug auf das Thema „Heterogenität im Unterricht"?*

Die Zielsetzung dieser Studie ist es u.a. einen Beitrag für die erfolgreiche Konzeptionierung von ePortfolios im Hochschulkontext zu liefern. Deswegen wurden in zwei Seminaren für Grundschulstudierende jeweils zwei unterschiedliche strukturierte Formate des ePortfolios (offen-adaptiv und geschlossen-angeleitet) eingesetzt, erprobt und ausgewertet.
Zur theoretischen Begründung und empirischen Untersuchung dieser Forschungsfrage ist die vorliegende Studie wie folgt aufgebaut: Der Theorieteil der Arbeit gliedert sich in vier Kapitel. Zu Beginn werden einige *aktuelle Herausforderungen der Lehrkräftebildung* skizziert, die für die Untersuchung Relevanz haben. Das sind neben der Professionalisierung von Lehrkräften, der Umgang mit Heterogenität in Schule und Unterricht, sowie der Erwerb von Medienkompetenz und die Möglichkeit zur Medienbildung (Kapitel 2).
Das Kapitel 3 zur *Reflexion in der Lehrkräftebildung* liefert neben grundlegenden Begriffsbestimmungen zur Reflexivität einen Überblick zu Modellen zum zyklischen Ablauf von Reflexionen sowie eine Analyse vorliegender Schemata zur Bestimmung der Reflexionstiefe und Reflexionsbreite. Die Analysen offenbaren verschiedene Definitionen und die uneinheitliche Verwendung von Begrifflichkeiten, was die empirische Prüfung von Reflexionen erschwert. Auch die Gestaltung von Reflexionsanlässen (Kapitel 3.4) wird betrachtet, insbesondere die Anleitung von Reflexionen mit Hilfe von Aufgabenstellungen (sog. Prompts). Außerdem werden Fallvignetten in Kombination mit Prompts als Reflexionsanlässe vorgestellt, die bei der Beforschung der Reflexionskompetenz zum Einsatz kommen werden.
Das vierte Kapitel beschäftigt sich mit dem *ePortfolio in der Lehrkräftebildung* und stellt neben einführenden Begriffsdefinitionen die Grundlagen der Portfolioarbeit vor, wie die Portfolioorientierung, Modelle und Phasen der Portfolioarbeit sowie Qualitätskriterien für gute Portfolios.

In einem weiteren Unterkapitel werden Besonderheiten der ePortfolioarbeit an der Hochschule herausgearbeitet und ein Reflexionszyklus für die Arbeit mit ePortfolios abgeleitet (Kap. 4.3). Das Kapitel 5 bietet einen Überblick zum *aktuellen Forschungsstand* zu den Themen Reflexion und Portfolio als Reflexionsanlass. Dort zeigt sich einerseits die defizitäre Forschungslage zu beiden Themenbereichen, andererseits ergeben sich aber auch Anknüpfungspunkte für die vorliegende Studie. Der Theorieteil schließt in Kapitel 6 mit einer *Zusammenfassung* der erarbeiteten theoretischen Grundlagen und der *Herleitung* der leitenden Forschungsfragen.
Der empirische Teil der Forschungsarbeit umfasst die Kapitel 7 und 8. Gegenstand des siebten Kapitels ist das methodische Vorgehen. Auf die Vorstellung des Untersuchungsdesigns und der Stichprobe folgt die ausführliche Dokumentation der Verfahren zur inhaltsanalytischen Auswertung der studentischen Fallvignetten und ePortfolios hinsichtlich der Reflexionskompetenz. Kapitel 8 präsentiert die *Ergebnisse* der Studie. In Kapitel 8.1 werden die Befunde zur *Reflexionstiefe* und *inhaltlichen Breite* in der unterrichtsbezogenen Fallvignette aufgezeigt, gefolgt von acht ausgewählten Fällen, anhand derer die Nutzung des *Reflexionszyklus* im ePortfolio veranschaulicht wird (Kapitel 8.2). In Kapitel 8.3 werden ebenfalls auf der Grundlage exemplarischen Fallmaterials Ergebnisse präsentiert, die sich auf die Bewertungen der Studierenden zur *Strukturierung der ePortfolioarbeit* beziehen. Eine ausführliche Diskussion und Interpretation der Befunde beschließen den empirischen Teil (Kapitel 9). Die Arbeit endet in Kapitel 10 mit einem *Fazit und Ausblick*.

2 Aktuelle Herausforderungen der Lehrkräftebildung

Das Projekt *Monitor Lehrerbildung*[2] wertet seit 2012 Daten der Bundesländer über die Strukturen der ersten Phase der Lehrkräftebildung aus und liefert damit einen Überblick zu aktuellen Problemen und Herausforderungen. Diese werden zusammengefasst als Ein- und Umstiegsmöglichkeiten, Studienverlauf, Studieninhalte, Praxisbezug, Mobilität, Kohärenz und Verzahnung der Phasen, Einbettung in das Hochschul-/Landesprofil, Verantwortungsstrukturen, Förderung von Forschung und wissenschaftlichem Nachwuchs sowie Digitalisierung.
Strukturell stellen sich somit die Fragen, wie es gelingen kann Inhalte während des Studiums aufeinander abzustimmen, gleichzeitig einen sinnvollen Theorie-Praxis-Bezug herzustellen sowie die Phasen der Lehrkräftebildung miteinander zu vernetzen. Die Lehrkräftebildung an den Hochschulen steht folglich vor der komplexen Problemlage, Studierende in ihrem Professionalisierungsprozess so zu unterstützen, dass sie eine kritische, reflexive Position zu den Themen inklusive Schule bzw. Umgang mit Heterogenität und Digitalisierung einnehmen können und dazu Handlungskompetenzen entwickeln.
In den folgenden Abschnitten werden die angesprochenen Themenstellungen der Professionalisierung in der Lehrkräftebildung (Kapitel 2.1), des Umgangs mit Heterogenität und Vielfalt in inklusiven Schulen (Kapitel 2.2) sowie der Herausforderung der Digitalisierung (Kapitel 2.3) aufgegriffen.

2.1 Professionalisierung in der Lehrkräftebildung

Unter *Professionalisierung* wird im Allgemeinen der Prozess bzw. die Entwicklung einer Person in ihrem Beruf verstanden. Terhart (2011) beschreibt sie als einen Weg, den ein Beruf durchläuft, um zu einer Profession[3] zu werden. Der Ursprung des Begriffs liegt in der Unterscheidung zwischen akademischen Berufen (professions) und sonstigen Berufen (occupations) (Reinisch 2006).
Aktuell wird die Professionalisierung von Lehrpersonen in drei verschiedenen Konzepten gefasst: berufsbiographisch, strukturtheoretisch und kompetenztheoretisch (Terhart 2011).

- Im berufsbiographischen Ansatz geht es um eine dynamische Perspektive auf die Professionalisierung, die sich während des Berufslebens entwickelt und sich vom Novizentum zum Expertentum steigert. Terhart (2011) stellt heraus, dass dabei auch Brüche in der beruflichen Entwicklung, wie auch im Privatleben miteinbezogen werden. Das spezifische, theoretische Problem dieses Ansatzes sei es „Studien zu empirisch feststellbaren individuellen oder kollektiven Berufsbiographien in einer nachvollziehbaren Weise mit i.w.S. normativen Vorstellungen über eine gelungene, erfolgreiche Berufsbiographie bzw. Kompetenzentwicklung zu verknüpfen." (ebd. S. 209). Dieses Konzept wird in der vorliegenden Arbeit nicht weiterverfolgt, da es nicht zur Anlage der empirischen Studie passt.
- Im strukturtheoretischen Konzept der Professionalisierung stehen die widersprüchlichen Aufgaben einer Lehrperson im Mittelpunkt, die erfolgreich bewältigt werden müssen. Dieser

2 www.monitor-Lehrerbildung.de Der Monitor Lehrerbildung ist ein gemeinsames Projekt der Bertelsmann Stiftung, des Centrum für Hochschulentwicklung (CHE), der Deutschen Telekom Stiftung, der Robert Bosch Stiftung und des Stifterverbandes (abgerufen am 26.11.2019).

3 lateinisch professio: ***Bekenntnis, Gewerbe, Beruf***

Ansatz geht u.a. auf Arbeiten von Oevermann (2008) und Helsper (2007) zurück und spricht von Professionalität als die Fähigkeit die „Antinomien sachgerecht handhaben zu können" (Terhart 2011, S. 206). Diese tieferliegenden Spannungen sollen über Beschreibungen rekonstruiert werden, um eine „selbstkritische, reflektierende Rückwendung auf das eigene Handeln" (ebd.) und so eine Weiterentwicklung zu ermöglichen.

- Im kompetenztheoretischen Ansatz zur Lehrkräfteprofessionalisierung werden auf Basis empirischer Forschungsergebnisse zu Lernerfolgen bei Schüler*innen, Kompetenzbereiche und Wissensdimensionen definiert, die zum erfolgreichen Handeln notwendig sind (Terhart 2011). Zur Professionalität im pädagogischen Berufsalltag zählen neben den drei Wissensformen (fachwissenschaftliches, fachdidaktisches und pädagogisches Wissen) nach Baumert und Kunter (2013) auch die Aspekte Berufserfahrung, theoriebezogene Überzeugungen und selbstbezogene Kognition (Lipowsky 2006, S. 49). Eine professionelle Handlungskompetenz liegt dann vor, wenn in den verschiedenen Anforderungsbereichen ein möglichst hohes (vorher definiertes) Kompetenzniveau erreicht wurde. Terhart (2011, S. 207) stellt dazu fest, dass diesem Konzept von Lehrerprofessionalität „die Idee der Steigerbarbeit inhärent" sei.

Obwohl in der vorliegenden Arbeit von dem Modell zur Unterscheidung zwischen Fachwissen, fachdidaktischem Wissen und allgemeinem pädagogisch-psychologischem Wissen (Baumert & Kunter 2013; Kunter et al. 2011) ausgegangen wird, lässt sich nicht von der Hand weisen, dass der Berufsalltag von Lehrkräften von komplexen Anforderungen, wie dem Umgang mit Heterogenität, geprägt ist und von gleichzeitiger Unsicherheit hinsichtlich eines Handlungserfolgs bestimmt wird (Helsper 2004). Im pädagogischen Alltag ist häufig ein intuitives und improvisierendes Handeln notwendig, denn eine explizite Reflexion vor einer Handlung ist nicht immer möglich. Bräuer (2014, S. 21) fordert, dass in der Lehrkräftebildung mehr darauf geachtet werden sollte, an Kompetenzen orientiert und am Berufsfeld ausgerichtet zu lehren, damit Erfahrungen „als persönlich bedeutsam erlebt werden und somit das Potential besitzen, auch im Übergang vom Studium zum Beruf nachhaltig zu wirken". Damit spricht er sich für ein vertieftes und nachhaltiges Lernen aus, das beispielsweise durch regelmäßige Reflexionszyklen unterstützt wird.
Aber auch die Forschungen zu subjektiven Theorien von Lehrkräften (Schlee 2013; Wahl 2002; 2013) haben ergeben, dass in Stresssituationen eher auf implizites Wissen und Routinen zurückgegriffen wird und diese auch als „Filter" wirken, sodass fast nur noch solche Inhalte und Informationen aufgenommen werden, die in das vorhandene System von Überzeugungen passen (Czerwenka & Nölle 2014). In der Professionalisierungsdebatte steht deswegen auch die Frage im Raum, wie in Studium, Weiter- und Fortbildung erworbenes Wissen so verinnerlicht werden kann, dass es als implizites Wissen auch in komplexen Handlungssituationen unter Stress zur Verfügung steht.

2.2 Umgang mit Heterogenität und Vielfalt

Als eine weitere Herausforderung aktueller Lehrkräftebildung kann die Etablierung einer inklusiven Schule bzw. der *Umgang mit Heterogenität und Vielfalt* angesehen werden, was neue „bildungspolitisch als auch pädagogisch-normativ begründete" Anforderungen stellt (Gorges et al. 2019, S. II). Auch in wissenschaftlichen und praxisbezogenen Kontexten wird der Begriff Heterogenität aktuell häufig verwendet (Trautmann & Wischer 2011; Wenning 2007). Dabei gilt zu beachten, dass nicht die Heterogenität der Schüler*innenschaft neu sei, „sondern die Tatsache, dass dieser Umstand nicht ignoriert wird, bzw. im Diskurs nicht länger als Belastung

(Reh 2005), sondern als eine positive Tatsache angenommen wird (Boller et al. 2007)" (Budde & Hummrich 2004).
Mit der Ratifizierung der UN-Behindertenrechtskonvention (2009) verpflichtete sich Deutschland ein inklusives Bildungssystem aufzubauen, dass auch Lernende mit sonderpädagogischem Förderbedarf im Regelschulunterricht einbezieht. Diese Entwicklung wird als zusätzliche Vergrößerung der Heterogenität wahrgenommen und führte zu bildungspolitischen und unterrichtsbezogenen Diskussionen.
Budde (2012) arbeitete zu diesem Thema zwei Diskursstränge heraus:
- Dabei wird entweder die soziokulturelle Herkunft der Schüler*innen herangezogen, verbunden mit Forderungen nach Chancengleichheit und Bildungsgerechtigkeit
- oder der Umgang mit Leistungsheterogenität thematisiert, welcher insbesondere mit einer adaptiven, binnendifferenzierten Unterrichtsgestaltung und der Umsetzung eines inklusiven Schulsystems in Verbindung steht.

Prekär erscheint, dass sowohl von angehenden als auch ausgebildeten Lehrpersonen Heterogenität im Unterricht häufig als eine zusätzliche Herausforderung wahrgenommen wird, ohne darauf ausreichend vorbereitet zu sein (z.B. Marin 2014). Sturm (2016, S. 131) resümiert, dass die pädagogische Gestaltung von Unterricht in einer stark heterogenen Gruppe, kontinuierlich herausfordernd sei, es gelte dabei die Gemeinsamkeiten und Unterschiede zwischen der gesamten Klasse und einzelnen Lernenden zu erkennen und mit angemessenen Lernarrangements zu reagieren.
Zusätzlich habe sich um dieses Thema ein Problem- und Erwartungshorizont entwickelt, der kontrovers diskutiert wird (Wischer 2013). Für professionelles Handeln von Lehrkräften ergeben sich aus einer größeren Heterogenität im Unterricht, so Trautmann und Wischer (2011), drei zentrale Anforderungen, die ausgebildet werden müssen: Einstellungen, diagnostische Fähigkeiten und didaktisch-methodische Kompetenzen.
In den Schulen stehen Lehrkräfte vor der Herausforderung, professionell mit der vorherrschenden Heterogenität umzugehen. Dies bedeutet u.a. die unterschiedlichen Lernvoraussetzungen (kognitiv, familiär, kulturell, sozio-ökonomisch) und die deswegen heterogenen Schulleistungen zu berücksichtigen bzw. zu diagnostizieren (Prenzel et al. 2013). Sie sollten aber auch diesen Voraussetzungen durch eine angepasste Unterrichtsgestaltung gerecht werden (u.a. Klieme et al. 2010) und sich den neuen Bedingungen, wie beispielsweise der individuellen Förderung, Adaptivität und Kooperation (z.B. Klemm 2013) anpassen.
Die Aufgabe der ersten Phase der Lehrkräftebildung in Bezug auf ein inklusives Schulsystem, kann zum einen darin gesehen werden, die Studierenden für Heterogenität und ihre eigenen Einstellungen dazu, zu sensibilisieren und ihnen beispielsweise verschiedene Dimensionen von Heterogenität aufzuzeigen. Zum anderen sollten diese Dimensionen kritisch und reflexiv betrachtet werden, etwa hinsichtlich ihrer exkludierenden Funktion, wofür ein fundiertes Theoriewissen notwendig ist.

2.3 Digitalisierung und Medienbildung

Auch für die Lehrkräftebildung stellt die *Digitalisierung* eine neue Herausforderung dar, die von Lehrkräften Medienkompetenz und Medienbildung erfordert. Lehrende benötigen besonders mediendidaktische Urteilsfähigkeit hinsichtlich des Aufwandes, der Wirksamkeit und der Einsatzmöglichkeiten medienunterstützter Lernmaterialien, aber auch Wissen über die Möglichkeiten medienunterstützten Lehrens und Lernens sowie über einzusetzendes E-Learning-

bzw. Content Management Systeme (de Witt 2008, S. 447). Darüber hinaus sollten sie internetbasierte Kommunikationsformen beherrschen, über Kenntnisse didaktischer Methoden des E-Learnings verfügen und Fähigkeiten zur Planung, Gestaltung und Umsetzung mediendidaktischer Konzeptionen besitzen.
Dafür benötigen Lehrkräfte Medienkompetenz, die nicht mit einer einfachen Bedienkompetenz gleichzusetzen ist, sondern „den Fokus auf den aktiven und reflektierten Umgang mit medial vermittelten Inhalten (...) wie das Verstehen und Verarbeiten von Informationen" (Heinen & Kerres 2017, S. 131) legt. Denn für ein Lernen *mit* Medien, aber auch *über* Medien im Unterricht ist eine Medienkompetenz notwendig, die neben technischen Fertigkeiten und sozialen Kompetenzen, auch Kenntnisse über Auswirkungen und Gefahren von Medien sowie ihrer bewussten, reflektierten und kreativen Nutzung und Gestaltung umfasst (vgl. Gervé & Peschel 2013; Peschel 2012).
Im Rahmen von Medienpädagogik können (angehende) Lehrkräfte diese Kompetenzen und Fähigkeiten erwerben (Gervé & Peschel 2013). Dabei umfasst die Medienpädagogik „alle pädagogisch relevanten und potentiell handlungsanleitenden Sätze mit Medienbezug und deren Reflexion unter Einbezug empirischer Forschungsergebnisse und normativer Vorstellungen bzw. medienkundlicher, medientheoretischer, lern- und lehrtheoretischer sowie sozialisations-, erziehungs- und bildungstheoretischer Grundlagen" (Tulodziecki 2013, S. 13).
Einen Orientierungsrahmen für die Bildung in einer digitalen Welt, bietet die „Dagstuhl-Erklärung" (GI 2016), in der Expert*innen aus unterschiedlichen Disziplinen fordern, dass Lehrkräfte die verschiedenen „Erscheinungsformen der Digitalisierung" (ebd. S. 2) in ihrem Unterricht berücksichtigen, und schlagen dafür eine Trias aus verschiedenen Perspektiven vor: technische Funktionen (technologische Perspektive – Frage nach Funktion), gesellschaftliche Auswirkungen (gesellschaftlich-kulturelle Perspektive – Frage nach Wirkung) und konkrete Anwendung (anwendungsbezogene Perspektive – Frage nach Nutzung) (vgl. Weber et al. 2019).
Diese Strukturierung scheint auch notwendig, denn wie Zylka und Kollegen (2014) bei der Durchsicht verschiedener empirischer Studien feststellen konnten, bestehen bei angehenden und ausgebildeten Lehrkräften große Defizite in Bezug auf medienpädagogische Kompetenzen. Dass auch die Einstellung der Lehrkräfte zu digitalen Medien als ein Prädiktor für den fehlenden Einsatz im Unterricht angesehen werden kann, zeigten ebenfalls mehrere Studien (u.a. Überblick bei Bastian & Aufenanger 2015).
Vor dem Hintergrund dieser Anforderungen sind die Potentiale von digitalen und interaktiven Medien – wie dem ePortfolio – zu betrachten, die sich u.a. durch Anschaulichkeit, Anwendungsorientierung, kognitive und emotionale Aktivierung, veränderte Lernorganisation und kürzere Lernzeiten auszeichnen (Kerres 2008, S. 118f.) und einen Beitrag zur Medienbildung bei angehenden Lehrkräften leisten können.

3 Reflexion in der Lehrkräftebildung

Reflexion und Reflexivität werden im Zusammenhang der Professionalisierung von Lehrkräften zuweilen als „Fundament" professioneller Handlungskompetenz (Mönig 2012, S. 58) bzw. als „Schlüsselkompetenz" pädagogischer Professionalität (vgl. Combe & Kolbe 2008, S. 835) angesehen. Im aktuellen Diskurs um die Lehrkräftebildung ist ein Einbezug von Reflexionskompetenz reflexiver Lehrerbildung sehr präsent. Gleichzeitig melden sich kritische Stimmen, dass Reflexion zu einem „Plastikwort" verkommen sei (Pörksen 2011, S. 22) und bescheinigen dem Begriff eine zweifelhafte „Karriere" (Berndt et al. 2017, S. 11), die sich zwischen „Mystifizierung" und „Trivialisierung" bewege (Häcker 2019a, S. 84). Aufschnaiter und Kollegen (2019) haben wenig Hoffnung für den Begriff Reflexion, denn er sei als „Synonym für jegliche Art von Prozessen des Nachdenkens oder kritischen Denkens" (ebd., S. 145) verkommen.
In diesem Kapitel soll deswegen, ausgehend von einer Begriffsbestimmung (Kapitel 3.1), die Reflexivität im Rahmen der Professionalisierung von Lehrkräften thematisiert (Kapitel 3.2) sowie Modelle und Anlässe von Reflexion (Kapitel 3.3. und 3.4) angesprochen werden.

3.1 Begriffsbestimmung

Das Verb „reflektieren" stammt vom lateinischen „re" *wieder, zurück* und „flectere" ab, was mit *biegen* oder *beugen* übersetzt werden kann. Zusammen ergibt sich für das Wort „reflectere" die Bedeutung *etwas widerspiegeln* (DUDEN 2016c) oder auch *zurückwerfen, widergeben* und *zurückstrahlen* (Kluge & Seebold 1989). Das Nomen „Reflexion" ist in seiner Wortbedeutung an dem französischen *réflexion* und dem englischen *reflection* angelehnt und steht sowohl für „Nachdenken, Betrachtung, Rücksicht" (Kluge & Seebold 1989), als auch für „die Selbstbetrachtung des Bewußtseins (sic!)" (Brockhaus 1956), und „Widerschein, Abglanz und Rückstrahlung" (Kluge & Seebold 1989). Damit erhält das Verb reflektieren seine doppelte Bedeutung aus der Physik (Optik) sowie aus der Philosophie und Sprachwissenschaft. Wyss (2008) verweist darauf, dass die Doppeldeutigkeit von Nachdenken und Rückstrahlung dazu führe, dass *Reflexion* häufig mit der Metapher des Spiegels und des Sich-Spiegelns in Verbindung gebracht wird[4].
Schon die Philosophen der Antike (u.a. Sokrates) propagierten das *Wissen* um das *Nichtwissen*, also die Fähigkeit zur Reflexion und des Nachdenkens (Brockhaus 1956). Seit Mitte des 17. Jahrhunderts sind auch die Bedeutungen *bedenken, nachsinnen, zurückdenken, (prüfend, vergleichend) betrachten* und seit Mitte des 18. Jahrhunderts *den Sinn, sein Augenmerk auf etwas richten, nach etwas streben, auf Vorteile spekulieren* gebräuchlich. Bekannte Vertreter der Aufklärung und Neuzeit (u.a. John Locke, Emanuel Kant, Georg Hegel) erhoben Reflexion zum „Systemprinzip", ohne das eine Auseinandersetzung mit den eigenen Ansichten nicht möglich sei (Brockhaus 1956).
Im 19. Jahrhundert setzte sich der amerikanische Philosoph und Pädagoge John Dewey systematisch mit der Struktur des Denkens auseinander. Dewey bezeichnete Reflexivität sogar als grundlegende Voraussetzung für die (Weiter-)Entwicklung von Intelligenz und sah darin den wahren (*true*) Motor von Lernprozess (Kidwai et al. 2010, S. 248). Sein Ansatz des forschenden Lernens (*inquiry*) geht darauf zurück, dass praktische Handlungen in diesem Prozess zu

4 Eine sehr ausführliche systematische Herleitung und Unterscheidung der Begriffe Reflex, Reflektion und Reflexion findet sich bei Müller (2010).

primären Erfahrungen führen und diese durch Reflexion zu sekundären Erfahrungen gemacht werden können.
Hilzensauer (2008) weist darauf hin, dass Reflexion bei Dewey nicht auf Wissen abzielt, sondern auf *beliefs*, also Überzeugungen und Meinungen. Dewey ging außerdem davon aus, dass Reflexion eine Form des Problemlösens sei: „a special form of problem solving, thinking to resolve an issue which involved active chaining, a careful ordering of ideas linking each with its predecessors." (Hatton & Smith 1995, S. 33). Folglich bedeutet reflektieren nach Dewey, einen Aspekt zu durchdenken und dabei ernsthafte Überlegungen für Handlungsalternativen anzustellen[5]. Dieser Prozess ist fortlaufend, aktiv und kennt keine inhaltlichen Einschränkungen, denn alles darf durchdacht werden.
Für Kidwai und Kollegen (2010) ergibt sich daraus ein Bild, bei dem Gedanken verbunden an einer Kette hängen, und durch Nachdenken in eine Ordnung gebracht werden können. Es handelt sich also um „a mental endeavor that requires conscious effort in the part of the thinker" (ebd., S. 248). Reflexion, als gedankliches Bestreben zum Nachdenken, setzt folglich eine bewusste bzw. absichtliche Anstrengung voraus, sich mit den eigenen Gedanken und Einstellungen zu beschäftigen.
Auch die häufig zitierte Definition von Korthagen (1999, S. 193) folgt dieser Argumentation und bezeichnet Reflexion als „mental process of structuring or restructuring an experience, a problem or existing knowledge or insights". Ergänzt wird in dieser Definition der Zweck des Reflektierens: Durch das Zweifeln und Abwägen beim bewussten Nachdenken über komplexe Erfahrungen, Probleme, Einstellungen oder Wissen können neue Verknüpfungen entdeckt und somit zur Grundlage für weitere, durchdachte Handlungen werden (s. dazu auch Hatton & Smith 1995; Krieg & Kreis 2014). Zusätzlich können durch die Rekonstruktion von Situationen und bestehendem Wissen neue Wissensstrukturen aufgebaut oder Denkmuster bearbeitet werden (Korthagen & Vasalos 2010). Es kann zu bewussten Vermittlungen zwischen dem zur Verfügung stehenden pädagogischen, didaktischen und fachlichen Wissen, Überzeugungen sowie Erfahrungen kommen. Über diesen Vermittlungsprozess sprechen Hatton und Smith (1995) als *framing* und *reframing* von Wissen, Einstellungen sowie subjektiven Theorien und bezeichnen dies als *„critical reflexion"*. Um in diesen Prozess einzusteigen, muss der Reflexion eine Blockade oder Verunsicherung vorausgehen, die dazu motiviert nach Handlungsalternativen zu suchen (Hilzensauer 2008).
Ausgehend von den zahlreich vorliegenden Definitionsversuchen hebt Rogers (2002) folgende Merkmale von Reflexion hervor:

1. „Reflection is a meaning-making process that moves a learner from one experience into the next with deeper understanding of its relationships with and connections with other experiences and ideas.
2. Reflection is a systematic, rigorous, disciplined way of thinking, with its roots in scientific inquiry.
3. Reflection needs to happen in community, in interaction with others.
4. Reflection requires attitudes that value the personal and intellectual growth of ones self and of others" (ebd., S. 845).

Dieser Aufstellung kann entnommen werden, welchen Effekt Reflexion hat (Punkt 1 – *tieferes Verständnis und neue Verknüpfungen*), was notwendig ist, um zu reflektieren (Punkt 2 – *systematisches und diszipliniertes Vorgehen, angelehnt am wissenschaftlichen Arbeiten* und Punkt 4 – *die*

5 Viele spätere Wissenschaftler*innen beziehen sich bei ihren Ausführungen zur Reflexion auf die Gedanken von Dewey aus den 1980er Jahren.

Bereitschaft, sich selbst weiterentwickeln zu wollen) und dass der Austausch mit anderen einen Mehrwert bietet (Punkt 3).
Reflexion ist allerdings nicht nur Vermittler zwischen Erwartungen, Persönlichkeit und dem verfügbaren Wissen der Lehrperson, sondern auch ein Bindeglied zwischen Erfahrung und Wissen (Leonhard & Rihm 2011). Sie fassen ihr Verständnis von Reflexion in vier Kernpunkten zusammen: 1. Reflexion ist bezogen auf Situationen, 2. erfordert eine aktive Distanzierung zur Situation, 3. richtet den Blick auf die eigene Person und. 4. sollte artikuliert werden (ebd., S. 243).
Folglich kann Reflexion als *Modus* bezeichnet werden, der eine rückbezügliche selbstbezogene Komponente enthält. Der Begriff Reflexivität hingegen „bezeichnet dann die habitualisierte bzw. institutionalisierte Form eines solchen Denkens. Entsprechend wird Professionalisierung, auf individueller Ebene, mit der Steigerung von Reflexivität in Verbindung gebracht." (Häcker, Berndt & Walm 2016, S. 262).
Im Kontext der nationalen, deutschsprachigen Literatur wird von Reflexion sowohl als Kompetenz (z.B. Leonhard & Rihm 2011) als auch als Fähigkeit gesprochen (z.B. Wyss 2008; Leonhard et al. 2010) gesprochen. In der vorliegenden Arbeit wird von einer zu erlangenden Reflexionskompetenz ausgegangen (als eine Teilkompetenz der professionellen Kompetenz bei Lehrkräften), die sich aus Reflexionstiefe, inhaltlicher Breite und der Anwendung des Reflexionszyklus zusammensetzt.
In der internationalen, englischsprachigen Literatur taucht dieser Diskurs nicht auf. *Reflection* wird im Kontext von „teacher education" z.B. mit dem reflective practioner von Donald Schön in Verbindung gebracht, allerdings gibt es keine Ausdifferenzierung nach Fähigkeiten und Kompetenzen.

3.2 Reflexivität und Professionalität

In der Literatur zu Reflexion werden unterschiedliche Adjektive genutzt, um zu beschreiben, dass es sich bei Reflexionen in beruflichen Kontexten um eine besondere bzw. anspruchsvollere Form von Reflexivität handelt. Häcker und Kollegen (2016, S. 262) gehen davon aus, dass die Bedeutung von Reflexion für das berufliche Handeln von Lehrkräften dann besonders betont wird, wenn es als professionelles Handeln konzeptualisiert wird. So finden sich Zuschreibungen wie professionelles Reflektieren (Wyss 2008), wissenschaftliches Reflektieren (Helsper 2001) und theoriegeleitetes Reflektieren im Portfolio (Bolle 2012).
Reflexivität wird aber auch als Schlüsselkompetenz (Combe & Kolbe 2008) oder zentrales bzw. Kernelement professioneller Qualifikation beschrieben (Krieg & Kreis 2014), der ein hoher Stellenwert im pädagogischen Berufsalltag zukommt (Tenorth & Tippelt 2007). Diese Diskussionen sind nicht neu, denn schon in den 1980er und 1990er Jahren wurde Reflexion als „generic professional disposition" beschrieben (Hatton & Smith 1995).
Auch Baumert und Kunter (2006) sehen Unterrichtskompetenz in der reflexiven Verknüpfung theoriebasierter Wissensbestände mit Erfahrungen in situierten Umgebungen. Bei Leonhard und Kollegen (2010, S. 114) findet sich Reflexion im Rahmen von Professionalisierung definiert als metakognitive „Fähigkeit in der Vergegenwärtigung typischer Situationen des schulischen Alltags durch aktive Distanzierung eine eigene Bewertung und Haltung sowie Handlungsperspektiven auf der Basis eigener Erfahrungen in Auseinandersetzung mit wissenschaftlichen Wissensbeständen argumentativ zu entwickeln und zu artikulieren".

Diese Definition setzt unterschiedliche Schwerpunkte: Zum einen werden die Gegenstände der Reflexion auf typische Situationen aus dem Schulalltag beschränkt und zum anderen sollen die fundierten Überlegungen zum Ausdruck gebracht bzw. artikuliert werden. Der zusätzliche Schritt vom Denken zum Schreiben (und später zum Handeln) wird in dieser Definition betont und macht nochmal die Relevanz der Schreibpädagogik deutlich.
Den hier vorgestellten Zuschreibungen ist gemein, dass die Reflexion im professionellen, beruflichen Kontext besondere Anforderungen stellt. Sie implizieren, dass wissenschaftliche Begründungen eingebracht werden und die Rückschlüsse fundiert ablaufen sollten. Dazu ist ein Bezug zu wissenschaftlichen Theorien oder Wissen erwünscht, mit welchem Entscheidungen bzw. Überlegungen begründet werden können. Rotärmel und Niestradt-Bietau (2016, S. 122) schlussfolgern in diesem Kontext, dass Professionalität nicht nur „auf erfahrungsbasiertem praktischem Handlungswissen, sondern auch auf theoretischem Reflexionswissen, selbstreflexivem Wissen und deren wechselseitiger Beziehung“ beruht.
Interessant erscheint hier auch der Hinweis, dass Reflexion (besonders von Studierenden) nicht generell mit der Arbeit von Lehrkräften in Verbindung gebracht wird (Hatton & Smith 1995). Vielmehr sei im Schulalltag häufig routiniertes oder pragmatisches Handeln notwendig, so dass auch nicht alle Situationen bzw. Handlungen einer Lehrkraft reflektiert werden können. Wie bei Wahl (2013) wird beim „Handeln unter Druck“ bzw. bei Routinehandlungen auf vorhandene Muster zurückgegriffen. Besonders der Berufsalltag von Lehrpersonen erfordert häufig schnelle Entscheidungen, wo diese Muster und Routinen handlungsleitend erscheinen. Deswegen falle es Anfängern immer wieder schwer, den Mehrwert in der Reflexion zu erkennen (Hatton & Smith 1995). Hinzu komme, dass für eine Reflexion im Kontext der Professionalisierung fundiertes Wissen benötigt werde, das Studierende erst aufbauen müssen.
Auf diese Weise wird ermöglicht den Stellenwert von Gelerntem und Wissen in einem größeren Zusammenhang zu verorten und ggf. zu relativieren (Tenorth & Tippelt 2007). Fink (2010) spricht bei diesen Vorgängen von Monitoring von Lernprozessen, bei denen Lernen geplant und Lernziele festgelegt werden können. Am Ende eines Lernprozesses können die gemachten Erfahrungen und das neue Wissen auf der Grundlage von vorher formulierten Lernzielen bewertet werden.
Professionelle Reflexion müsse nicht nur regelmäßig, sondern auch systematisch stattfinden und Erfahrungen auf bekannte Theoriebestände bezogen werden. Deswegen ist es eine Aufgabe der Lehrerbildung das notwendige, wissenschaftlich fundierte Theoriewissen aufzubauen und verfügbar zu machen (Schüpbach 2007). Auch für Frey und Jung (2011) basiert Reflexion im Kontext von Professionalisierung auf einer soliden und systematischen Wissensbasis und kann sowohl über Sachinhalte als auch das eigene Handeln erfolgen. Während in der ersten, universitären Phase der Schwerpunkt auf dem Wissenserwerb sowie der Reflexions- und Kommunikationsfähigkeit liegt, rücken in der zweiten Phase in den Studienseminaren die Urteilsbildung und das Expertentum in den Mittelpunkt (ebd.).
Wie bisher in diesem Kapitel dargestellt, gibt es zahlreiche Definitionen zu Reflexion und Reflexivität und auch in der Lehrkräftebildung wird diesem Prozess eine wichtige Bedeutung zugesprochen. In den vergangenen Jahrzenten wurden immer wieder theoretische Modelle über den Ablauf bzw. die Funktionsweise von Reflexionen aufgestellt. Im Zusammenhang mit einer kompetenztheoretischen Debatte um Reflexion wird zudem versucht qualitative Stufen zu beschreiben und zu definieren. Auf die Modelle und Qualitätsstufen wird nachfolgend eingegangen.

3.3 Modelle von Reflexion

Der Ablauf von Reflexionen wird häufig als wiederkehrender Zyklus, Kreislauf oder fortlaufende Spirale dargestellt und bezieht sich auf einzelne Stationen bei der Reflexion des eigenen Handelns. Für diesen Ablauf liegen zahlreiche Modelle verschiedener Autor*innen vor (u.a. Korthagen 2002; Denner & Gesenhues 2013). Zusätzlich werden die einzelnen Arbeitsschritte der Reflexion als Stufen- oder Ebenenmodelle abgebildet, die mit unterschiedlichen Schwierigkeitsgraden versehen werden (z.B. Hatton & Smith 1995, Bräuer 2014). Unbestritten bliebt in diesem Zusammenhang, dass einzelne Arbeitsschritte auch Teil des Reflexionszyklus sind und an einzelnen Stationen angewendet werden müssen.

3.3.1 Modelle zum Ablauf von Reflexion

In den 1980er Jahren entwickelte Donald Schön (1987) sein 3-Ebenen-Modell der Reflexion, dabei unterscheidet er wann die Reflexion stattfindet: *tacit knowledge in action*, *reflection-in-action* und *reflection-on-action*. In der ersten Ebene geschieht das Handeln *ohne* bewusstes Reflektieren, meist in Routinesituationen. In der zweiten Ebene sieht Schön das Reflektieren *während* einer Handlung und die dritte Ebene bezieht sich auf die Reflexion *über* das Handeln. Schön prägte auch den Begriff *reflective practice*, woran Hillocks (1995) und Bolton (2010) konzeptuell weiterarbeiteten.
Die vielleicht simpelste Darstellung zum Ablauf der Reflexion entwarfen Hole und McEntee (1999) mit ihren drei Fragen *What happend?, What does this mean?* und *Does this change our view?* Die erste Frage fordert eine Beschreibung der Situation, die zweite Frage zielt auf eine Interpretation des Ereignisses ab und die letzte Frage soll Implikationen für die Zukunft beleuchten. Diese einfache Kategorisierung entspricht den Schritten *Beschreibung*, *Bewusstmachung* und *Planung*. Für eine erste Orientierung bilden die Fragen eine gute Grundlage, da sie die wesentlichsten Schritte aufgreifen. Für eine tiefgehende Arbeit mit Reflexionen fehlen Konkretisierungen und eventuell weitere Leitfragen.
Eines der bekanntesten und gängigsten Modelle ist der ALACT-Kreislauf von Korthagen (2002, S. 66) mit seinen fünf bzw. vier Stationen (*Action*, *Looking back*, *Awareness*, *Creating alternatives* und *Trail*, wobei das Ausprobieren schon wieder der Beginn des nächsten Zyklus sein kann) (s. Abbildung 1).

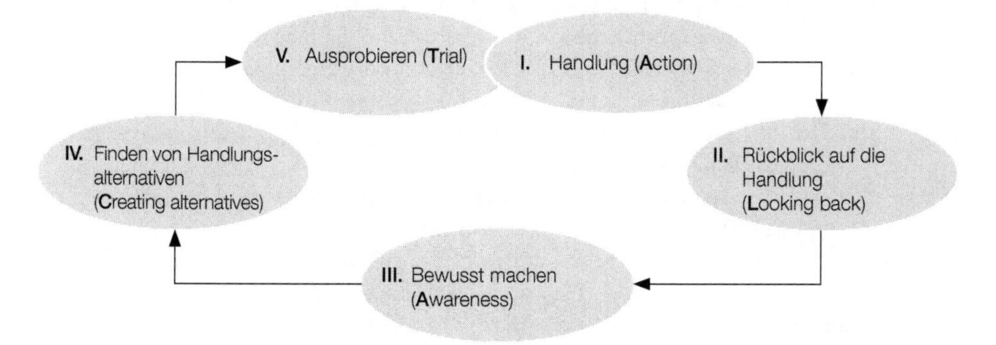

Abb. 1: ALACT-Modell von Korthagen (2002, S. 66)

Korthagen (2002) bezieht sich in seinem Kreislauf explizit auf konkrete Handlungen mit einem Handlungsziel, die im schulischen Kontext erlebt werden. Auf Grundlage dieser eigenen Erfahrung beginnt ein Rückblick auf die Situation und hier sind besonders überraschende oder unerwartete Momente in Bezug auf das vorher definierte Handlungsziel von Interesse. In der Phase der Bewusstmachung „erhalten bestimmte Aspekte spezielle Bedeutung“ (ebd., S. 67). Diese Erkenntnisse können genutzt werden, um Handlungsalternativen zu finden oder auch um zu erkennen, dass gesetzte Handlungsziele nicht realisierbar erscheinen. Vorteile an diesem Modell sind die Übersichtlichkeit des Verlaufs und die klare Struktur. Nachteilig erscheint die Begrenzung auf eigene Handlungen.
Bei Denner und Gesenhues (2013, S. 77) wird die Idee der Reflexion als Zyklus aufgegriffen und erweitert. Neben den Ebenen von Schön (Reflektieren *während* und *über* die Handlung) führen die Autorinnen das Reflektieren *nach* einer Handlung ein. Der von ihnen erstellte Reflexionszyklus greift diese Idee auf (s. Abbildung 2).

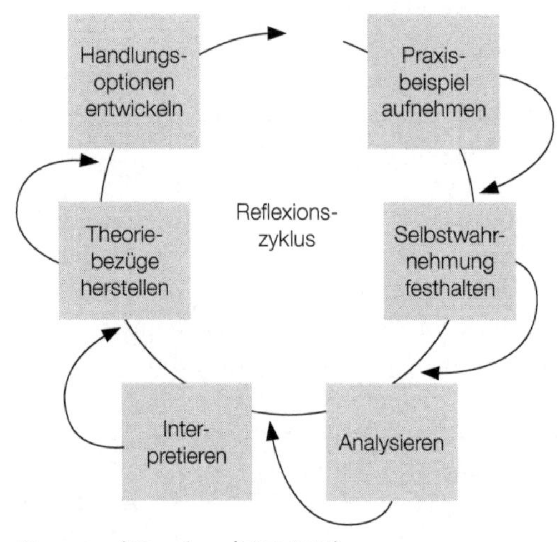

Abb. 2: Reflexionszyklus von Denner und Gesenheus (2013, S. 77)

Im ersten Schritt machen sich die Studierenden mit einem Praxisbeispiel vertraut, das z.B. als Fallbeschreibung vorliegen kann. Da es keine selbst erlebte Handlung ist, schlagen die Autorinnen eine „personenbezogene Annäherung mittels Selbstwahrnehmung und Perspektivenwechsel“ vor (ebd., S. 78). Dem systematischen Zyklus folgend, wird in den nächsten Schritten erst analysiert (Bestandteile betrachten) und im Anschluss, mit Hilfe von erworbenem Fachwissen, interpretiert. Den Abschluss bildet das Entwickeln von Handlungsalternativen, dem die Autorinnen großes Potential zusprechen, denn dadurch „kann sich praxisbezogenes und theoretisch begründetes Reflexions- und Handlungswissen aufbauen und so den Prozess der individuellen Professionalisierung befördern“ (ebd., S. 79f.). Besonders interessant an diesem Kreislauf ist der explizite Bezug auf Reflexionen, die sich auf fremde Ereignisse u.a. in Form von Fallbeschreibungen beziehen. Denkbar sind auch Videosequenzen, die als andere mediale Darstellung angesehen werden können. Da der Zyklus von Denner und Gesenhues explizit für den Einsatz in den Schulpraktischen Studien bzw. im Praktikum entwickelt wurde, wird auch die Diskrepanz zwischen Experten (Betreuer*innen im Praktikum) und Novizen (Studierende mit -noch- wenig Erfahrung) aufgegriffen. Diese soll durch den systematischen Ablauf und Rückbezug zur Theorie aufgefangen werden. Im Vergleich zum Kreislauf nach Korthagen (2002) werden die

Zwischenschritte weiter ausdifferenziert und konkretisiert, sind aber an Praxis-Theorie-Erfahrungen gebunden.
Ein weiteres Modell, das die Selbstwahrnehmung und Gefühle in den Reflexionsprozess aufnimmt, sind die sechs Reflexionsschritte nach Gibbs (1988). Das Modell entstammt dem Buch „Learning by doing“ und wird von Hilzensauer (2008) als ein sehr praxisorientiertes Modell eingestuft, mit dem Zusatz „learning through doing“. Den Ausgangspunkt bildet eine Erfahrung, die sehr detailliert beschrieben werden soll (*Description*). Im nächsten Schritt sollen die Gefühle, die mit der Situation einhergegangen sind, bewusstgemacht werden. Erst in den nächsten beiden Schritten erfolgen eine *Evaluation* und eine *Analyse* der Situation. Dabei werden keine Vorgaben bezüglich der Kriterien gemacht. Der fünfte Schritt führt zu einer Zusammenschau (*Conclusion*) und ein persönlicher Handlungsplan (*Action Plan*) mit Handlungsalternativen (sechster Schritt). Tatsächlich kann das Modell von Gibbs (1988) als sehr praxisnah beschrieben werden, denn es werden zu jedem Schritt konkrete Reflexionsfragen angeboten, die sich unmittelbar auf die erlebte Situation beziehen. Interessant ist die Vergegenwärtigung der Gefühle gleich zu Beginn, im Sinne der Reflexion als Bewusstmachung von individuellen Überzeugungen, erscheint dieser Schritt logisch und konsequent.
Altrichter und Posch (2007, S. 16) entwickelten aus des Aktionsforschung heraus einen Kreislauf, der Aktion und Reflexion im Berufsalltag von Lehrkräften verbinden soll (s. Abbildung 3). Entwickelt als Kreislauf, wünscht sich Posch (2009, S. 16), dass es eine „nach oben führende Spirale“ ist, die wiederholt durchlaufen werden kann und bei der „Zwischenanalysen wichtige Schritte bei der Weiterentwicklung“ unterstützen.

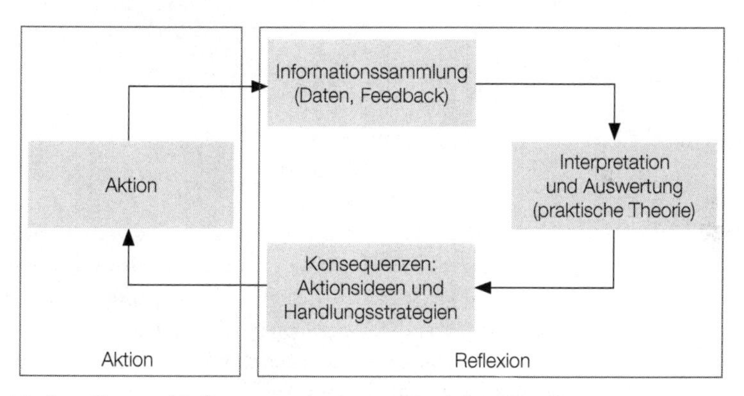

Abb. 3: Kreislauf zur Aktion und Reflexion von Altrichter und Posch (2007, S. 16)

Durch die Trennung der Schritte *Aktion* und *Reflexion* im Kreislauf wird die Reflexion in der Handlung (Ebene 2 bei Donald Schön) betont. Kernstück ist die *praktische Theorie* (Interpretation und Auswertung), die nach der *Datensammlung* entworfen wird und als *Konsequenz* zur Aktionsideen führen kann. Die Erprobung neuer Handlungsstrategien kann zu neuen Aktionen führen und den Kreislauf erneut in Gang setzen. Eine Ähnlichkeit zu Korthagens ALACT-Modell ist erkennbar. Vorteil ist auch hier die übersichtliche Struktur des Kreislaufs, darüber hinaus liefert es kaum andere Ansatzpunkte als das schon bekannte Modell.
Ähnlich wie bei Denner und Gesenhues orientierten sich auch die Autorinnen Krieg und Kreis (2014) bei ihrem Prozessmodell zur Reflexion an Korthagens ALACT-Modell. Allerdings werden die Schritte *Rückblick auf die Handlung* (*Looking back*) und *Bewusstmachung* (*Awareness*)

durch unterschiedliche Qualitätsstufen der Reflexion und die *transformative Reflexion* ersetzt und erweitert. Krieg und Kreis (2014) nennen ihr Modell ERTO (*Ereignis – Reflexion – Transformation – Option*) und wollen damit abbilden, „*wie* und auf auch *welche Weise* Reflexionsprozesse stattfinden“ (ebd., S. 105f., Hervorhebungen im Original). Das Ereignis ist in diesem Modell eine selbst erlebte Situation, in der die vollzogene Handlung nicht zufriedenstellend verlaufen ist und die eventuelle Irritation, Verunsicherung, Fragen oder Ärger aufgeworfen hat (s. Abbildung 4).

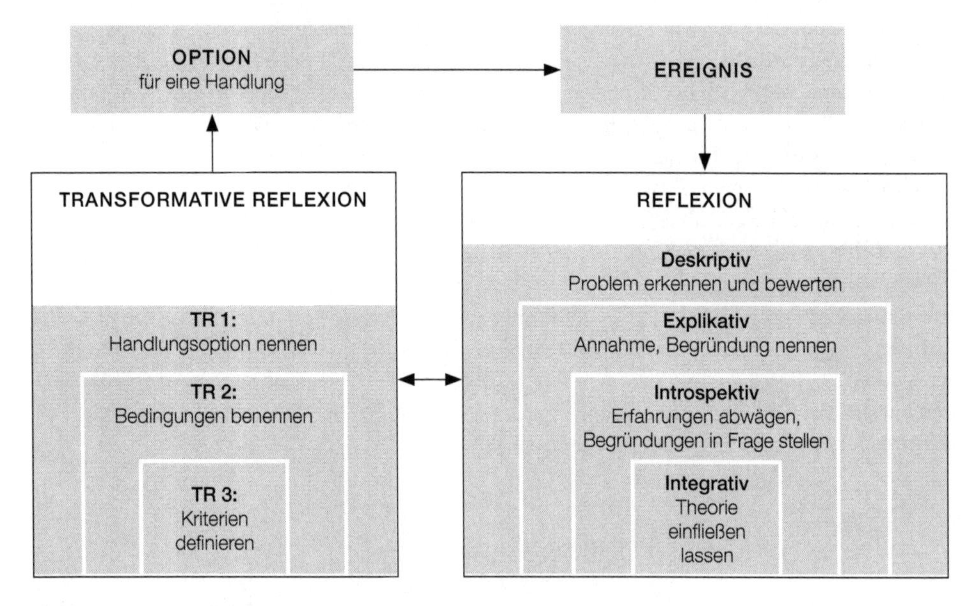

Abb. 4: Prozessmodell „ERTO“ von Krieg und Kreis (2014, S. 105)

Wie in der Abbildung 4 zu erkennen, gliedert sich die nächste Ebene *Reflexion* in vier Niveaustufen von deskriptiv bis integrativ, die in ihrer Komplexität ansteigen. Die *Transformation*, mit dem Ziel neue Handlungsoptionen zu generieren, hat ebenfalls drei qualitative Stufen: Das unbegründete Nennen von Alternativen, das Benennen von Bedingungen unter denen Veränderung möglich wäre und das Definieren von genauen Kriterien für die Handlungsoption.
Interessant an diesem Prozessmodell ist die qualitative Ausdifferenzierung der Reflexion, die in den Ablauf integriert wurde. Das Modell wurde im Kontext der Analyse von Mentorengesprächen im Praktikum entwickelt und zielt deswegen auf selbst erlebte Ereignisse ab. Es stellt sich außerdem die Frage, ob sich eine solche klare Abgrenzung in vier Niveaustufen, wie sie in der Kategorie *Reflexion* gemacht wird, tatsächlich in Reflexionen finden lassen.
Für die vorliegende Arbeit ist schließlich auch die Reflexionsspirale von Hänssig (2010) von Interesse, da sie im Zusammenhang mit ePortfolio-Arbeit an der Hochschule entstanden ist. Verortet in einem Seminar zu den Schulpraktischen Studien, lag der Fokus der Veranstaltungen auf der Wahrnehmung und Reflexion der individuellen Lernbiografie und in der Einbindung dieser bewusstmachenden Prozesse in die Ausbildung der eigenen Lehrerpersönlichkeit (ebd.). Auf der linken Achse der Spirale befinden sich deswegen Tätigkeiten der Studierenden, die nicht unmittelbar im Seminar ablaufen, sondern z.B. im ePortfolio: Die Vorbereitung der Seminarsitzung und anschließende Nachbereitung (im Sinne eines Lernprozesses) wiederholen sich zu jeder Veranstaltung. In

den Schleifen auf der rechten Seite wiederholen sich die Aspekte Seminareinstieg und Reflexion. Folglich ergibt sich eine wiederkehrende Abfolge von vier Schritten bestehend aus *Vorbereitung, Seminar, Reflexion* und *Lernprozess*. Die Spirale von Hänssig (2010) stellt dementsprechend nicht den Ablauf einer Reflexion dar, sondern die konkrete Einbettung in ein Seminar, in Kombination mit ePortfolio-Arbeit. Die einzelnen Schritte der Reflexion wurden in einer weiteren Abbildung festgehalten und beziehen sich auf die konkrete Planung von Unterricht, Durchführung und Besprechung im Anschluss. Dies ist der inhaltlichen Verortung in den Schulparktischen Studien geschuldet, spiegelt aber die Anforderungen des Berufsalltags einer Lehrperson wider.

3.3.2 Qualitätsstufen von Reflexion

Neben dem Ablauf der Reflexion wird in der Literatur versucht, die Qualität der Reflexion abzubilden. „Es lassen sich Unterschiede in der Qualität der Reflexion ausmachen, die sich in unterschiedlichen Reflexionsniveaus zeigen" (Roters 2012, S. 151). Dafür werden häufig Stufen- oder Ebenenmodelle entwickelt, die unterschiedlich anspruchsvolle Fähigkeiten enthalten. Ein sehr bekanntes Modell zur Reflexionstiefe entwickelten Hatton und Smith (1995), basierend auf den Annahmen von Donald Schön (1983) und ihren Studien an der Universität in Sydney. Die Grundlage bildet Schöns Annahme, dass der Zeitpunkt der Reflexion (*on-action* oder *in-action*) einen Einfluss auf die Reflexion hat. Für den Lehrberuf bedeutet diese Unterscheidung, dass eine Reflexion *über* eine Handlung anders aussieht, als eine Reflexion *in* der Handlung, in der sehr wenig Zeit ist.
Für eine Reflexion *über* eine Handlung konnten Hatton und Smith (1995) vier unterschiedliche *Typen des Schreibens* identifizieren, wobei nur die Typen zwei, drei und vier tatsächlich der Reflexion zugerechnet werden (s. Tabelle 1). Der aufsteigende Schwierigkeitsgrad lässt sich im Stufenmodell deutlich über die verschiedenen Ausprägungen der Reflexion (*beschreibend, dialogisch* und *kritisch*) erkennen.
Die ausschließliche Beschreibung eines Ereignisses (Stufe 1) ohne Schlussfolgerungen bildet dabei die Vorstufe zur Reflexion und wird erst durch die Nennung von Gründen, die auf der eigenen Meinung basieren, zur *descriptive reflection* (Stufe 2). Kommt es zu einer weiteren Auseinandersetzung mit den eigenen Ansichten kann von Stufe 3 (*dialogic reflection*) gesprochen werden. Die höchste Stufe bildet die *critical reflection*, in der weitere Kontexte einbezogen werden.

Tab. 1: Stufen der Reflexion von Hatton und Smith (1995, S. 45)

	Stufen	Beschreibung
1	Beschreibendes Schreiben (descriptive writing)	Es wird mehrheitlich über Ereignisse oder Literatur berichtet ohne direkten Bezug zur Handlung oder Schlussfolgerungen.
2	Beschreibende Reflexion (descriptive reflection)	Es werden Gründe angeführt, die oft auf der persönlichen Meinung basieren.
3	Dialogische/Abwägende Reflexion (dialogic reflection)	Es beginnt ein Diskurs über die eigenen Ansichten, sie werden untersucht und beleuchtet.
4	Kritische Reflexion (critical reflection)	Es werden weitere Kontexte in die Diskussion einbezogen (soziale, historische usw.) und mögliche Gründe von verschiedenen Seiten beleuchtet.

Offen bleibt allerdings, ob eine trennscharfe Unterscheidung zwischen den ersten beiden Stufen (*descriptive writing* und *descriptive reflection*) gemacht werden kann, da auch eine Auseinander-

setzung mit Literatur schon zu einer Begründung oder zu einem Diskurs herangezogen werden können. Unklar bleibt zudem, ob die kritische Reflexion auch das Planen von neuen Handlungsschritten beinhaltet, oder ob man sich nur auf umfassende Bezüge aus anderen Kontexten beruft. Ausgehend von Hatton und Smith (1995) legen Leonhard und Kollegen (2010) ein Modell vor, in dem die Tiefe und die Breite einer Reflexion „zwei miteinander verschränkte Analyseperspektiven" darstellen (ebd., S. 114). Für die Reflexionsbreite ist entscheidend, ob Wirkungszusammenhänge aus dem Ereignis abgeleitet werden können. Der komplexe Kontext aus u.a. persönlicher Betroffenheit und äußeren Faktoren, kann dabei unterschiedlich umfangreich in die Reflexion miteinbezogen werden. Eine Unterstützung bietet dabei der Bezug zu wissenschaftlichen Theorien, die eine weitere Ebene in die Reflexionstiefe bringen können.
Die Tabelle 2 stellt die zweite Komponente der Annahmen von Leonhard und Kollegen (2010, S. 126f.) dar: ein Modell der Reflexionstiefe und damit der Qualität von Reflexion. Die Grundlage des Modells bilden die vier Stufen der Reflexion nach Hatton und Smith, die zu acht Stufen (0 bis 7) ausdifferenziert wurden.

Tab. 2: Stufenmodell zur Reflexionstiefe von Leonhard und Kollegen (2010, S. 114)

Stufe	Bezug zu Hatton & Smith	Situationswahrnehmung	Darstellung der Handlungsoption
0	Descriptive writing	Schlichte Beschreibung der Situation	Benennung der Handlung
1		Situationsbeschreibung mit Entwicklung einer eigenen Annahme zur Situation (Annahme implizit)	Beschreibung einer Handlung mit möglichen Alternativen
2	Descriptive reflection	Situationsdeutung in der zwei Annahmen einfach mitaeinander verknüpft werden	Beschreibung und Begründung einer Handlung auf der Basis implizieter Annahmen und Mentalitäten bzw. subjektiver Handlungsformen
3		Situationsdeutung durch Verknüpfung von zwei und mehr subjektiven Hypothesen, die begründet miteinander verknüpft werden (subjektive Hypothese, explitive Annahme)	Beschreibung und Begründung einer Handlung auf der Basis expliziter Annahmen, aktive Distanzierung wird deutlich
4		Einbezug des Kontextes för die komplexe Einschätzung der Situation	Explizite subjektive Theorie
5	Dialog reflection	Situationsanalyse unter Einnahme einer weiteren Perspektive (Perspektivenübernahme)	Explizite subjektive Theorie sowie Einbezug weiterer Perspektiven
6		Einbezug theoretisch-wissenschaftlicher Kategorien oder Ergebnisse zur Analyse der Situation unter der Perspektive der Bedingungsverfügung	Explizite subjektive Theorie sowie Einbezug weiterer theoretisch-wissenschaftlicher Perspektiven
7	Critical reflection	Dialektische Auseinandersetzung mit der eigenen Situationswahrnehmung, theoretischen Bezügen und institutionellen Erwartungen	Dialektische Auseinandersetzung der eigenen Position mit weiteren, auch wissenschaftlichen Theorien

Eine Stärke dieses Modells ist die Gliederung der beiden Schritte d*escriptive reflection* und *dialogic reflection* in jeweils drei Qualitätsstufen. Bei der beschreibenden Reflexion wird nun zwischen impliziten und expliziten Annahmen unterschieden, die zur Beurteilung des Ereignisses herangezogen werden und damit die Beschränkung auf das Beschreiben von Handlungen und Ereignissen aufgehoben. Auch die unterste Stufe null enthält jetzt nur noch die einfache Beschreibung der Handlung und ist damit etwas trennscharfer von Stufe eins (*Descriptive reflection).*
Im Teil der *dialogischen Reflexion* wurde auf die Arbeiten zu subjektiven Theorien zurückgegriffen, die in den höchsten Stufen sechs und sieben, mit theoretisch-wissenschaftlichen Perspektiven belegt werden. Diese Schwerpunktsetzung wird aus der Forderung abgeleitet, dass Lehrpersonen einen wissenschaftlich-reflexiven Habitus entwickeln sollen und somit einer „Begründungsverpflichtung" unterliegen, ihre Annahmen mit Theorie zu verbinden und zu belegen (ebd., S. 126f.).
In einer früheren Arbeit stellte Leonhard (2008) ein umfangreiches Kompetenzstufenmodell auf, das sechs Aspekte in jeweils drei Ausprägungen (schwach, mittel und stark) enthält (s. Tabelle 3).

Tab. 3: Stufenmodell der Reflexionskompetenz von Leonhard (2008, S. 208)

	Ausprägung		
Aspekt	schwach	mittel	stark
Vorhandensein reflexiver Anteile	Es finden sich keine dokumentierten Reflexionen.	Reflexive Aspekte finden sich gelegentlich.	Es wird regelmäßig und systematisch reflektiert.
Reflexionsaktivität aus eigenem Antrieb	Reflexionsangebote werden nicht angenommen.	Reflexionsangebote geben den Anstoß für Reflexionen	Reflexionen entstehen aus eigenem Antrieb und enthalten selbstgewählte Aspekte.
Bewusste Trennung von Reflexion und Beschreibung	Dokumente enthalten reflexive Anteile, ohne dass die Person sie als solche kennzeichnet	Reflexionen werden von Dokumentation und Berichterstattung getrennt dargestellt.	Reflexion und Dokumentation sind getrennt, die Reflexionen beziehen sich konkret auf die dokumentierte Arbeit.
Zielorientierung der Reflexion	Reflexionen sind nicht zielorientiert	Reflexionen lassen erkennen, dass ein Ziel verfolgt wird.	Reflexionen sind auf die Erreichung der Ziele hin fokussiert.
Reflexionstiefe	Eigene Gedanken stehen im Vordergrund	Reflexive Aussagen werden begründet oder belegt und begründen weitere Sichtweisen.	Es findet eine systematische und kritische Auseinandersetzung auch vor dem Hintergrund theoretischen Wissens statt.
Reflexionsbreite	Die Gedanken kreisen um die konkrete Aktivität.	Reflexionen beziehen Überlegungen zur Lernumgebung mit ein	Reflexionen beinhalten die Perspektive späterer Berufstätigkeit.

Neben den Aspekten *Reflexionstiefe* (definiert als Einbezug von Belegen, theoretischem Wissen und kritischer Auseinandersetzung) und *Reflexionsbreite* (definiert als Bezugsrahmen der Reflexi-

on: von eng an der Aktivität bis hin zu weit in der späteren Berufstätigkeit), werden neue Aspekte aufgegriffen, die bisher nicht berücksichtigt wurden. Dazu zählt das *Vorhandensein reflexiver Anteile* (Kategorien sind hier nicht eindeutig definiert, da nur global von reflexiven Aspekten bzw. systematischer Reflexion gesprochen wird), die *Reflexionsaktivität aus eigenem Antrieb* (in diesem Aspekt wird der Reflexionsanlass betrachtet), die *bewusste Trennung von Reflexion und Beschreibung* (hier werden die Tätigkeiten Beschreibung und Reflexion voneinander getrennt), sowie die *Zielorientierung der Reflexion* (Verdeutlichung der Ziele der Reflexion).
Das Kompetenzstufenmodell von Leonhard (2008) kann nur schwer auf die Arbeit mit einzelnen Reflexionstexten angewendet werden, da es Aspekte enthält, die auf eine dauerhafte Begleitung von Reflexionen abzielen, wie z.B. „Es wird regelmäßig und systematisch reflektiert" (Aspekt 1, Stufe 3). Interessant ist, dass die Reflexionsbreite nicht auf eine inhaltliche Breite der Argumente in der Reflexion bezogen wird (einzelne inhaltliche Argumente), sondern auf einen Bezugsrahmen, der einen engen oder weiten Bezug zur eigenen Professionalisierung zulässt. Besonders die deutliche Trennung von Beschreibung und Reflexion ist in diesem Modell kritisch zu sehen, denn eine neutrale Beschreibung des Ereignisses stellt die Grundlage für eine kritische Analyse und Bewertung dar, was ebenfalls Teilschritte der Reflexion sind.
Das Ebenenmodell von Bräuer (2014, S. 27) hingegen liefert eindeutige Teilschritte, welche auf die Arbeit im Studium zugeschnitten sind und von ihm selbst als „Ebenen der reflexiven Praxis" bezeichnet werden. Auch beziehen sie sich konkret auf die Portfolioarbeit und sollen Lehrende wie Studierende beim Einsatz von Portfolios als Reflexionsmedium unterstützen. Wie der Tabelle 4 zu entnehmen ist, befasst sich die erste Ebene mit der Verlaufsdokumentation eines Ereignisses, einer Handlung oder Aktivität. Dafür kann der Ablauf entweder gut nachvollziehbar beschrieben werden oder unvollständig und nur punktuell.

Tab. 4: Ebenen der reflexiven Praxis von Bräuer (2014, S. 27)

Ebenen der Reflexion			
	4	Planen	... von Handlungsalternativen.
	3	Beurteilen	... auf Basis (an)erkannter Kriterien
		Bewerten	... im Vergleich mit Erwartungen bzw. anderen Leistungen
	2	Interpretieren	... mit Blick auf die Konsequenzen aus der eigenen Handlung
		Analysieren	... mit Bezug auf die eigenen Leistungen
	1	Dokumentieren	... mit Bezug zur Gesamthandlung
		Beschreiben	... der absolvierten Handlung

Auf der zweiten Ebene sollen die Umstände des Ereignisses analysiert und interpretiert werden. Dabei können für die Umstände entweder umfassende Erklärungen oder keine Erklärung geliefert werden. Ebene drei fordert eine abschließende Evaluation, bei der anerkannte Kriterien, wie z.B. Theoriebezüge, einbezogen werden sollten. Die Kriterien sollten dabei transparent gemacht werden, um eine Nachvollziehbarkeit zu gewährleisten. Die letzte Ebene umfasst das Vorschlagen von Handlungsalternativen bzw. die Planung von neuen Strategien. Dabei ist es wichtig, dass die Planungen begründet und vollständig ablaufen. Es stellt sich die Frage, wie eindeutig sich diese Stufen voneinander unterscheiden lassen und ob immer alle Schritte vollzogen werden müssen.
Auch das Modell von Eysel und Schallies (2004) arbeitet mit vier Stufen, die Teilschritte der Reflexion abbilden und als *Betrachtungstiefe* bezeichnet werden (s. Tabelle 5). Die Reichweite der Betrachtungsperspektive innerhalb einer Reflexion hat für Eysel und Schallies (2004) zwei

Abstraktionsebenen: I. den *Zusammenhang mit einer konkreten Lehrveranstaltung* und II. den *Professionalisierungsprozess* der Studierenden.

Tab. 5: Reflexionsmodell nach Eysel und Schallies (2004, S. 303)

Inhalte	**Reflexionsstufen**			
	Stufe 1 Sachbezogene Beschreibung	**Stufe 2** Handlungsbezogene Begründung	**Stufe 3** Analytische Abstraktion	**Stufe 1** Kritischer Diskurs
Konkretes Erleben und Handeln	Beobachtungstiefe →			
Abstraktionsebene 1 Seminarzusammenhang	Reichweite Betrachtungsperspektive ↓			
Abstraktionsebene 2 Professionalisierungsprozess				

Die aufgezeigten Modelle versuchen den Ablauf von Reflexionen als Zyklus, Kreislauf oder fortlaufende Spirale darzustellen und unterscheiden für die Arbeitsschritte unterschiedliche Stufen oder Ebenen. Zudem zeigt die Analyse der verschiedenen Reflexionsmodelle, dass viele Ansätze versuchen eine Tiefe der Reflexion abzubilden, vielfach durch verschiedene Teilschritte, die erfüllt sein müssen. Am übersichtlichsten erscheint hier das Modell von Bräuer (2014) zur reflexiven Praxis, da es auch die Beschreibung als Ebene aufnimmt und Handlungsalternativen berücksichtigt. Des Weiteren versuchen fast alle Modelle eine gewisse Form der Breite abzubilden, z.B. bei Eysel und Schallies (2004) als Betrachtungsperspektive und bei Leonhard (2008) als Bezugsrahmen der Reflexion. Eine Breite der Reflexion, im Sinne einer inhaltlichen Vielfalt von Argumenten auf den einzelnen Ebenen, wird allerdings von keinem Modell berücksichtigt, obwohl sich darin die inhaltliche Reflexionsbreite zeigt.
Die Ableitung eines eigenen Modells zur Untersuchung des Reflexionszyklus bei der Portfolioarbeit, das sich u.a. am ALACT-Modell von Korthagen (2002) orientiert, wird in Kapitel 4 gemeinsam mit der Portfoliothematik präsentiert.

3.4 Reflexionsanlässe gestalten

Reflexion, als gedankliches Bestreben zum Nachdenken, setzt eine bewusste, aktive bzw. absichtliche Anstrengung voraus, sich mit den eigenen Gedanken und Einstellungen zu befassen. Für die Lehrkräftebildung bedeutet dies, dass Angebote geschaffen werden müssen, um Reflexionsprozesse bewusst zu ermöglichen. Die Gestaltung von Reflexionsanlässen kann, z.B. durch eine fachliche Auseinandersetzung mit dem Reflexionsgegenstand erfolgen, aber auch durch Strukturierungshilfen wie Prompts.

3.4.1 Bearbeitungsform

Noch bevor eine Entscheidung zu Strukturierungshilfen getroffen werden kann, sollte Klarheit über die Bearbeitungsform der Reflexion herrschen. Wyss (2019) hat dafür eine Matrix mit den zwei zentralen Bearbeitungsformen mündlich und schriftlich entwickelt, die entweder *alleine* oder *gemeinsam* bearbeitet werden können (s. Abbildung 5). Aus *alleine* und *schriftlich* ergibt sich als Reflexionsanlass beispielsweise ein Lerntagebuch oder Portfolio. *Schriftlich* und *gemeinsam* könnten ein ePortfolio oder Feedback-Briefe sein. *Alleine* und *mündlich* könnte eine Reflexion als reflexiver Monolog aufgezeichnet werden. Für eine gemeinsame mündliche Reflexion eigenen sich beispielsweise reflexive Interviews oder kollegiale Gespräche.

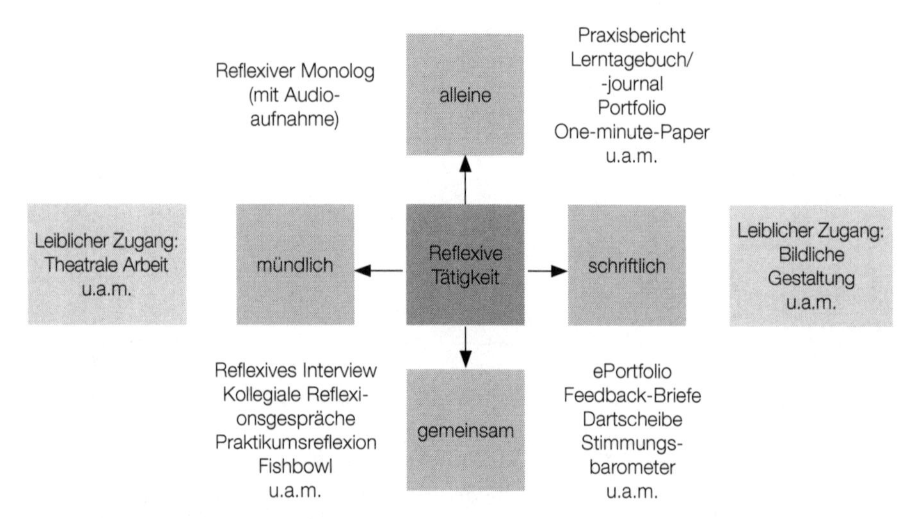

Abb. 5: Reflexionsanlässe im Studium (Wyss 2019)

Dies schließt nicht Selbstreflexionen ein, die ohne weitere Kommunikation mental stattfinden können. Somit wird von Reflexionen mit oder ohne medialem Produkt (im Sinne von geschriebenen Texten/Sätzen/Wörtern) gesprochen. Besonders im künstlerischen Bereich ist es auch denkbar, dass eine Reflexion durch andere Präsentationsform (bei Wyss 2019 als *Leiblicher Zugang* aufgenommen), wie z.B. Bildnisse, Collagen oder Videos zum Ausdruck gebracht werden kann. In der vorliegenden Arbeit wird allerdings die Reflexion mit Produkt (schriftlich) im Mittelpunkt stehen.
Wyss (2008) bezeichnet die mündliche Reflexion als die häufigste Form, da sie ohne weitere Hilfsmittel und unmittelbar zum Ausdruck gebracht werden kann. Weitere Vorteile sind die Flexibilität in Zeit, Ort und Personenanzahl. Als nachteilig könnte die schnelle Vergänglichkeit und schwere Nachvollziehbarkeit gesehen werden. Die Nachteile des Mündlichen können bei schriftlichen Reflexionen als Vorteile angesehen werden: Die Nachvollziehbarkeit wird durch den Text erhöht und die Vergänglichkeit aufgehoben. Darüber hinaus kann diesen Reflexionen ein äußerer Rahmen gegeben werden, der zum Sammeln genutzt wird. Auch in der Rückschau können die Reflexionen dadurch betrachtet und Lern- und Entwicklungsprozesse nachvollzogen werden. Dafür eigenen sich Lerntagebücher, Journals oder Portfolios.
Im Zusammenhang mit schriftlichen Reflexionen kann auf die Wurzeln in der kreativen Schreibdidaktik verwiesen werden, die im Schreibprozess eine „Stärkung von (Selbst-)Reflexion" (Hänssig & Petras 2006, S. 34) sehen. Überlegungen werden in eine schriftliche Form gebracht, dadurch sind sie fixiert und bewusster. Als nächstes kann ein Austausch über die geschriebenen Texte erfolgen und somit eine erneute Konfrontation und mögliche „Lernsituation".

Als nachteilig könnte der erhöhte Arbeitsaufwand angesehen werden, der für schriftliche Reflexionen notwendig ist. Auch aus diesem Grund kann es zu Beginn notwendig sein, dass Studierende das *Schreiben wieder Lernen,* um sich auf diese Form der Textgestaltung einzulassen. Der Zeitaufwand erhöht sich zusätzlich, wenn Rückmeldungen und Feedbacks zu Ergebnissen von Peers gegeben werden sollen. Auch hier sollte der Mehrwert transparent gemacht werden.

3.4.2 Aufgabenstellungen und Fallvignetten

Reflexionsanlässe müssen gestaltet werden, dazu haben sich Aufgabenstellungen und Leitfragen als hilfreich erwiesen, die möglichst konkret den Arbeitsauftrag erfassen. Bräuer (2014, S. 20) geht davon aus, dass „pauschale Reflexionsaufgaben" einen Transfer von Erfahrungen aus der Reflexion in andere Handlungskontexte verhindern könnten. Außerdem weist er darauf hin, dass Studierende zur Veränderung von Handlungsroutinen nur einen „geringen Impuls zur Selbststeuerung" haben. Es reiche auch nicht aus, Impulse mündlich zu geben, sondern regelmäßig, mit Unterstützung von Medien und Leitfragen. Anders sehen dies Krieg und Kreis (2014), die Gespräche zwischen Studierenden und Mentor*innen im Praktikum als „Übungsfeld für Reflexion" bezeichnen und ihnen einen hohen Stellenwert für Reflexion zusprechen.
Unter Aufgabenstellungen, Leitfragen, Aufforderungen und Prompts werden Arbeitsanweisungen verstanden. Abgeleitet von dem englischen Verb „to prompt (someone to do something)" soll jemand dazu veranlasst werden, etwas zu tun (vgl. Pfeifer & Kriebel 2007; LEO 2016). *„To prompt"* kann u.a. mit *auffordern, anregen, veranlassen, abfragen und antreiben* übersetzt werden, dabei stimmen besonders die ersten drei Bedeutungen mit der Verwendung im Deutschen überein. Dies zeigt auch der Eintrag im *Lexikon der Psychologie,* wo im Zusammenhang mit Prompts erläutert wird, dass es sich um ein Signal mit Aufforderungscharakter handle, das zum Abruf spezieller Gedächtnisinhalte hinleitet (Spektrum Akademischer Verlag 2010). Für die Definition muss allerdings über die Wortbedeutung hinausgegangen werden.
Prompts dienen nach Picard (2011, S. 37) dazu, „innerhalb eines Lernzyklus gezielt dazu anzuregen, verschiedene Kontroll- oder Steuerungshandlungen durchzuführen". Durch eine gezielte, schriftliche oder mündliche Aufforderung, soll eine Anregung zur Durchführung erwünschter Prozesse gegeben werden. Eine Herausforderung bei der Formulierung von Prompts ist es, durch offene Fragen die Eigenständigkeit der Studierenden anzuregen und gleichzeitig so konkret zu sein, dass Wissen und reflexive Gedanken eingebracht werden können (Picard & Imhof 2010). Es sollte daher auf Seiten der Lernenden Wissen bzw. Vorwissen vorhanden sein, das aktiviert werden kann (Picard 2011). Dieses Vorgehen eignet sich folglich nicht in der Phase des Wissenserwerbs, sondern vorher, um Vorwissen zu erfragen oder später, um angeeignetes Wissen zu überprüfen bzw. sich damit reflexiv auseinanderzusetzen.

Fallvignetten bzw. schriftliche Situationsbeschreibungen kommen, wie Paseka und Hinzke (2014) zusammengetragen haben, zunehmend auch in der Bildungsforschung zum Einsatz. Als ein Auszug oder eine Sequenz sind Fallvignetten u.a. in der (Einzel-)Fallarbeit in der qualitativen Sozialforschung (vgl. Lamnek 2010, S. 287f.) verortet und beziehen sich auf kritische, relevante oder dilementarische Situationen im professionellen Lehrerhandeln. Hatton und Smith (1995) geben die Fallarbeit (*Case Studies*), neben *Action Research Projekts, Microteaching* und *Structured Curriculum Tasks,* als Möglichkeit an, nachweislich Reflexion bei Lehramtsstudierenden hervorrufen zu können. Dabei ist eine „Fähigkeit zum Perspektivwechsel" (Lüsebrink & Grimminger 2014, S. 201) notwendig, um sich in die beschreibende Situation einzudenken.

Wenn die Reflexion auf Grundlage einer nicht selbsterlebten Situation erfolgen soll, kann der Reflexionsgegenstand u.a. eine Situationsbeschreibung von Unterricht oder auch ein Unterrichtsvideo sein. Die schriftlichen Situationsbeschreibungen können entweder echten Fällen entnommen oder fiktiv erstellt sein. Sowohl das Video, als auch die schriftliche Situationsbeschreibung stellt immer nur einen Ausschnitt der Wirklichkeit dar und kann auf beliebige Länge gekürzt werden. Beiden gemeinsam ist, dass es sich um Teile eines Falls handelt, der unterschiedlich ausführlich dokumentiert ist.
Ein „guter Fall" sollte nach Kiel und Kollegen (2014) u.a. eine narrative Struktur und einen klaren Berufsfeldbezug haben, aber auch verschiedene Handlungsmöglichkeiten eröffnen, die begründet werden müssen und ein „Spannungsfeld zwischen wissenschaftlichen, sozialen und subjektiven Handlungspraktiken" aufzeigen (ebd., S. 24). Darüber hinaus sollte der Fall exemplarisch für vergleichbare Varianten stehen und kann durch zusätzliche Kontextinformationen ergänzt werden.
Darüber hinaus sollen die Fallvignetten möglichst ein „für professionelles Lehrerhandeln und/oder die Gestaltung ‚guten' Unterrichts relevantes – Kernproblem oder zumindest bestimmte Problemdimensionen repräsentieren, die sich innerhalb des institutionell-curricularen Rahmens der Lehrerausbildung und der zur Verfügung stehenden Zeitressourcen hinreichend bearbeiten lassen", so definiert Dirks (2013, S. 2) die relevanten Merkmale für die Arbeit mit Fallvignetten.

Auch in ePortfolios können unterschiedliche Reflexionsanlässe zum Einsatz kommen, die von den Lernenden schriftlich bearbeitet werden. Ähnlich wie für Fallvignetten, gilt auch für ePortfolios, dass sie ohne eine konkrete Anleitung lediglich ein einfacher digitaler Speicherort sind, ohne pädagogisch wirksam zu werden (Kidwai et al. 2010). Im folgenden Kapitel 4 wird die Arbeit mit ePortfolios an der Hochschule vorgestellt und die Potentiale für Reflexionen erläutert.

4 Portfolio und ePortfolio in der Lehrkräftebildung

Aktuell findet die Portfolioarbeit in allen Phasen der Lehrkräftebildung großen Zuspruch als Lehr-Lerninstrument, das individuelle Lernprozesse ermöglicht und gleichzeitig eine selbstreflexive Auseinandersetzung mit eigenem Handeln, Fachwissen, aber auch Einstellungen und subjektiven Theorien erlaubt. Dahinter verbirgt sich u.a. die Hoffnung, dass es angehenden Lehrkräften (besser) gelingt, Bezüge zwischen Wissensbereichen herzustellen, die sich bisweilen als Fragmente im Studium präsentieren und so zu trägem Wissen führen können.
Mit einer digitalen Version des Portfolios sind die Sammlungen der Lernenden ort- und zeitunabhängig bearbeitbar, mit digitalen Inhalten verknüpfbar und (durch ein einfaches Rechtemanagement) für Peers und Lehrende einsehbar.
Beginnend mit einer Begriffsdefinition (Kapitel 4.1), werden im Kapitel 4.2 Grundlagen der Portfolioarbeit vorgestellt. Dabei wird auch das eigens für die vorliegende Untersuchung abgeleitete Reflexionsmodell für die ePortfolioarbeit präsentiert (Kapitel 4.3.3).

4.1 Begriffsbestimmung

4.1.1 Portfolio

Das Wort Portfolio stammt aus dem italienischen *portafoglio* (DUDEN 2016b), was sich aus *portare* (tragen) und *foglio* (Blatt) zusammensetzt. Ein *Portafolio* war eine Brieftasche bzw. Aktentasche (wörtlich *Blattträger*), womit u.a. eine Mappe mit Papiergeld gemeint sein könnte. Daraus ergab sich vermutlich auch der Zusammenhang mit der Bedeutung in der Finanzwelt, die darunter ein Wertpapierdepot mit Branchenaktien versteht, welches Struktur und Entwicklungen eines Vermögens abbildet (Pfeifer & Kriebel 2007, S. 35). Auch die Kunstwissenschaft kennt Portfolios, z.B. ein mit Fotografien ausgestatteter Bildband bzw. eine „Mappe mit einer Serie von Druckgrafiken oder Fotografien eines oder mehrere Künstler" (DUDEN 2016b).
Es zeigen sich drei Gemeinsamkeiten dieser verschiedenen Einsatzformen des Portfolios:

- Eine zielgerichtete Sammlung von *Blättern* (z.B. Wertpapiere, Kunstwerke, Geld etc.) in einer *Mappe* (virtuell oder physisch existent).
- Die Auswahl der besten *Blätter* bzw. Stücke für die *Mappe*.
- Das Herstellen einer ausgewählten Öffentlichkeit, die aus Kund*innen, Arbeitgeber*innen (Kunst/Grafikdesign) und anderen Interessierten bestehen kann.

Zusammenfassend zeigt die Analyse der Wortbedeutung, dass es sich bei einem Portfolio (durch alle angesprochenen Disziplinen) um eine zielgerichtete Sammelmappe handelt, die besonders gute Arbeiten des Erstellenden abbilden soll und einer ausgewählten Öffentlichkeit zugänglich gemacht wird.
Überraschenderweise findet sich in relevanten online verfügbaren Enzyklopädien und Lexika[6] kein Hinweis auf eine Nutzung im erziehungswissenschaftlichen Kontext, obwohl diese schon seit den 1980er Jahren in Gebrauch sind[7]. Einzig die open source Enzyklopädie wikipedia.org

6 Zum Beispiel: www.duden.de; http://www.bpb.de/nachschlagen/lexika/; www.wortschatz.uni-leipzig.de/

7 Mitte der 1980er Jahre habe sich ein „Portfolio-Boom" in den USA zugetragen (Rachenbauer 2014, S. 27). Erste Erwähnungen des Begriffs Portfolio finden sich aber auch schon in den 1970er Jahren. Eine ausführliche Darstellung zu den Entwicklungslinien des Portfolios findet sich bei Fink (2010), der nicht nur unterschiedliche Entwicklungen in Amerika und Europa aufdecken konnte, sondern auch in den deutschsprachigen Ländern Schweiz, Österreich und Deutschland.

liefert in einem Eintrag einen kurzen Überblick über die Verwendung des Begriffs im Kontext von Bildung. Darüber hinaus ist er nur in einschlägigen erziehungswissenschaftlichen Lexika zu finden, wie *Lexikon Pädagogik* von Beltz (Tenorth & Tippelt 2007). Hier liegt der Fokus auf der Darstellung des eignen Lernstandes und der Perspektiven auf weitere Lernziele.
Eine ähnliche Definition ist in einem Lexikonartikel von Häcker (2006b) zu finden, der Portfolio in der Schule entweder als Methode zur Leistungsfeststellung sieht oder als eine Unterrichtsmethode. Damit eröffnet er die Diskussion um die Produkt- und Prozessorientierung des Portfolios, auf welche im Kapitel 4.2.1 eingegangen wird. Eine Reduktion als alternative Möglichkeit zur Leistungsmessung greift für Häcker (2006b) zu kurz und schöpft nicht das volle Potential der Portfolioarbeit aus.
Trotz vieler Gemeinsamkeiten dieser Beschreibungen um des Begriffs Portfolio, gibt es keine einheitliche Definition (Häcker 2012). Umso mehr Autor*innen haben sich daran versucht, Definitionen für das Portfolio im Bildungskontext zu finden. Die bekannteste und am häufigsten zitierte Definition findet sich in einem Artikel bei Paulson, Paulson und Meyer (Paulson et al. 1991, S. 60): „A portfolio is a purposeful collection of student work that exhibits the student's efforts, progress and achievements in one or more areas. The collection must include student participation in selecting contents, the criteria for selection, the criteria for judging merit and evidence of student self-reflection".
Daraus können folgende Punkte abgeleitet werden:
- Eine, vom Lernenden ausgewählte Sammlung von Artefakten (Lernende haben dabei eine aktive Rolle),
- diese Auswahl dokumentiert den Lernprozess (auf verschiedenen Ebenen) und
- lässt Rückschlüsse auf die Auseinandersetzung mit dem Thema zu.

Auch zu dieser gängigen Definition liegen schon Ergänzungen vor, z.B. fehle der Hinweis, dass die Sammlung flexibel und ständig im Wandel ist und als zentrales Element den Austausch mit Lehrenden und Mitlernenden beinhalten sollte (Ballweg 2015). So betont Häcker (2006a) in seiner an Paulson und Kollegen (1991) angelehnten Definition, eine starke Konzentration auf den Lernenden und die Möglichkeit der Partizipation. Daraus ergibt sich ein Spannungsverhältnis aus Lernbegleitung und Prozessdokumentation.

An dieser Stelle erscheint ein Exkurs zum Begriff *Artefakte* sinnvoll, da die folgenden Ausführungen immer wieder auf Artefakte Bezug nehmen. Der Begriff wird u.a. von Hornung-Prähauser und Kollegen (2007) genutzt und bezieht sich auf digitale Formen von Portfolios. Dort werden die *Blätter* als „‚mit Geschick gemachte Arbeiten' (lat. Artefakte)" bezeichnet (ebd., S. 13). Der DUDEN (2016a) liefert für den bildungssprachlichen Gebrauch die Bedeutung „etwas von Menschenhand Geschaffenes", was auf Artefakte in Portfolios fast immer zutrifft. Der Begriff lässt dabei offen, um welches Medium es sich handelt, denn neben einfachen Dokumenten sind alle digitalen Formate möglich (z.B. Bild- und Tonaufnahmen, Notizen und Texte, Zertifikate und Leistungsnachweise).
In einem Modell von Brahm und Seufert (2007) wird zwischen Links, Dateien und Referenzen als mögliche Artefakte in einem ePortfolio unterschieden. Der Bereich (Hyper)Links umfasst beispielsweise Verlinkungen zu besuchten Veranstaltungen, Webseiten und eigenen Blogs oder Wikis. Unter Referenzen verstehen die Autorinnen u.a. Zeugnisse, Auszeichnungen und Bescheinigungen. Die angebotene Unterscheidung in der Kategorie Dateien greift im Modell von Brahm und Seufert allerdings zu kurz (Textdateien aus eigenen Seminararbeiten und HTML-Seiten, sowie Multimedia mit Video und Audio). Aus diesem Grund wurde das Modell um verschiedene Aspekte ergänzt (s. Abbildung 6):

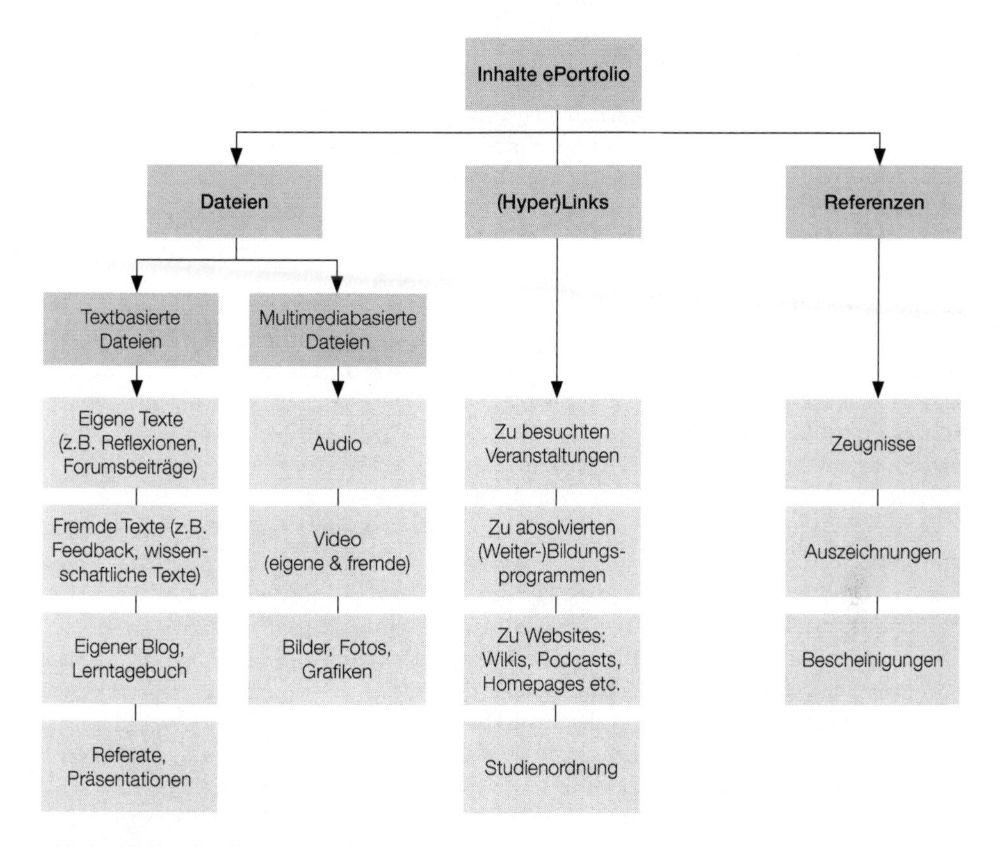

Abb. 6: Mögliche Artefakte in einem ePortfolio

Textbasierte Dateien können neben eigenen Texten wie Reflexionen oder Forumsbeiträgen auch fremde Texte enthalten (z.B. Feedbacks von Peers oder Lehrenden). Zusätzlich Formate können auch Lerntagebucheinträge, die Ergebnisse aus digitalen Selbstlerneinheiten oder Präsentationen sein. Auch der Bereich Video kann zwischen eigenen und fremden Videos differenziert werden. Zu den multimedialen Artefakten können darüber hinaus auch Bilder, Fotos und Grafiken (Tabellen, Mind-Maps usw.) gezählt werden.

4.1.2 ePortfolio

In der vorliegenden Arbeit wird synonym von digitalen Portfolios und *ePortfolios* gesprochen. In der Literatur gibt es zahlreiche Begriffe, die den digitalen Charakter beschreiben, beispielsweise *Webbased-Portfolio* und *Webfolio* (beide bei Rachbauer 2014) oder *multimedia portfolio* und *online paperless portfolio* (beide bei Ravet 2007). In der vorliegenden Arbeit wird die Schreibweise „ePortfolio“ ohne Bindestrich gewählt, da neben der Studie von Melis und Homik (2007)[8] auch eine aktuelle Auswertung von Google Trends ergab, dass diese Schreibweise „ePortfolio“ sowohl national, als auch international gebräuchlicher ist.

8 In Fink (2010). Original ist online nicht mehr verfügbar. (Melis, E.; Homik, M. (2007): *E-Portfolio Study* – Germany. www.eportfolio.eu/resources/germany/publications/eportfolio-study-germany.)

Die National Learning Infrastructure Initiative (NLII) legte 2003 eine Definition vor, auf die sich auch deutsche Autor*innen beziehen. Dort heißt es, dass ein ePortfolio „a collection of authentic and diverse evidence, drawn from a larger archive, that represents what a person or organization has learned over time, on which the person or organization has reflected, designed for presentation to one or more audiences for a particular rhetorical purpose." (Ravet 2007, S. 1). Im Unterschied zur Definition von Paulson und Kollegen (1991) wird hier ergänzt, dass die ausgewählten Artefakte einer bestimmten Öffentlichkeit zugänglich gemacht werden, d.h. die Daten- und Zugriffskontrolle liegt bei den Erstellern (Himpsl-Gutermann 2012). Außerdem betont die Definition der NLII, dass die Sammlung einem bestimmten Zweck dienen muss, Häcker (2007) spricht in diesem Zusammenhang davon, dass ein Portfolio zweckbezogen und adressat*innenorientiert erstellt wird. Ravet (2007) erweitert die Definition der NLII um die Erklärung, dass es sich bei der Sammlung von Aufgaben (oben genannt *larger archive*) um vielfältiges Kapital handelt (*competencies, knowledge, social networks, etc.),* das durch reflexives Lernen in einem festgelegten Kontext entwickelt wird.
Hansen (2005) betont bei seiner Definition die Möglichkeit der Kooperation unter den Lernenden: „Dabei ergibt sich die Möglichkeit, über die Dokumente zu kommunizieren, Wissen und Kenntnisse zu teilen, an gemeinsamen Dokumenten und Arbeitsvorhaben zu arbeiten und das Dokument einsehbar und zugänglich für andere zu machen" (Hansen 2005, übersetzt von Fink 2010, S. 51). Folglich liegt die Besonderheit eines ePortfolios in der Möglichkeit, verschiedene Diskurse reflexiver Praxis zu nutzen (Bräuer 2014). Durch die Freigabe von Artefakten für einen öffentlichen oder halböffentlichen Diskurs (z.B. Forum, Blog oder Freigabe von einzelnen Artefakten) kann es zu Feedback zwischen Peers und Lehrperson kommen, die den Lernenden die verschiedenen Ebenen der Reflexion erreichen lassen kann. Laut Bräuer (2014) könne erst im Zusammenspiel der Ebenen und Diskurse, das Lernpotential reflexiver Praxis ausgeschöpft werden.
Aus den hier vorgestellten Definitionen leitet sich für die vorliegende Arbeit das folgende Begriffsverständnis ab: Ein ePortfolio stellt eine digitale, flexible und sich ständige wandelnde, ausgewählte Sammlung von Artefakten dar. Es dokumentiert den Lernprozess des Lernenden und verdeutlicht die vertiefte Auseinandersetzung (Reflexion) mit Lerngegenständen. Lernende können gezielt Öffentlichkeit herstellen, sich so Feedback von Peers und Lehrenden einholen und im Austausch bleiben.

4.2 Grundlagen der Portfolioarbeit

Bei der Arbeit mit Portfolios kann davon ausgegangen werden, dass es fast immer Auskunft über den Fortschritt bzw. den Weg des Lernenden gibt. Für das Verhältnis von Lehrenden und Lernenden sehen Paulson und Kollegen (1991, S. 61) die Chance, dass ein Portfolio ein „Fenster" in den Kopf des Lernenden hinein sein kann, um den individuellen Lernprozess sichtbar zu machen. Zur Dokumentation des Lernprozesses ist auch das mitwachsende Inhaltsverzeichnis zu zählen (Pfeifer & Kriebel 2007), was den Lernenden einen kritischen Blick auf die eigene Leistung bzw. den Lernfortschritt abverlangen kann. Durch die begründete Auswahl oder nicht-Wahl von Artefakten soll es möglich sein, den Lernprozess nachzuvollziehen. Diese Dokumentation eines Prozesses spielt eine zentrale Rolle bei den Zieldimensionen von Portfolioarbeit, wie Brouër (2007) schreibt. Nach ihren Überlegungen werden zwei Ziele verfolgt:

- Leistungsbeurteilung, um nicht nur die Lernprodukte, sondern auch die Lernprozesse einzubeziehen.
- Die Hoffnung, mit Reflexion den eigenen Lernprozess zu unterstützen.

Im Folgenden werden zunächst lerntheoretische Grundlagen (4.2.1) sowie Orientierungen der ePortfolioarbeit (4.2.2) herausgearbeitet, ehe Modelle der Portfolioarbeit miteinander verglei-chen werden (4.2.3) und Phasen sowie Qualitätsmerkmale vorgestellt werden (4.2.4).

4.2.1 Theoretische Einordnung

Um dem Vorwurf einer „Theoriearmut" (Häcker 2006a) in der Portfolioarbeit entgegen zu wirken, arbeitete Koch-Priewe (2013) verschiedene lerntheoretische Begründungslinien heraus, die auf die Portfolioarbeit bezogen werden können. Diese sind der am Sozialkonstruktivismus orientierte *Selbstwirksamkeitsansatz* von Bandura (1978) und die *soziokulturelle Theorie* nach Wygotski (Rapp 2019), die *Selbstbestimmungstheorie* nach Deci und Ryan (2008) sowie das *selbstregulierte Lernen* nach Boekaerts (1997).
Dieser Artikel ist einer der wenigen, die tatsächliche erziehungswissenschaftliche, theoretische Bezüge herstellen, denn häufig beschränken sich Veröffentlichungen auf Beschreibungen von best-practise-Beispielen der Portfolioarbeit, ohne ihre Ziele theoretisch zu begründen (als Beispiel sei hier die Veröffentlichung von Boos, Krämer und Kricke von 2016 genannt). Dies könnte auf der einen Seite damit begründet sein, dass die theoretischen Bezüge offensichtlich sind und nicht immer wieder neu eingeordnet werden müssen, auf der anderen Seite könnte sich die von Häcker postulierte „Theoriearmut" und eventuell *Empiriearmut* bestätigen, indem keine empirisch abgesicherten Bezüge hergestellt werden können, da Portfolioarbeit (und Portfoliotypen) zu individuell und vielfältig ist. Folglich fehlen „mit Blick auf eine empirisch gehaltvolle Theoriebildung zur Portfolioarbeit bislang systematische wissenschaftliche Analysen der Portfoliopraxis, auf deren Grundlage Gelingens- und Behinderungsbedingungen der Portfolioarbeit rekonstruiert werden können (Häcker 2006a, S. 169).
Beim *Selbstwirksamkeitsansatz* wird Lernen als Aneignung kultureller Werkzeuge durch Ko-Konstruktion in kooperativen Lernprozessen angesehen (Koch-Priewe 2013). Von Lernenden werden Freiheiten in der Portfolioarbeit zuweilen als Selbstbestimmung erlebt, was nach Deci und Ryan (2008) als *Self-Determination Theory* formuliert wurde. Der Theorie folgend, ist die Motivation für ein bestimmtes Verhalten abhängig von der Befriedigung dreier psychologischer Grundbedürfnisse: Kompetenz, soziale Eingebundenheit und Autonomie. Diese Aspekte scheinen in der Portfolioarbeit erlebbar.
Anders als auf Papier ähnelt die Gestaltung eines ePortfolio-Eintrags dem Aufbau von Webseiten (*Hypertexte*) und hat damit eine besonders hohe Anforderung an eine übersichtliche und strukturierte Gestaltung. Mit Elementen wie Textblöcken, Spalten und weiteren Medien (z.B. Bildern) kann die Seite gestaltet und strukturiert werden. Anders als bei einem Text auf einem Blatt Papier ist auch die Leserichtung (von links oben nach rechts unten) nicht klar definiert. Durch die Anordnung von Textfeldern und anderen Elementen können sich auch andere Leserichtungen (von oben nach unten, spaltenweise, einzelne Abschnitte usw.) ergeben. Wird dann besonders nach der Sammelphase der ePortfolioarbeit nicht sorgfältig ausgewählt, welche Inhalte visualisiert werden sollen, kann ein *Überfluss an Informationen* („information overload" nach Lorenzo und Ittelson 2005, S. 5) entstehen, weil digitale Inhalte nicht systematisch aufbereitet wurden. Schon die *Cognitive Theory of Multimedia Learning* (nach Mayer 2001 übers. aus Zumbach 2007) weist darauf hin, dass beim Lernenden die Verarbeitungskanäle für visuelle und akustische Informationen begrenzt sind[9]. Die Informationen aus dem einen (z.B. visuellen) Kanal könne in dem anderen (z.B. auditiven) weiterverarbeitet werden. Um eine kognitive Belastung zu vermeiden, könnte bei der

9 s. ausführlich Unterbruner (2007)

Gestaltung von digitalen Inhalten „weniger-ist-mehr" gelten[10]. Für die Gestaltung von ePortfolios bedeutet dies: Einfachheit, Gliederung und Ordnung, Kürze und Prägnanz, Anregende Zusätze (z.B. Exkurs, Geschichten, rhetorische Fragen, Leser direkt ansprechen).

„Als eine besondere Form meta-kognitiver Lernstrategien kam man das ‚reflexive Lernen' verstehen, wenn in dem (thematischen) Lernprozess zugleich eine reflektierende Lernhaltung eingenommen wird." (Reis 2009, S. 101). In diesem Kontext geht es um die Beobachtung des eigenen Lernprozesses, der im Portfolio sichtbar gemacht werden kann. Implizites Wissen soll durch reflexives Schreiben explizit und für Reflexionen zugänglich gemacht werden, auch um Handlungsalternativen zu eruieren und Verbindungen mit theoretischem Wissen zu schaffen.
Es kann nicht davon ausgegangen werden, dass dieses Vorgehen von den Lernenden intuitiv angewendet wird. Vielmehr bedürfe es einer Anleitung „um zu lernen, Fragen an sich zu richten, Beobachtungen in ihrer Bedeutung für die eigene Lernentwicklung oder Professionalisierung wahrzunehmen, Argumente zu reflektieren und Schreibstrategien zu erdenken" (Hänssig & Petras 2006, S. 34). Folglich bedarf es nicht nur einer sinnvollen Einbettung der Portfolio-Arbeit in die Hochschullehre, sondern auch einer Heranführung der Studierenden an Reflexionsanlässe und Bearbeitungsformen, um die beschriebenen theoretischen Bezüge erlebbar zu machen.

4.2.2 Orientierungen der Portfolioarbeit

Durch die relative Offenheit und Flexibilität von Portfolios wird ihnen schnell eine gewisse Beliebigkeit und Multifunktionalität zugeschrieben. Ein erster Schritt, sich den Anwendungsgebieten von Portfolios in der Hochschule zu nähern, ist ein Blick auf die einfache Kategorisierung von Rolheiser und Kollegen (2000) mit einem *best work* Portfolio und einem *growth* Portfolio. Der erste Typ orientiert sich an den besten Arbeitsergebnissen und den besten Produkten, die Teil des Portfolios sein sollten. Der zweite Typ dokumentiert den Lern- oder Arbeitsprozess (mit allen Herausforderungen) und ist langfristiger angelegt.
Damit ergibt sich die Unterscheidung in Prozess- und Produktorientierung bei der Portfolioarbeit, die auch auf die Hochschule übertragen werden kann und sich u.a. über die zeitliche Dauer abbildet: *veranstaltungsbezogenes* und *studienbegleitendes Portfolio.* Ersteres entsteht im Seminarkontext und ist in der Regel mit Ende der Veranstaltung abgeschlossen. Es enthält Artefakte aus dem Seminarzusammenhang, aber auch Leistungsnachweise, die den Lernzuwachs dokumentieren (vgl. Winter 2004). Im Gegensatz dazu dienen *studiengeleitende Portfolios* dazu, den Entwicklungsprozess bzw. den Weg der Professionalisierung abzubilden.
Häcker und Lissmann (2007) beschreiben diese beiden Orientierungen als Denkrichtungen die im internationalen Portfoliodiskurs auftreten: Portfoliomethode zur Leistungsmessung (Assessment) und Unterrichtskonzept (im Sinne einer übergreifenden Portfolioarbeit). „Während die einen das Portfolio vor allem als ein Lehr- und Lerninstrument betrachteten und große Hoffnungen auf eine Unterrichtsreform mit ihm verbanden (weite Fassung), sahen die anderen darin vor allem ein Beurteilungsinstrument, das zu einer Erhöhung der Beurteilungsgerechtigkeit beträgt und zwar sowohl im Blick auf die Individuen als auch auf komplexe, zu erwerbende Kompetenzen (enge Fassung)" richtet (Häcker & Lissmann 2007, S. 210). Für beide Lesarten gilt jedoch, dass (Selbst-) Reflexion den Kern der Arbeit mit Portfolios bildet und ein Lernweg abgebildet werden kann (unabhängig von einer Prozess- oder Produktorientierung).
Als dauerhaftes Planungs- und Organisationsinstrument kann das Portfolio so zu einer besseren Übersicht im Studienverlauf verhelfen (*Entwicklungsportfolio*). Unabhängig von der gewählten

10 s. auch Cognitive Load Theory nach Chandler und Sweller (1991)

Orientierung können Teile aus dieser Zusammenstellung für eine Bewertung bzw. (Wissens-) Präsentation ausgewählt (*Präsentationsportfolio*) und für eine Bewertung vorgelegt (*Bewertungsportfolio*) werden.
Im Diskurs um Portfolios kursieren noch deutlich mehr Namen für Portfolios, Häcker (2006b, S. 22) nennt diese Ausprägungen etwas abschätzig „Bindestrich-Portfolios" und unterstellt ihnen sprachliche Willkür. Tatsächlich tummeln sich auf dem „Portfolio-Markt" immer wieder neue Wortkreationen, die häufig einen ähnlichen inhaltlichen Kern haben. Nach Meinung der Autorin besteht der Kern aus übergreifenden Kategorien, die auf jede Portfolioarbeit angelegt werden können (Ziel, Orientierung, Zweck, Vorgaben, Eigentum und Zugriffsrechte). Gleichzeitig suggerieren Kategorien eine gewisse Trennschärfe, die allerdings schon bei der Uneinigkeit zum Begriff Portfolio nicht vorhanden ist.
Wie schon angeklungen ist, können sich hinter demselben Namen unterschiedliche Portfoliotypen verbergen, weshalb die reine Bezeichnung (z.B. als Präsentationsportfolio) noch keinen Aufschluss über den Typ geben kann. Namensgeber für ein Portfolio können Zweck (z.B. Prüfungsportfolio als Grundlage für eine Leistung), aber auch Inhalt (z.B. Sprachenportfolio, um Sprachkenntnisse zu dokumentieren) oder aber der Veranstaltungstyp (z.B. Seminarportfolio) sein.
Die Auseinandersetzung mit den Orientierungen der Portfolioarbeit führt zu der Annahme, dass diese in der Hochschule von besonderem Interesse für die Charakterisierung der Portfolios sind. Produktorientierte Portfolios fokussieren eher auf einen bestimmten Teil der Ausbildung (z.B. Lehrveranstaltungen, Praktika, Zulassung), prozessorientierte Portfolios sind übergreifender angelegt und begleiten häufiger das Studium (z.B. Studienfächer verbinden, Ausbildungsabschnitte). Nicht gänzlich auszuschließen ist allerdings, dass ein Praktikumsportfolio sowohl produktorientiert (z.B. in Form eines Praktikumsberichts zum Ende) als auch prozessorientiert (z.B. Erfahrungen aus allen Praktika in einem gemeinsamen Portfolio sammeln und reflektieren, damit eine Entwicklung nachvollziehbar wird) angelegt werden kann. Auch dieser Umstand spricht dafür, dass die Orientierung eine grundlegende Rolle bei der Bestimmung von Portfoliotypen in der Hochschule spielt, denn daraus ergibt sich entweder eine Fokussierung auf einzelne Inhalte oder eine Begleitung der Professionalisierung.

4.2.3 Modelle der Portfolioarbeit

Die Recherche zum Thema Portfolioarbeit ergab, dass verschiedene Modelle entwickelt wurden, die versuchen Portfolio-Typen zu beschreiben und zu charakterisieren. Die oben angesprochene fehlende Trennschärfe bei den Begriffen zur Portfolioarbeit setzt sich auch bei den Beschreibungen der Modelle fort. Koch-Priewe (2013) begründet diese Unübersichtlichkeit mit dem Hinweis, dass die pädagogische Arbeit zu Portfolios aus Praxiskonzepten entstanden sei und natürlich gewachsen. Auch Häcker (2006) sieht deswegen eine gewisse „Theoriearmut" im Kontext der Portfolioarbeit. Die Modelle versuchen diesem Vorwurf entgegenzuwirken, allerdings sind sie dabei ähnlich divers wie der Portfoliobegriff. Die Modelle werden im Folgenden kurz analysiert und hinsichtlich einer sinnvollen Möglichkeit zur Beschreibung von Portfoliotypen betrachtet.
Bei Winter (2013) findet sich eine Charakterisierung nach der Funktion (bzw. dem Ziel), die ein Portfolio erfüllen soll: (1) Seminar- bzw. Veranstaltungsportfolio, (2) ausbildungsbegleitende bzw. Studienportfolios, (3) Prüfungsportfolios, (4) Bewerbungs- und Zulassungsportfolios sowie (5) Lehrportfolios von Dozierenden. Dieses Vorgehen hat den Nachteil, dass wieder nur neue Begriffe eingeführt werden, die nicht klar in den Kategorien Orientierung, Vorgaben, Eigentum und Zugriff definiert sind.

In seiner Dissertation arbeitet Häcker (2006a) mit drei Dimensionen (Zweck, Inhalte und Entscheidung), die bei der Typenbildung helfen sollen. Hinter den Dimensionen verbergen sich Leitfragen (z.B. Steht eine summative Leistungsbewertung am Ende oder eine formative Bewertung, begleitend zum Lernprozess im Fokus?), die beantwortet werden können. Diese Dimensionen erscheinen auf der einen Seite unvollständig, da wichtige Kategorien (z.B. Vorgaben und Zugriff) fehlen, auf der anderen Seite ist nicht ersichtlich, welchen Mehrwert die Angabe der Inhalte hat, denn diese speisen sich aus verschiedenen Artefakten, die zu einem bestimmten Thema gesammelt und ausgewählt wurden.
Baumgartner und Kollegen (2006, S. 6) erarbeiteten im Rahmen eines Forschungsprojekts eine Taxonomie für ePortfolios an Hochschulen (s. Abbildung 7). Dafür wurden bestehende ePortfolios analysiert und kategorisiert, sodass auf der ersten Ebene drei „Portfoliogrundtypen“ (*Reflexionsportfolio*, *Entwicklungsportfolio* und *Präsentationsportfolio*) abgeleitet wurden.

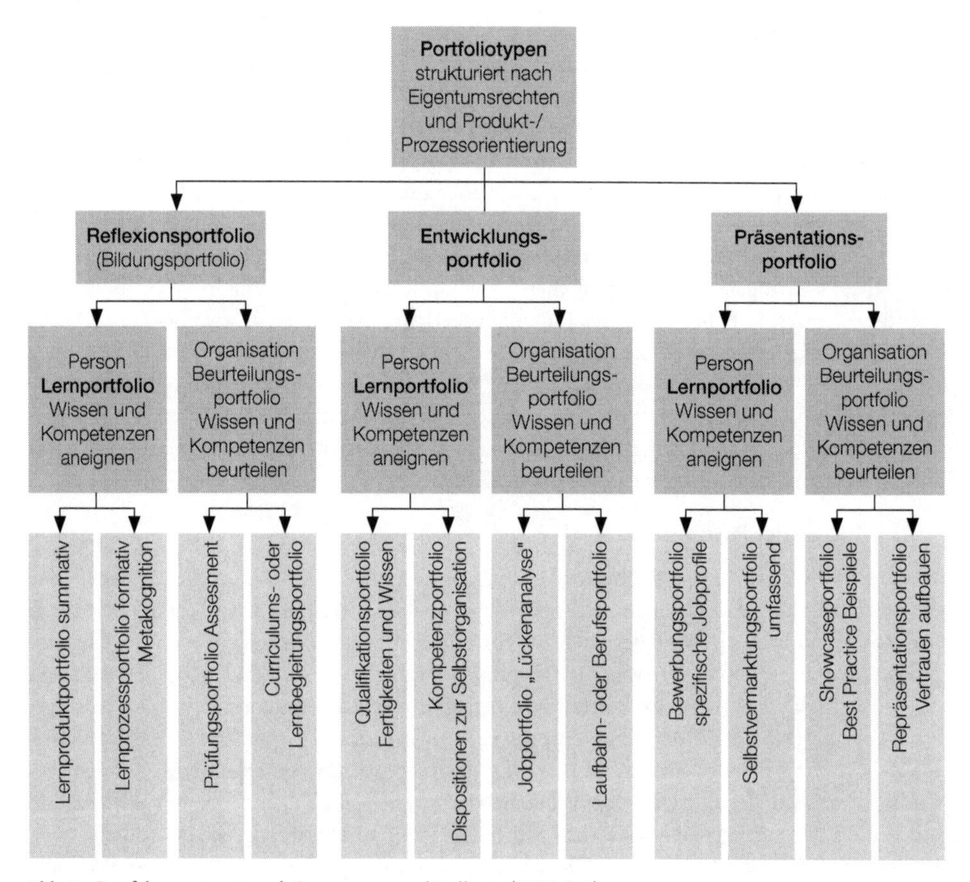

Abb. 7: Portfoliotaxonomie nach Baumgartner und Kollegen (2006, S. 6)

Weitere Unterscheidungskategorien der Taxonomie sind auf der zweiten Ebene die Eigentumsrechte (*Personen- oder Organisationsportfolio*) und die dritte Ebene der Orientierung (*Produkt- oder Prozessportfolio*). Die Eigentumsrechte können entweder bei den Lernenden liegen oder bei einer Institution wie beispielsweise die Hochschule. Durch die Orientierung ergibt sich

entweder die Möglichkeit zu einer prozessbegleitenden, entwicklungsorientierten formativen Nutzung oder einer produktorientierten, summativen Auswertung. In Kombination mit den drei Grundtypen kommen die Autoren somit auf 12 Arten von Portfolios.
Zusammenfassend stehen bei der vorliegenden Taxonomie drei Aspekte im Vordergrund:

- Das vorrangige Ziel des Portfolios (reflektieren, präsentieren oder Entwicklung dokumentieren),
- die Eigentumsrechte bzw. Entscheidung über Inhalte sowie
- der Zweck (Bewertung) und die Orientierung (Prozess vs. Produkt) der Sammlung.

Zu kritisieren ist u.a., dass auf der letzten Ebene die Annahme getroffen wird eine Produktorientierung sei gleichzusetzen mit einer summativen Bewertung und prozessorientierte Portfolios dienten einer formativen Bewertung. Diese angenommene Trennung wäre zu diskutieren. Ebenso die Nutzung von mehr als 12 Begriffen für Portfolios, die kaum zu einer Vereinheitlichung bzw. Vereinfachung der Portfoliotypen beiträgt.
Ein weiteres Modell zur Klassifizierung von Portfoliotypen liefert Häcker (2006a, S. 38) mit seinen Dimensionen zur Charakterisierung von Portfolioarbeit (s. Abbildung 8). Seine Überlegungen bildet er in einem Würfel ab, der sich aus den Achsen *Zweck* der Erstellung, Auswahl der *Inhalte* und *Entscheidung* über Form und Inhalte zusammensetzt. Dabei fungieren die Ecken des Würfels als Extrempole und gleichzeitig entsteht ein dreidimensionaler Raum zur Verortung.
Im Vergleich zur Taxonomie vom Baumgartner und Kollegen bietet der Würfel von Häcker mehr fließende Übergänge zwischen den Portfoliotypen und fordert keine feste Zuordnung wie in dem vorherigen Modell. Trotz der unterschiedlichen Begriffe für die Achsen (Häcker) und Dimensionen (Baumgartner und Kollegen) gibt es inhaltliche Überschneidungen: So kann Häckers Achse *Zweck* äquivalent zu der Dimension *Orientierung* angesehen werden (Prozess vs. Produkt) und die Achse *Entscheidung* ist der Dimension *Eigentumsrechten* gleichzusetzen.

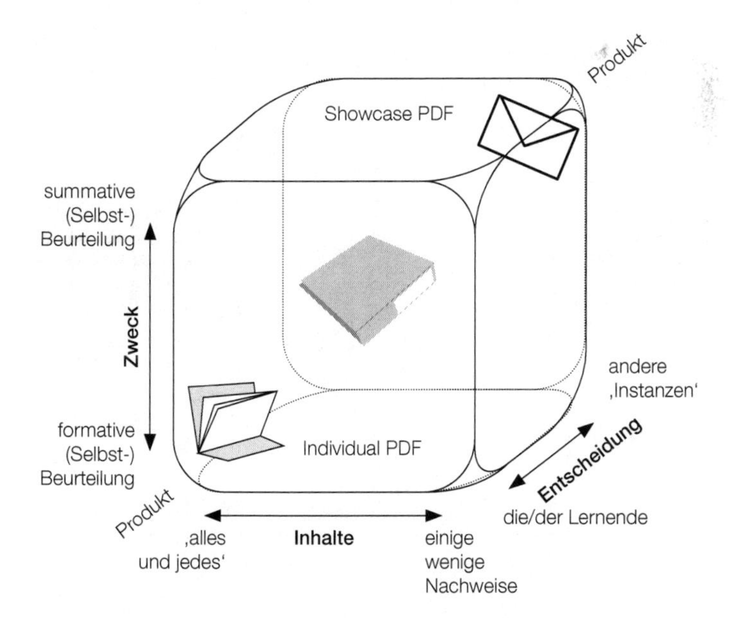

Abb. 8: Dimensionen zur Charakterisierung von Portfolioarbeit nach Häcker (2006a, S. 38)

In Anlehnung an Häcker, entwirft Winter (2012, S. 54) eine „einfachere Dimensionierung zur Kennzeichnung von Portfolios", die als Entscheidungshilfe für den Einsatz eines Portfolios dienen soll. Die Drei-Dimensionalität von Häcker (Zweck, Inhalte und Entscheidung) wurde dafür auf zwei gegenüberliegende Pol-Paare heruntergebrochen (s. Abbildung 9):

- Übergreifende Bildungsdokumentation ↔ auf eine Unterrichtseinheit bezogen;
- enge normgebundene Suche nach Belegen ↔ offene, breite Suche nach persönlich bedeutsamen Belegen (ebd., S. 56).

Auf den Achsen sind verschiedene Portfoliotypen verortet, die sich überwiegend im großen Bereich der Lern-Entwicklungs-Portfolios befinden. Auch hier können fließende Übergänge entstehen, gleichzeitig sind die Bezeichnungen der Pole wenig griffig und zur Charakterisierung von Portfolios ‚unhandlich'. Die Pole *enge normgebundene Suche nach Belegen* und *offene, breite Suche nach persönlich bedeutsamen Belegen* finden sich im Würfel-Modell von Häcker (2011) auf den Achsen *Inhalte* und *Entscheidung*, denn durch die Adjektive *eng*, *normgebunden*, *offen* und *breit* beschreibt Winter indirekt, wer die Entscheidung über Form und Inhalte trifft. Es bleibt fraglich, warum bei einer normgebundenen Suche keine *persönlich bedeutsamen* Belege gefunden werden können, sondern dies nur im Zusammenhang mit einer offenen, breiten Suche gesehen wird. Winter (2012, S. 56) relativiert sein Modell selbst, indem er ihm einen „heuristischen Wert" zuspricht.

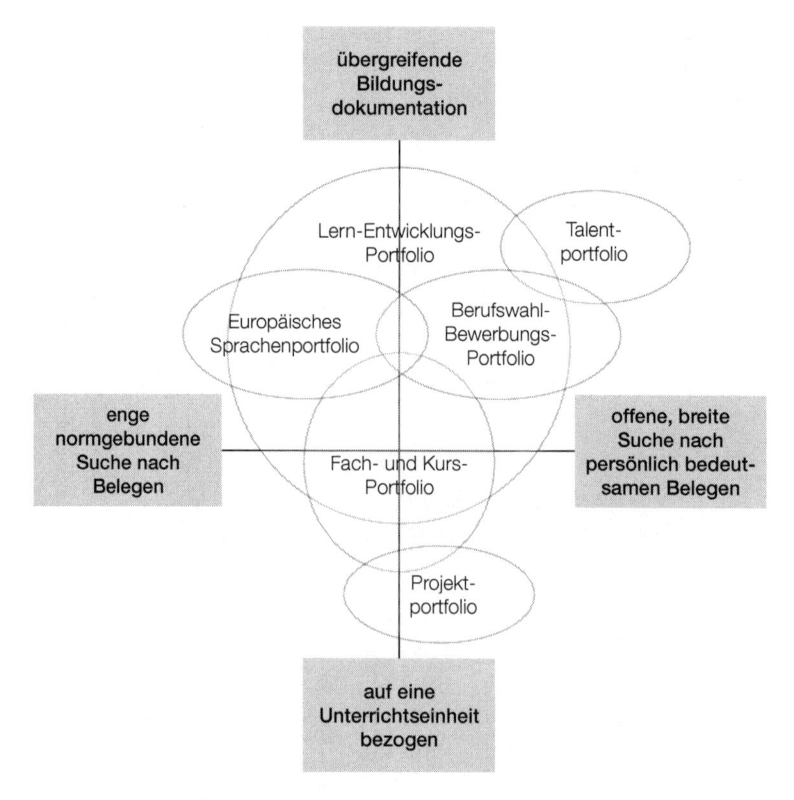

Abb. 9: Dimensionen von Portfoliotypen nach Winter (2012, S. 56)

Ein weiteres Modell zur Kategorisierung von Portfolios legt Leonhard (2013, S 185) vor, wobei er miteinbezieht, dass Portfolios als Instrument zur Leistungsmessung genutzt werden können. Er weist darauf hin, dass es einen Unterschied macht, ob ein Portfolio als Instrument zur Leistungserfassung genutzt wird oder ohne formale Konsequenzen verfasst werden kann. Wie in der Kreuztabelle (s. Abbildung 10) zu sehen ist, unterscheidet Leonhard vier *Modelle der Portfolioarbeit* basierend auf Reflexion und Leistungsbewertung.
Demnach kann in einem Portfolio eine explizite Reflexion gefordert werden und gleichzeitig eine Bewertung stattfinden (*Modell A*) oder keine Bewertung vorgesehen sein (*Modell B*). Im *Modell C* wird im Portfolio keine explizite Reflexion gefordert, dafür erfolgt eine Bewertung und im letzten *Modell D* wird weder eine Reflexion gefordert noch eine Bewertung vollzogen. Besonders bei *Modell A* (ein Portfolio mit geforderter Reflexion und formalen Konsequenzen) führt es seiner Meinung nach zwangsläufig zu sozialer Erwünschtheit in den Texten der Lernenden. Auch für das Modell D könnten Schwierigkeiten in der Umsetzung gesehen werden, besonders bezogen auf die Motivation der Studierenden (und der Priorisierung der Portfolioarbeit hinter anderen, verpflichtenden Studienanteilen). Eine Stärke des Modells ist der Einbezug von Vorgaben, eine Schwäche die fehlende Benennung der einzelnen Modelle und weiteren Kategorien wie Zugriffsrechte. Die Vorgaben zur Bewertungsform, wie es in diesem Modell geschieht, erlauben nur eine Aussage über formative oder summative Leistungsmessung und nicht über eine Prozess- oder Produktorientierung, denn auch produktorientierte Portfolios können unbewertet bleiben.

	Reflexion explizit gefordert	**Reflexion nicht explizit gefordert**
Mit Leistungs-bewertung	Modell A Reflexion: ja Bewertung: ja	Modell C Reflexion: nein Bewertung: ja
Ohne Leistungs-bewertung	Modell B Reflexion: ja Bewertung: nein	Modell D Reflexion: nein Bewertung: nein

Abb. 10: Portfoliomodell nach Leonhard (2013, S. 185), überarb. Abb.

Die Zusammenschau der Modelle zur Charakterisierung der Portfolios hat ergeben, dass keines der Modelle alle sechs Kategorien (*Ziel*, *Orientierung*, *Zweck*, *Vorgaben*, *Eigentum* und *Zugriff*) aufgreift. Das flexibelste Modell liefert Häcker mit seinem Würfel, wobei auch hier in der Dimension *Entscheidung* die Kategorien *Eigentum* und *Zugriff* verschmelzen. Besonders das Modell vom Baumgartner und Kollegen erscheint statisch und bringt zu viele verschiedene Portfolio-Namen ein. In keinem der Modelle wurden explizit die Zugriffsrechte für ein Portfolio aufgegriffen, obwohl gerade diese für ePortfolios von großer Relevanz sind, da auch Datenschutz- und Nutzerrechte eingehalten werden müssen.
Mit Hilfe von sechs einfachen Kategorisierungsfragen lässt sich der Portfoliotyp bestimmen und ermöglicht gleichzeitig die größtmögliche Freiheit bei der Gestaltung von ePortfolios (s. Tabelle 6).

Tab. 6: Kategorisierungsfragen zum Portfoliotyp

Kategorisierungsfragen	Kategorien
Welches vorrangige **Ziel** hat das Portfolio?	Sich reflektieren Sich präsentieren Bewertung erhalten Entwicklung dokumentieren
Welche **Orientierung** hat das Portfolio?	Prozessorientierung Produktorientierung
Welcher **Zweck** wird mit dem Portfolio verbunden?	Formative Bewertung Summative Bewertung Keine Bewertung
Gibt es **Vorgaben** zu den Inhalten?	Viele, Vorgaben Wenige Vorgaben Keine Vorgaben
Wessen **Eigentum** ist das Portfolio?	Eigentumsrechte bei den Ersteller*innen Eigentumsrechte bei einer Organisation
Wer hat **Zugriff** auf das Portfolio?	Nur die Ersteller (selbstgewählte) Öffentlichkeit

Diese Kategorisierungsfragen werden im weiteren Verlauf der Arbeit genutzt, um den Portfoliotyp im Forschungsprozess zu bestimmen und zu begründen. Gleichzeitig kann dieser Fragenkatalog zur Konzeption von ePortfolio genutzt werden, denn er verdeutlicht Ziele und schafft Transparenz für die Nutzer*innen. Unabhängig davon, dass Portfolios nach verschiedenen Typen klassifiziert werden können, sind die Phasen der Portfolioarbeit ähnlich bzw. folgen einem bestimmten Muster, was im nächsten Abschnitt thematisiert wird.

4.2.4 Phasen und Qualität der Portfolioarbeit

Ebenso wie das Reflektieren einem bestimmten Zyklus unterliegt, sind für die Arbeit mit Portfolios unterschiedliche, wiederkehrende Schritte vorgesehen. Diese unterscheiden sich in ihrer Ausführlichkeit zwischen vier bis sechs Phasen. Ein Ansatz aus 1997 von Danielson und Abrutyn besteht aus den Phasen:

- *collection* (sammeln)
- *selection* (auswählen)
- *reflection* (wörtlich: reflektieren, passendere Übersetzung: Arbeitsrückschau)
- *projection* (wörtlich: der Ansatz, passendere Übersetzung: vorausplanen) oder *direction* (ausrichten)
- *presentation* (vorstellen)

Die *Sammelphase* erfolgt häufig noch unsystematisch, weshalb sehr viele unterschiedliche Artefakte gefunden werden. Deswegen ist es das Ziel der *Auswahlphase*, Ergebnisse nach Merkmalen zu bündeln. Folglich sind Kriterien notwendig, mit deren Hilfe eine begründete Auswahl getroffen werden kann. Dafür eignen sich sowohl formale Vorgaben (z.B. wissenschaftlicher Hintergrund des Materials, verschiedene multimediale Präsentationsformen), als auch inhaltliche Vorgaben (definieren einer konkreten Kern- bzw. Reflexionsfrage, bestimmen des eigenen Lernziels). In diesem Schritt stellt es eine besondere Leistung dar, solche Artefakte auszuwählen,

die tatsächlich einen Lernfortschritt aufzeigen. Es bedeutet auch, sinnvolle Reduzierungen vorzunehmen und sich auf die Kernfragen bzw. Ziele zu fokussieren.
In der *Reflexionsphase* wird der Lernprozess und Lernerfolg in einer *Rückschau* betrachtet. Häufig eröffnen sich auch Leerstellen, die sich im Verlauf ergeben haben und durch dieses zielgerichtete Nachdenken bewusst werden. Wünschenswert ist es, wenn diese Lücke durch einen Prozess der Auseinandersetzung mit impliziten Annahmen oder Haltungen hervorgerufen wurde. Die Verunsicherung über eigene Theorien kann über den Prozess der *Bewusstmachung* zum Motor für ein Hinterfragen der Annahmen werden. Dafür ist es nicht nur notwendig, Distanz zu den eigenen Lernergebnissen aufzubauen, sondern auch relevante Stellen zu erkennen und wahrzunehmen.
Beim vierten Schritt werden aus den Erkenntnissen der Rückschau *neue Pläne* bzw. Handlungen abgeleitet. Barrett (2001, o.s.) spricht diesem Schritt der Portfolioarbeit eine entscheidende Funktion für die Professionalisierung zu: „This is the stage that turns portfolio develpoment into professional development and supports lifelong learning". Erst aus den nun folgenden Handlungen lässt sich erkennen, ob die bisherigen Schritte erfolgreich gewesen sind. Gleichzeitig stellt es eine hohe Anforderung an die Selbststeuerung des eigenen Lernprozesses. An dieser Stelle können die Lernenden entweder erneut mit der Sammelphase zu den erneuerten Zielen beginnen oder ihre Arbeit mit einer ausgewählten *Öffentlichkeit* teilen. Das daraus gewonnene Feedback kann als Anregung zur Weiterarbeit genutzt werden und der Kreislauf zur Portfolioarbeit kann von neuem beginnen.
Dieser Ablauf scheint unabhängig von der Orientierung des Portfoliokonzepts zu sein. Es kann davon ausgegangen werden, dass sowohl bei einem prozessorientierten als auch bei einem produktorientierten Portfolio diese Schritte durchlaufen werden können. Vermutlich liegen die Unterschiede in der Häufigkeit und dem Zeitraum der Durchläufe.
Häcker legte 2005 sechs Schritte eines ePortfolioprozesses vor, die sich strukturell kaum von der Abfolge nach Danielson und Abrutyn (1997) unterscheidet:
- Kontextdefinition
- Sammelphase
- Auswahlphase
- Reflexionsphase
- Portfolio bewerten und überarbeiten
- Präsentationsphase

Die besonderen Anforderungen an den Ablauf im Rahmen eines digitalen Portfolios in Abgrenzung zu einem herkömmlichen paper-based Portfolio werden hier nicht deutlich, da die Überschneidungen zum Modell von Danielson und Abrutyn (1997) sehr groß sind.
In einem weiteren Modell von Hilzensauer und Hornung-Prähauser (2006) sind fünf Stufen aufgeführt, die ebenfalls große Ähnlichkeit mit den beiden vorherigen Ansätzen haben:
- *Klärung* von Zielsetzung und Kontext für die digitale Portfolioarbeit
- *Sammeln, auswählen* und verknüpfen von Artefakten mit Lernzielen
- *Reflektieren* und steuern des Lernprozesses
- *Präsentieren* und weitergeben der ePortfolio Artefakte
- *Bewerten* und evaluieren von Lernprozessen bzw. Kompetenzaufbau

Die Unterschiede zu Häcker liegen in der Zusammenfassung der Sammel- und Auswählphase, sowie dem Tausch von Bewertungs- und Präsentationsphase. Eine Trennung der Sammel- und Auswahlphase macht allerdings deutlich, dass es getrennte Schritte sind, die beide der Aufmerk-

samkeit bedürfen. Darüber hinaus implizieren beide Modelle nur, dass es eine Rückmeldung von außen zu Artefakten bzw. der Portfolioarbeit gibt, um zu einer Bewertung oder Überarbeitung zu gelangen, ohne dies aber explizit aufzunehmen.
Diese Gemeinsamkeiten aller Modelle legen die Vermutung nahe, dass es kaum plausible Gründe für unterschiedliche Phasen der Portfolioarbeit bei digitalen oder analogen Portfolios gibt. Allerdings berücksichtigt keines der Modelle, dass (Peer)Feedback in der ePortfolioarbeit ein etablierter Bestandteil ist und auch in den Phasen verdeutlicht werden sollte.
Dabei kann Feedback bzw. eine qualifizierte Rückmeldung zu Arbeiten im Portfolio als einer der bedeutendsten Bestandteile von Portfolioarbeit angesehen werden. Diese Rückmeldung kann durch drei verschiedene Parteien gegeben werden: 1. Durch Lehrende bzw. Dozierende, 2. durch Tutor*innen und 3. im Besonderen durch Peers bzw. Mitstudierende. Feedback im Allgemeinen kann als eine Möglichkeit des Scaffoldings angesehen werden, um die Zone der nächstmöglichen Entwicklungsstufe nach Wygotsky zu erreichen. Bräuer (2014) spricht in diesem Zusammenhang von Hilfe zur Selbsthilfe durch (Peer)Feedback, um die Lernenden bei der nächstmöglichen Einsicht oder Erkenntnis zu unterstützen. Dabei schließt er Einsichten auf der Ebene des Fachwissens eindeutig aus. Folglich kann es sich dabei um Einstellungen, Haltungen und subjektive Theorien zu bestimmten Zusammenhängen handeln. Ein wichtiges Potential des ePortfolios ist die Möglichkeit, schnell und unkompliziert eine selbstbestimmte Öffentlichkeit (Bräuer 2014) herzustellen, was Feedback erst ermöglicht.
Zusätzlich wird vernachlässigt, dass Medienkompetenz auf Seiten der Lernenden notwendig ist, um mit einem ePortfolio-Management-System zu arbeiten (Weber et al. 2019). Somit umfasst der erste Schritt nicht nur eine formale Kontextdefinition von Inhalten und Lernzielen, sondern auch eine technische Kontextdefinition, bei der Funktionen und Möglichkeiten der digitalen Umsetzung erkundet werden.
Aus diesen Überlegungen ergeben sich für die ePortfolioarbeit die Phasen:

- Kontextdefinition
- Medienkompetenz aneignen
- Sammeln
- Auswählen
- Reflektieren
- Präsentieren/Feedbackschleife
- Überarbeiten
- Bewerten

Vor dem Hintergrund der von Häcker (2006) kritisierten „Theoriearmut" im Zusammenhang mit Portfolioarbeit, läuft sie auch Gefahr einer gewissen Beliebigkeit zum Opfer zu fallen. Das Internationale Netzwerk Portfolioarbeit (INP) versuchte dem entgegenzuwirken und legte 2010 drei Kategorien für Orientierungspunkte zur Portfolioarbeit vor. Dahinter stand die Idee, dass ohne einheitliche Definition auch nur schwerlich allgemeingültige Standards für die Portfolioarbeit festgeschrieben werden können. Das INP sagt über sich selbst, es sei ein „Zusammenschluss von Personen aus Österreich, der Schweiz und Deutschland, die in pädagogischen Arbeitsfeldern mit Portfolios arbeiten, seine Konzepte wissenschaftlich zu begründen suchen und zur Verbreitung der Portfolioarbeit beitragen" (Internationalen Netzwerk Portfolioarbeit 2010, S. 5). Aus einem Diskussionsprozess heraus sind die Kategorien *Planung und Kontextbestimmung*, Merkmale der *Kommunikation* und Merkmale der *Organisation* entstanden (s. Abbildung 11) und gelten als konstitutiv für eine qualitätsvolle Portfoliopraxis".

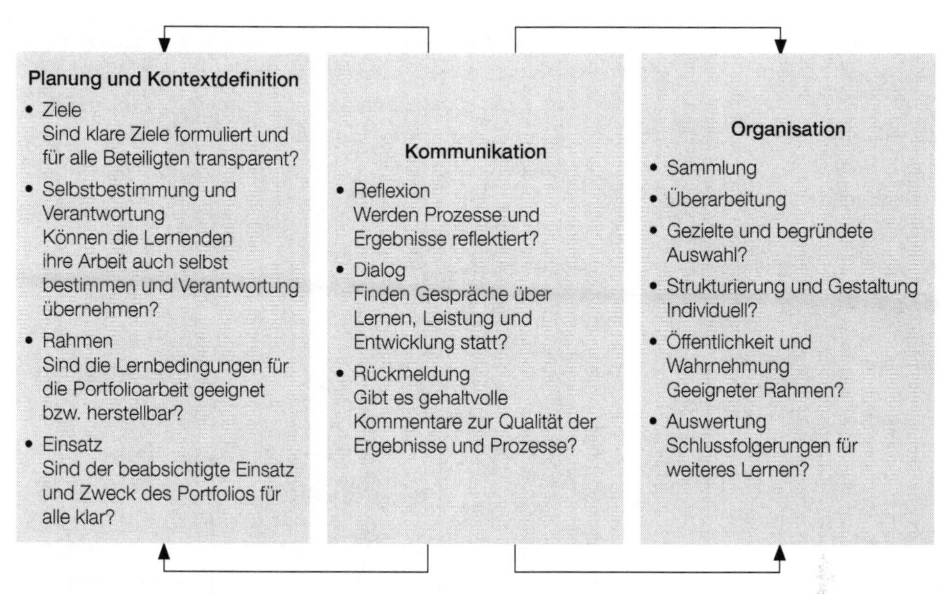

Abb. 11: Orientierungspunkte für Portfolioarbeit (gekürzt)

Sie erheben allerdings keinen Anspruch auf Vollständigkeit und strenge Abgrenzung. Vielmehr sind die ausgearbeiteten Punkte als Orientierungshilfe zu verstehen, mit denen gute Portfolioarbeit gelingen kann. Die Autoren arbeiten dafür mit Leitfragen und Indikatoren (in der Abbildung nicht dargestellt), die zur Evaluation der Arbeit genutzt werden können.
Ein Vorteil dieser Orientierungspunkte sind die ausführlichen Indikatoren, mit denen die einzelnen Kategorien abgeglichen werden können. Diese werden im Original in drei zusätzlichen Tabellen dargestellt. Gleichzeitig ist diese Komplexität auch eine Schwäche. Beispielsweise wäre eine Aufbereitung als Checkliste für Lehrkräfte besser handhabbar und realistischer im Einsatz.

4.3 ePortfolioarbeit an der Hochschule

Gerade für Lehramtsstudierende bedeutet der Kontakt mit ePortfolioarbeit in der Hochschule auch das Kennenlernen von alternativen Bewertungsformen, die sich auf die Schule übertragen lassen. Winter (2013) spricht dabei von zwei verschiedenen Kontexten die bedient werden, *Lehren und Lernen* sowie *Prüfen und Bewerten*. Bei der ePortfolioarbeit in der Hochschule machen die Studierenden in beiden Bereichen Erfahrungen, indem sie eigene Lernprozesse abbilden und Bewertungen erhalten bzw. geben (z.B. Peerfeedback).
Im Folgenden werden zunächst verschiedene Möglichkeiten der Integration von ePortfolios in die Hochschullehre vorgestellt (4.3.1) sowie Herausforderungen bei der Gestaltung von digitalen Inhalten (4.3.2) angesprochen, ehe das eigene, untersuchungsleitende Modell zum Reflexionszyklus während der Portfolioarbeit (4.3.3) vorgestellt wird. Anmerkungen zur technischen Umsetzung der Studie über die Plattform Mahara (4.3.4) beschließen das Kapitel.

4.3.1 Integration von ePortfolioarbeit in die Hochschullehre

Nach Klärung der Grundlagen von ePortfolioarbeit, stellt sich die Frage nach der Integration von veranstaltungsbezogenen ePortfolios in die universitäre Lehre. Im Unterricht sehen Häcker und Lissmann (2007) bei Portfolios ein evaluatives Potential. Damit werden Möglichkeiten zur Diagnose umschrieben, die ein systematischer Einsatz von Portfolios bieten kann. Von Inglin (2006, S. 85) liegen vier Modelle vor, die für die Handhabung von Portfolios im Schulunterricht entwickelt wurden, sich allerdings auch gut auf die erste Phase der Lehrkräftebildung übertragen lassen. Dabei wird zwischen dem Parallel-, Zentripetal-, Zentrifugal- und Einheits-Modell (s. Abbildung 12) unterschieden.

3. Die Stellung des Portfolios zum Unterricht (von Oswald Inglin)

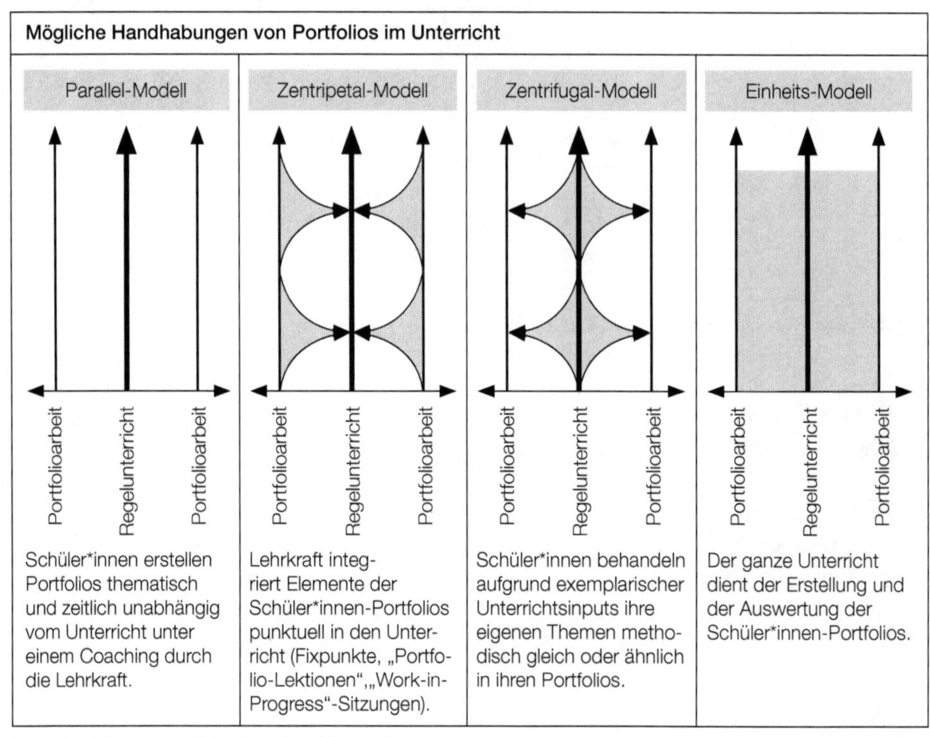

Portfolios können parallel neben dem Unterricht angelegt werden oder in ihn integriert sein. Im ersten Fall stehen sie immer etwas in der Gefahr, schlecht angeleitet und nicht richtig wahrgenommen zu sein.

Abb. 12: Modelle Portfolios im Unterricht nach Inglin (2006)

Der Regelunterricht ist jeweils der Ausgangspunkt und die Portfolioarbeit wird in unterschiedlicher Weise darin integriert: Im *Parallel-Modell* nimmt der Regelunterricht keinen inhaltlichen oder zeitlichen Bezug zur Portfolioarbeit. Diese Form des Portfolios erfordert ein zusätzliches Coaching der Lehrkraft, da die Regelunterrichtszeit nicht für die Bearbeitung genutzt wird. Beim *Zentripetal-* und *Zentrifugal-Modell* beeinflussen sich der Regelunterricht und die Portfolioarbeit gegenseitig. Bei ersterem werden Arbeitsergebnisse bzw. Artefakte der Lernenden in den Unterricht integriert, Inglin (2006, S. 85) schlägt dafür sog. *Fixpunkte* wie *Portfolio-Lektionen* oder *Work-in-Progress-Sitzungen* vor. Bei einem Unterricht nach dem Zentrifugal-Modell hat der Regelunterricht u.a. eine exemplarische Funktion für das Anwenden und Erlernen von Methoden, die dann zu anderen Themen im Rahmen des Portfolios angewendet werden. Im *Einheits-Modell* dient der Regelunterricht „der Erstellung und Auswertung der Schüler-Portfolios" (ebd., S. 85).

Diese Modelle sind übertragbar auf die Arbeit an der Hochschule, auch in Kombination mit digitalen Portfolios. Wobei die Übergänge zwischen den Modellen fließend gestaltet werden können, sodass auch Kombinationen möglich sind. Übertragen auf die Hochschullehre ist das *Parallel-Modell* am wenigsten geeignet, da eine Vertiefung der Inhalte und Methoden aus den Seminaren nicht möglich erscheint. Besonders eine Kombination aus *Zentripetal- und Zentrifugal-Modell* wirkt attraktiv für die Hochschule, da die Portfolio-Fixpunkte in Lehrveranstaltungen als Kommunikationsmöglichkeit genutzt werden können und die gemeinsame Besprechung von Artefakten zu einem besseren Verständnis der Portfolio-Methode führen können. Ein weiterer Vorteil des *Zentrifugal-Modells* ist die Möglichkeit die Exemplarität aus der Lehrveranstaltung auf andere, für die Studierenden relevante Inhalte zu übertragen. Denn häufig können Themen in der Hochschule nur beispielhaft veranschaulicht werden, da Inhalte umfassend sind und zumeist eine Auswahl oder Eingrenzung durch den Dozierenden erfordern.

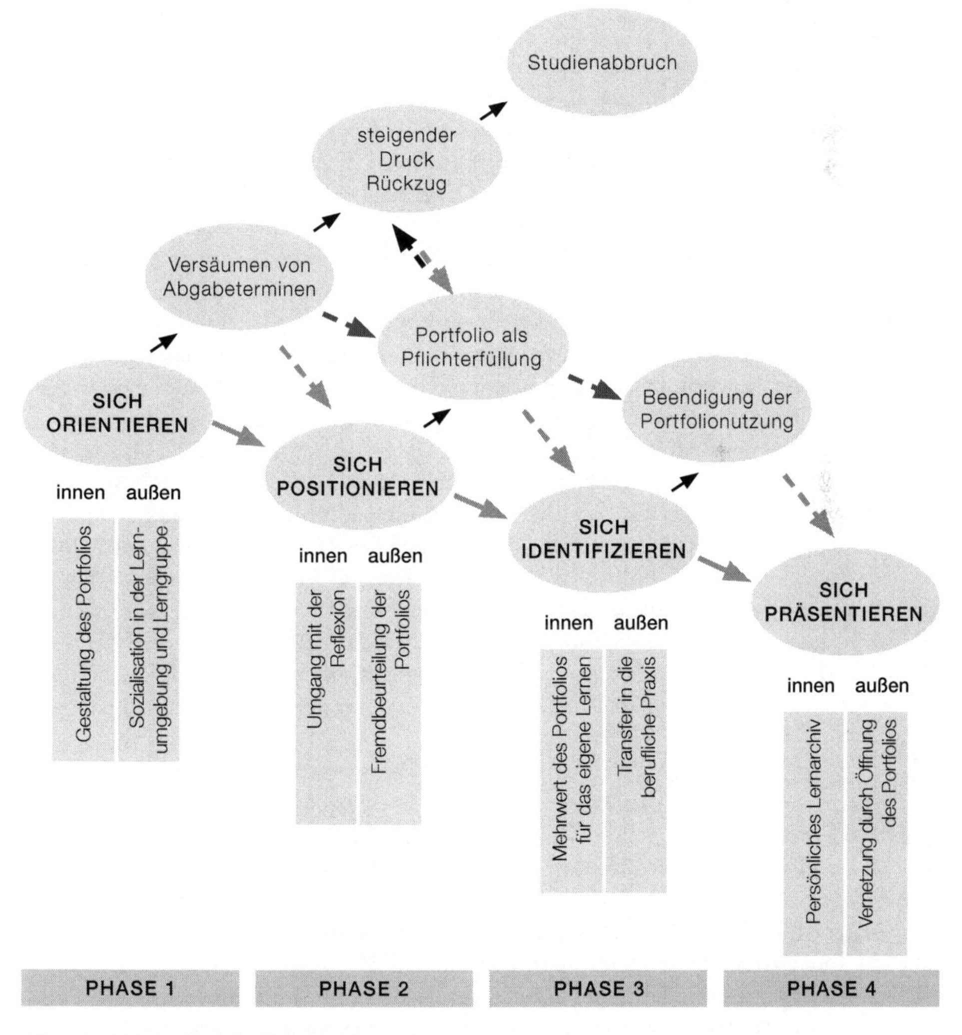

Abb. 13: 4-Phasen-Modell nach Himpsl-Gutermann (2012, S. 424)

Ergänzend zu diesen Modellen der Integration in die Lehre gelang es Himpsl-Gutermann (2012, S. 424) mit Hilfe von Interviews mit Absolventinnen und Absolventen vier verschiedene Phasen der ePortfolio-Nutzung aufzudecken. Damit wird der Blick auf das Nutzungsverhalten der Studierenden gelenkt und nicht mehr auf die Angebotsmöglichkeiten durch Dozierende. Besonders interessant an diesem Modell sind auch die erfassten Hindernisse, die in letzter Konsequenz zum Abbruch der ePortfolioarbeit führten (s. Abbildung 13), da sie vom idealisierten Weg (hellgraue Pfeile) abwichen.

In der ersten Phase müssen sich die Studierenden in der Situation *orientieren* und die Arbeitsweise mit dem ePortfolio erkunden. Himpsl-Gutermann (2012) bezeichnet dies als Zurechtfinden in der neuen Lernumgebung, was häufig mit Skepsis (wegen einem vermuteten Mehraufwand) verbunden sei. Daraus kann entweder schon das erste Versäumen von Abgabefristen erfolgen oder eine eigene *Positionierung* zur ePortfolioarbeit (Phase 2). Er bezeichnet diese Phase als die kritischste, da sich hier entscheide, ob Studierende sich mit ihrer Portfolioarbeit *identifizieren* können (Phase 3) oder die Pflichterfüllung im Vordergrund steht. Im besten Fall gelingt hier auch der Transfer in die berufliche Praxis, indem ein Mehrwert in der Portfolioarbeit gesehen wird (z.B. für Ideen zur Umsetzung im eigenen Unterricht oder der weitergehenden Nutzung des Portfolios zur eigenen Professionalisierung. Die vierte Phase (sich *präsentieren*) zielt auf die weitere Nutzung des Portfolios ab, beispielsweise durch Vernetzung und Öffnung des Portfolios. Die Stärken dieses Phasen-Modells liegen in der Darstellung eines idealen Wegs durch die Portfolioarbeit und das gleichzeitige Abbilden von möglichen Hindernissen, denen sich Lehrende bewusst sein sollten. Da dieses Modell aus einer Interviewstudie gewonnen wurde, erhebt es keinen Anspruch auf Vollständigkeit, kann bei der vorliegenden Forschungsarbeit aber herangezogen werden, besonders da es aus der digitaler Portfolioarbeit abgeleitet wurde.
Klampfer (2013) legte als Fazit in seiner Dissertation fünf Handlungsempfehlungen für die Implementation von ePortfolios an der Hochschule vor: (1) bei den Studierenden eine positive Erwartungshaltung bzw. Einstellung zum ePortfolio schaffen, (2) Feedback gewährleisten, (3) Relevanz der Portfolioarbeit für den späteren Beruf/Unterricht deutlich machen, (4) Anschauungsmaterial bereitstellen, was gleichzeitig die Freiheitsgrade deutlich macht, und (5) gezielte Auswahl der ePortfolio-Software, die sich durch Bedienfreundlichkeit auszeichnet.
Die fünfte Handlungsempfehlung bezieht sich im Besonderen auf die Arbeit mit ePortfolios und deren technischen Heraus- bzw. Anforderungen. Fast immer, wenn von digitalen Portfolios berichtet wird oder diese beforscht werden, wird der Aspekt „technische Schwierigkeiten/Probleme" genannt (u.a. Koch-Priewe 2013; Bräuer & Keller 2013). Diese stellen Lehrende und Studierende vor Herausforderungen, die nicht nur den Veranstaltungsablauf beeinflussen können, sondern auch die Motivation und Bereitschaft mit der ePortfoliosoftware zu arbeiten.

4.3.2 Besonderheiten der Gestaltung digitaler Inhalte

Die Nutzung von digitalen Portfolios kann als Form des eLearnings verstanden werden, denn „mit dem Begriff E-Learning sind alle Varianten von Lehr- und Lernaktivitäten gemeint, die das Internet für Information oder Kommunikation nutzen. Das Internet ermöglicht eine flexible Lernorganisation in hybriden (gemischten offline- und online-) Arrangements, die Aufbereitung, Präsentation, Recherche, Bearbeitung von Wissensobjekten, aber auch die Kommunikation und Kooperation zwischen Lernenden und Lehrenden." (Kerres & de Witt 2004, S. 2).
Im Vergleich zu paper-based-Portfolios sind die multimedialen Ausdrucksformen eine Besonderheit der digitalen Version, denn es sollen verschiedene Sinne angesprochen werden (Hilzensauer & Hornung-Prähauser 2006). Das Wissen bzw. der Lernprozess können durch die multimedi-

ale Ausdrucksform u.a. in Text, Bild, Ton, Video und Animation erfolgen. Es wird postuliert, dass diese unterschiedlichen Zugangsweisen einen veränderten Umgang mit Inhalten und Wissen ermöglichen, allerdings muss „vielmehr davon ausgegangen werden, dass, im Durchschnitt betrachtet, Lernerfolg eher unabhängig ist von dem gewählten Mediensystem. Eine mögliche Kostenersparnis bei gleichbleibendem Lernerfolg (!) ist darüber hinaus bisher überraschend selten systematisch nachgewiesen worden" (Kerres 2008, S. 119). Trotzdem besteht ein Vorteil der ePortfolioarbeit in der Vernetzung von verschiedenen digitalen Artefakten, die als *Hypertexte* nichtlineare Strukturen mit sog. *Knoten* (Verlinkungen zu weiteren Texten, Videos und Bildern) abbilden. Daraus folgt, dass die Lernenden Medienkompetenz benötigen, um ihre Lernprozesse, Gedanken und Reflexionen in angemessener Form digital zu präsentieren.
Außerdem besteht durch die digitale Speicherung der Inhalte und Artefakte die Möglichkeit, diese schneller zu duplizieren, zu sichern oder mit anderen zu teilen. In diesem Zusammenhang sollten auch der Schutz von *Privatsphäre* (Privacy) und Rechte des Urheberschutzes berücksichtigt werden. Beide Komponenten müssen bei der Arbeit mit digitalen Portfolios thematisiert und geprüft werden, besonders, wenn die ePortfolioarbeit einer breiteren Öffentlichkeit zugänglich gemacht werden soll. Klampfer (2011, S. 34) spricht hier von einem „gewissen Restrisiko des Datenmissbrauchs", was nicht ausgeschlossen werden könne. Der Lernende trägt zwar die Verantwortung für die Veröffentlichung der Inhalte und kann Freigaben an die Öffentlichkeit selbst steuern, allerdings muss er sich dabei auf die Funktionen der Portfolio-Management-Plattform verlassen. In diesem Zusammenhang nehmen Hilzensauer und Hornung-Prähauser (2006) an, dass die Erstellung von eigenen Artefakten bzw. Content zu einem sensibleren Umgang mit Daten führen kann, da ein größeres Bewusstsein für fremdes und eigenes Gedankengut entstehen kann.
Im eLearning und bei der digitalen Portfolioarbeit können auch asynchrone Interaktionen zwischen Lehrenden und Lernenden entstehen. Digitales *Feedback* kann unmittelbarer gegeben werden und wird beispielsweise durch Tools wie „Like"-Funktionen unterstützt, die den Lernenden eine schnelle Rückmeldung zu den Inhalten gibt. Zusätzlich können über Kommentar-Funktionen ausführliche Feedbacks und Antworten gegeben werden. Jahncke (2015) weist darauf hin, dass gerade in diesen digitalen Settings ein vertrauensvoller Umgang mit Feedback notwendig ist. Daraus folgt, dass Feedback geben und nehmen im Rahmen der ePortfolioarbeit eingeführt werden sollte. Da für diese Feedbacks nicht nur Peers, sondern auch Tutor*innen eingesetzt werden können, kann dies eine Rollenveränderung mit sich bringen (Thomann 2012, S. 37). Vom Lernenden wird mehr Eigenverantwortung und Aktivität für den eigenen Lernprozess erwartet, Tutor*innen werden zu Lernhelfer*innen und Dozierende betreiben Lernbegleitung bzw. -beratung. Zu dieser Eigenverantwortung kann auch das Einhalten von Terminen und Fristen gezählt werden, damit Überarbeitungen möglich sind. Nicht unterschätzt werden sollte der Arbeitsaufwand für Dozierende, denn Rückmeldungen im Prozess und in Beratungen können zeitintensiv sein.
Als Vorteil von ePortfolios wird auch immer wieder genannt, dass eine *zeit- und ortsunabhängige Bearbeitung* möglich sei. Wobei gerade bei der Ortsunabhängigkeit Baumgartner und Kollegen (2002) zu bedenken geben, dass eine gute Netzanbindung gegeben sein muss, um an eLearning Settings teilzunehmen. Ein ePortfolio setzt die Nutzung eines portablen, internetfähigen Endgerätes voraus, das dem Lernenden zur Verfügung stehen muss, nur dann ist mobiles, ortsunabhängiges Lernen möglich. Deswegen spricht Kerres (2008) auch nur von einer größeren Flexibilität in der zeitlichen und örtlichen Nutzung.
Neben diesen technischen Voraussetzungen, ist seitens der Lernenden *Medienkompetenz* notwendig, um die verschiedenen medialen Ausdrucksformen gewinnbringend zu nutzen. Gerade beim ePortfolio kann die fehlende Medienkompetenz zum Problem werden, besonders wenn keine Bereitschaft vorhanden ist, sich in die Systematiken einzuarbeiten (Jahncke 2015). Gera-

de die technischen Entwicklungen der letzten Jahrzehnte (Smartphone und Tablet in fast jedem Haushalt und immer verfügbar[11]) könnten nicht nur dazu führen, dass der eigene Lernprozess im ePortfolio durch authentische, hochwertige Artefakte umfassender dargestellt wird, sondern auch die Medienkompetenz einen größeren Stellenwert einnimmt. Um unterschiedliche Artefakte, wie beispielsweise Links zu Foreneinträgen oder Dateien einzubinden, wird außerdem eine Plattform benötigt, die den Lernenden eine flexible Darstellungsform ihres ePortfolios ermöglicht. Die Technologie der Lernplattformen muss so beherrscht werden, dass effektives Arbeiten möglich ist. Klampfer (2011, S. 33) weist darauf hin, dass der Zeit- und Kostenaufwand für diese Einarbeitung nicht unterschätzt werden sollte und auch das „Niveau der Medienkompetenz" der Nutzer*innen Berücksichtigung finden muss.
Insgesamt gibt Kerres (2008, S. 119) zu bedenken, dass die Potenziale neuer Medien nicht durch den einfachen Einsatz entstünden, „sondern durch die erfolgreiche Einführung eines ‚richtigen' didaktischen Konzeptes, das auf einer mediendidaktischen Planung und Analyse aufbaut und einer genauen Kenntnis der Rahmenbedingungen der Lernsituation bedarf". Gleichzeitig darf es nicht zu einer Übersättigung der Studierenden mit (e)Portfolioarbeit und Reflexion kommen, denn Zeit und Freiräume sind notwendig um in Lernprozesse einzutauchen und diese können im Studienalltag zuweilen nicht immer leicht eingeräumt werden. Auch Jahncke (2015) arbeitet heraus, dass es hemmende Faktoren für die Portfolioarbeit geben kann, wie beispielsweise eine schlechte Einbindung in die Lehre, fehlende Identifizierung der Teilnehmenden mit dem Portfolio, aber auch mangelnde Transparenz über die Ziele. Dafür müssen Dozierende wissen, wie ein Portfolio geplant und lernförderlich zurückgemeldet werden kann (Häcker & Lissmann 2007). Die Autoren richten eine Aufforderung an die Hochschulen, angehende Lehrkräfte für die Arbeit mit Portfolios zu qualifizieren, denn es sei eine innere Haltungsreform notwendig, um gute Portfolioarbeit in den Schulen zu etablieren.

4.3.3 Modell zum Reflexionszyklus der ePortfolioarbeit

Die Darstellung der unterschiedlichen Modelle zum Ablauf von Reflexion und den Qualitätsstufen (Kapitel 3.3) haben Stärken und Schwächen ergeben. Den besonderen Umständen bei der Arbeit mit einem digitalen Portfolio wird bislang keines der vorliegenden Modelle gerecht. Aus diesem Grund werden verschiedene Konzepte kombiniert, um ein eigenes Modell für den Reflexionszyklus in der ePortfolioarbeit an der Hochschule zu erstellen (s. Abbildung 14) und in der nachfolgenden Studie zugrunde zu legen.
Ausgangspunkt für die Modellbildung zur ePortfolioarbeit ist das ALACT-Modell von Korthagen (2002) mit seinen fünf bzw. vier Stationen (*Action*, *Looking back*, *Awareness*, *Creating alternatives* und *Trail*). Dieser Zyklus wurde ausgewählt, da er bis auf eine Stufe alle relevanten Stationen der Reflexion enthält und sich dennoch flexibel erweitern lässt.
Zusätzlich orientiert sich das erweiterte Modell an dem Ansatz von Donald Schön (1983), der zwischen *reflecion-on-actio*n (über das Ereignis) und *reflection-in-action* (während dem Ereignis) unterscheidet. Der hier aufgestellte Reflexionszyklus bezieht sich auf das Reflektieren *über* ein Ereignis. Unter Reflexion wird in dem Modell eine bestimmte Form des Nachdenkens verstanden (Korthagen 2002). Bei diesem mentalen Prozess wird in einer Situation vorhandenes (Fach-)Wissen rekonstruiert und zum Aufbau neuer mentaler Wissensstrukturen genutzt (Korthagen und Vasalos 2010). Diesen Prozess soll das entwickelte Modell abbilden und dabei auf die Besonderheiten in der ePortfolioarbeit eingehen.

11 In Deutschland hatten 57 Millionen Menschen im Jahr 2018 ein Smartphone, wovon in der Altersgruppe der 14- bis 49-Jährigen mehr als 95% es regelmäßig nutzen (statista 2019).

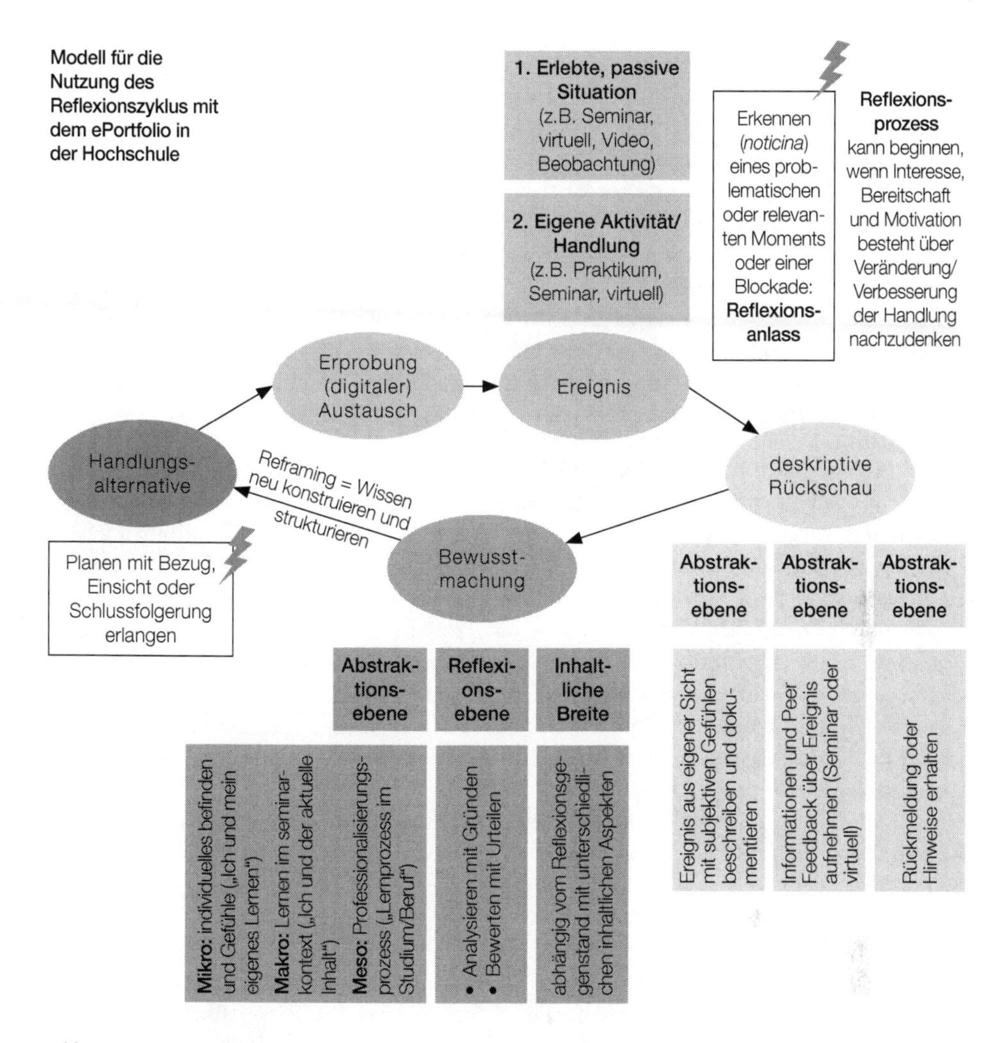

Abb. 14: Eigener Reflexionszyklus

Durch die Besonderheit der ePortfolioarbeit im Seminarbezug muss schon im ersten Schritt bei dem *Ereignis* eine Unterscheidung getroffen werden. Hinter dem neutralen Begriff *Ereignis* verbergen sich mindestens zwei unterschiedliche Situationen, die einen Einstieg in den Zyklus bieten können: In Anlehnung an Korthagen (2002) kann entweder über die eigene Aktivität, z.B. als Handlung nachgedacht werden oder über erlebte Situationen (passiv). Aktive Handlungen können Erlebnisse aus dem Praktikum sein oder Tätigkeiten im Seminarkontext (z.B. Referate, Wortbeiträge), bei denen die Studierenden selbst tätig gewesen sind. Dies kann auch virtuell erfolgen, wenn beispielsweise Feedback gegeben wurde. Passive Situationen ergeben sich in der ePortfolioarbeit z.B. durch erhaltenes Peerfeedback, Artefakte wie Videos, aber auch Beobachtungen oder Diskussionen aus dem Seminar.
In Sinne von John Dewey (1933), reicht es nicht aus, dass Ereignisse vorhanden sind, um einen Reflexionsprozess anzustoßen, sondern der Lernende sollte einen problematischen Moment oder eine Blockade erkennen. Dieser Reflexionsanlass kann zu einem *gedanklichen Stolpern* führen,

ähnlich wie es bei dem Konzept der professionellen Wahrnehmung von Unterricht (Sherin 2002; Stürmer et al. 2013) vorgesehen ist. *Professional vision* bezeichnet die Fähigkeit theoretisches Wissen anzuwenden, um selektiv lernrelevante Ereignisse professionstypisch wahrzunehmen und zu interpretieren (van Es & Sherin 2008). Dieser erste Schritt des Noticings erscheint notwendig, um den Reflexionsgegenstand zu identifizieren, der mit dem Reflexionszyklus bearbeitet werden soll. Diese Erkenntnis sollte sich nicht nur auf oberflächliche Sichtstrukturen beziehen (z.B. offensichtliche Probleme im Lehrerhandeln), sondern auch darüber hinausgehen. Wie Leonhard (2008) unter Bezug auf Neuweg (2006, S. 37) hinweist, umfasst der Begriff Reflexionskompetenz nur die Fähigkeit und die notwendige Fertigkeit um zu reflektieren, allerdings wird die *Bereitschaft*, sich in diesen Prozess zu begeben, nicht berücksichtigt. Folglich wurden in dem vorliegenden Modell die Aspekte aufgenommen, dass bei den Lernenden *Interesse, Bereitschaft und Motivation* bestehen muss, über Veränderung bzw. Verbesserung im weiteren Handeln nachzudenken.

Darauf folgt der nächste Schritt, die deskriptive *Rückschau* auf das Ereignis, die im Kontext der ePortfolioarbeit entweder *alleine* und *intern* erfolgen kann, *gemeinsam* mit Peers (z.B. im Seminar oder virtuell) oder *extern* durch Hinweise von Dozierenden oder Tutor*innen. Diese Dreiteilung ist angelehnt an die Arbeiten von Wyss (2008). Bei der internen Rückschau, wird das Ereignis aus eigener Sicht mit subjektiven Gefühlen und Assoziationen beschrieben und dokumentiert. Die gemeinsame Bearbeitung mit Peers ist im Vergleich objektiver da sie, in Anlehnung an den Kreislauf von Aktion und Reflexion bei Altrichter und Posch (2007), das Sammeln von Informationen beinhaltet. So können zum Beispiel Peerfeedbacks der Lernenden eingeholt werden. Eine dritte Möglichkeit sich der Rückschau auf das Ereignis zu nähern sind externe Rückmeldungen oder Hinweise von Dozierenden oder Tutor*innen, welche die ePortfolioarbeit begleiten.
Mit den Informationen dieser Rückschau kann der nächste Schritt Bewusstmachung beginnen, was eine Distanzierung zum Ereignis beinhaltet. An dieser Stelle werden drei Qualitätskriterien aufgenommen: *Abstraktionsebenen, Reflexionstiefe* und *inhaltliche* Breite[12].

- Das Modell enthält drei Abstraktionsebenen, angesiedelt auf Mikro-, Meso- und Makroebene. Auf der Mikroebene werden von den Lernenden das individuelle Befinden und die Gefühle während des Ereignisses thematisiert. Dabei liegt der Fokus auf dem eigenen Lernen, beispielsweise den Schwierigkeiten oder Herausforderungen. Die nächste Ebene (Makro) ist erreicht, wenn das eigene Lernen im Seminarkontext verortet wird und die aktuellen Inhalte verarbeitet sind. Abstraktion auf der Mesoebene bedeutet, den Lernprozess im Rahmen des Studiums bzw. Berufsfeldes zu betrachten und durch Bezüge und Verknüpfungen einen Professionalisierungsprozess anzustoßen.
- Die Reflexionstiefe erfasst, ob Analysen vorgenommen werden, bei denen mögliche Begründungen für das Ereignis gesammelt werden. Die Bewertungen dieser Gründe können Urteile enthalten. Beide Schritte werden im besten Fall von Fachwissen bzw. theoretischem Wissen gestützt, mit einem kritischen und dialogischen Aufbau.
- Das dritte Qualitätskriterium ist die inhaltliche Breite, die in Abhängigkeit zum jeweiligen Reflexionsgegenstand steht und sich in unterschiedlichen inhaltlichen Aspekten zeigt. Es ist zu vermuten, dass die Breite der Bewusstmachung mit der Reflexionstiefe in Verbindung steht. Leonhard (2008) sieht für die Reflexionsbreite drei mögliche Ausprägungen (schwach, mittel, stark), be-

12 Die Abstraktionsebenen sind angelehnt an die Reflexionsstufen bei Eysel & Schallies (2004). Die Reflexionstiefe orientiert sich an den Ebenen der reflexiven Praxis von Bräuer (2014). Die inhaltliche Breite findet sich auch in den Kompetenzstufen bei Leonhard (2008).

zieht diese aber mehr auf die Abstraktionsebenen und weniger auf den Inhalt. Keines der bisher betrachteten Modelle bezieht explizit die inhaltliche Breite als Kriterium mit ein (s. Kapitel 3.3).

Aus dem Prozess der Bewusstmachung können die Lernenden im besten Fall begründete Planungen für *Handlungsalternativen* ableiten. Deswegen bildet der Punkt Handlungsalternativen den nächsten Schritt im Modell zum Reflexionszyklus. Durch Reflexion kommt es zum *Reframing* als eine Form der Umdeutung und Neurahmung einer Situation oder Ereignis (Valli 1997; Zeichner & Liston 1996). Dieser Prozess kann als Ergebnis der Bewusstmachung angesehen werden, wobei Wissen neu konstruiert und strukturiert wird. In der Folge sollten die Lernenden zu einer Erkenntnis, einem Ergebnis oder einer Schlussfolgerung in Bezug auf das bearbeitete Ereignis gelangen. Diese neue Konstruktion des Wissens kann dazu führen, dass begründet Handlungsalternativen geplant werden können. Wobei die Planung von Handlungsalternativen sowohl bei Bräuer (2014), als auch bei Korthagen (2002) vorgesehen ist.
In Korthagens Modell folgt auf die Handlungsalternative die *Erprobung* (trail), was im vorliegenden Modell beibehalten wird, allerdings nur, wenn es sich um eine eigene Handlung handelt. Sollte jedoch eine erlebte, passive Situation den Anstoß für einen Reflexionsanlass gegeben haben, tritt an Stelle der Erprobung ein Austausch über die eignen Erkenntnisse bzw. Handlungsalternativen mit der Lerngruppe. Dies kann im Rahmen der universitären Lehre face-to-face stattfinden (in einer gemeinsamen Sitzung) oder digital über Foren sowie Chats. Der Reflexionsprozess würde an dieser Stelle enden, wenn sich über eine fremde Situation ausgetauscht wurde, da es keine Erprobung gibt, die als neues Ereignis genutzt werden kann. Eine Möglichkeit wäre eine weitere Szene aus dem Unterrichtsvideo auszuwählen, die das vorher beschriebene Problem anders löst.
In dem vorliegenden Modell zum Reflexionszyklus für die ePortfolioarbeit wird ausgeführt, wie die Schritte Rückblick, Bewusstmachung und Handlungsalternativen zusammenhängen, sich gegenseitig bedingen und verschiedene Qualitäten zeigen.

4.3.4 ePortfolio-Management-System „Mahara“ und Lernplattform Vigor

Wie in Abschnitt 4.1.2 bereits beschrieben, gab es zu Beginn der digitalen Portfolio-Bewegung zwei Möglichkeiten diese zu erstellen: mit Programmen, die das lokale Abspeichern des ePortfolios auf dem eigenen PC erlaubten und erste Web 2.0 Anwendungen, die orts- und zeitunabhängiges Arbeiten durch das Internet ermöglichten. Diese Anwendungen werden von Himpsl-Gutermann und Baumgartner (2009) bei ihrer Evaluation von ePortfolio-Systemen in drei Kategorien untergliedert:

- ePortfolio-Management-Software, deren Zielgruppe größere Einrichtungen sind, die nach ePortfolio-Lösungen suchen
- Learning-Management-Systeme bzw. Learning-Content-Management-Systeme, die aus einer Lernplattform bestehen und ein integriertes ePortfolio-Element haben
- andere Systeme, die nur indirekt eine ePortfolio-Funktion bieten.

Mahara ist als Web 2.0 Anwendung ein ePortfolio-Management-System der ersten Kategorie. Entwickelt wurde Mahara in Neuseeland im Jahr 2006 in der Zusammenarbeit zwischen der neuseeländischen Bildungsbehörde (e-learning Collaborative Development Fund (eCDF)) und verschiedenen Universitäten, wie beispielsweise Auckland University of Technology und The Open Polytechnic of New Zealand (Reiter 2016). Das Wort „Mahara“ stammt aus der Sprache der Te Reo Māori und kann mit „denken“ oder „Gedanken“ übersetzt werden. Im Arabischen hat „Mahara“ die Bedeutung „außergewöhnliche Fähigkeit“, beide Übersetzungen spiegeln die Portfolio-Konzeption von Reflexion und Prozesshaftigkeit wider (MAHARA 2016).

Bei der Entwicklung von Mahara 2006 folgte man fünf Richtlinien, die selbst auferlegt wurden (i.O. Höppner 2013, übersetzt durch die Autorin):

- Das Eigentumsrecht des ePortfolios liegt bei den Studierenden
- Öffentlichkeiten können selbstbestimmt hergestellt werden
- Individuell Metadaten und Artefakte einbinden
- Verschiedene Stufen der Öffentlichkeit („aggregating function that would permit users with various permissions to access only what students permit them to access“ (ebd., S. 410)
- Flexibilität formelle oder informelle Lernräume zu schaffen

Auch in den aktuellen Versionen von Mahara werden diese Richtlinien weiterhin verfolgt. Die Plattform wird in der online Enzyklopädie (WIKIPEDIA 2016) als „eine E-Portfolio-Software mit Community-Funktionen“ beschrieben. Da es sich um eine webbasierte open-source Software handelt, können Anpassungen von Administratoren einfacher vorgenommen werden, als bei lizensierten, kommerziellen Programmen. Himpsl-Gutermann und Baumgartner (2009) beschreiben Mahara als „out-of-the-box System“, das besonders einfach nach der ersten Installation bzw. dem ersten Registrieren genutzt werden kann. Damit ist der Arbeitsaufwand für den ersten Einsatz, im Vergleich zu anderen Programmen, relativ niedrig.
Mahara ist, häufig in Kombination mit der Lernplattform Moodle, nicht nur an Universitäten und Hochschulen verbreitet, sondern auch an Schulen (vgl. Groißböck 2012). Trotz dieser einfachen Anbindung durch ein Plug-in an Moodle, sehen die Entwickler in Mahara ein eigenständiges „Learning-Management-System“. Im besten Fall funktioniert die Arbeit in beiden Systemen fließend, ohne mehrmaliges Einloggen. Reiter (2016, S. 4) führt dafür den Begriff des „digitalen Lernwerkzeugs“ ein, was Nutzer*innen zur Strukturierung des Lern- und Portfolioprozesses zur Verfügung steht. Auch schon Klampfer (2011) sieht in Mahara ein geeignetes Werkzeug, das alle Funktionalitäten, die zur Erstellung eines ePortfolios notwendig sind, bietet. Ein Vorteil von Mahara[13] ist die benutzerfreundliche Oberfläche, die sich auf wenige relevante Module beschränkt, wie in dem Screen-Shot (s. Abbildung 15) zu sehen ist.

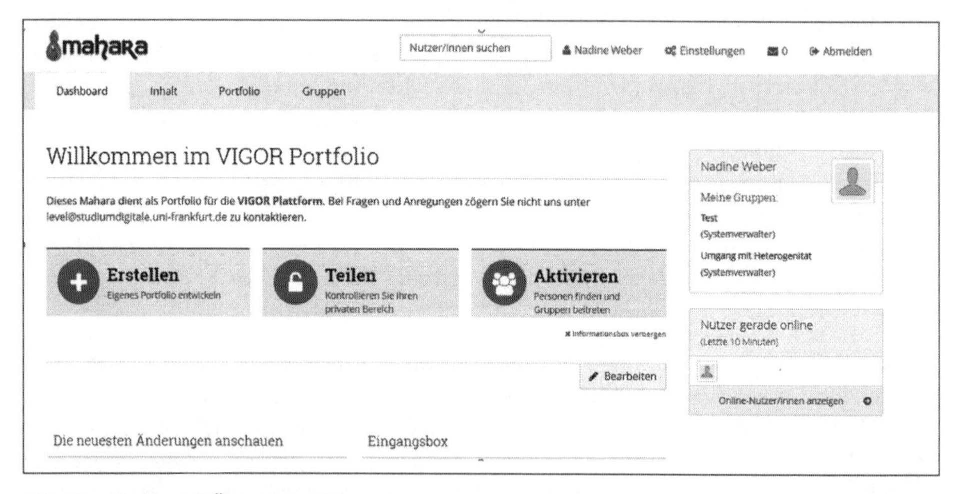

Abb. 15: „Dashboard“-Übersicht in Mahara

13 Die folgenden Ausführungen thematisieren die Grundlegenden Funktionen von Mahara. Ein Exkurs in weitere Funktionen findet sich auf dem angehängten USB-Stick im Anhang 13.

Neben dem Modul „Dashboard“, welches den Lernenden als „Start-Seite“ für das Programm dient und immer die neusten Informationen aus anderen, geteilten ePortfolios oder Gruppen bereithält, gibt es die Module „Inhalt“, „Portfolio“ und „Gruppen“. Diese drei Module stellen die „Säulen“ der Software Mahara dar (vgl. Groißböck 2012, S. 44) (s. Tabelle 7).

Tab. 7: Gegenüberstellung Säulen und Module in Mahara

Säule 1 „Erstellen und Sammeln“	**Säule 2** „Gestalten und Veröffentlichen“	**Säule 3** „Feedback und Vernetzen“
Modul *Inhalt*	Modul *Portfolio*	Modul *Gruppen*

In diesen Säulen bildet sich auch der Zyklus von Portfolioarbeit ab, wie beispielsweise von Häcker (2005) vorgeschlagen. In der ersten Säule kann das Portfolio entwickelt und mit der Sammlung zu einer bestimmten Fragestellung begonnen werden. Dazu stehen alle Funktionen unter dem Modul „Inhalt“ zur Verfügung. In der zweiten Säule müssen die gesammelten Artefakte sortiert und gestaltet werden. Dies ist im Modul „Portfolio“ durch Anlegen von einzelnen Seiten („Ansichten“) möglich. Wenn mehrere Seiten gestaltet wurden, können diese in der dritten Säule geteilt und freigegeben werden.
Damit wird schon auf der Startseite von Mahara das Portfolio-Verständnis deutlich, denn alle notwendigen Funktionalitäten zum Führen und Teilen des ePortfolios sind hier versammelt. Trotzdem weißt Klampfer (2011) zu Recht drauf hin, dass diese Plattform nicht das didaktische Konzept einer begleitenden Lehrveranstaltung ersetzen kann. Die ePortfolioarbeit sollte inhaltlich und didaktisch verankert sein, damit Mahara sinnvoll als Software und Plattform genutzt werden kann.
Ein Vorteil der ePortfolio-Management-Software ist die Tatsache, dass von den Nutzer*innen immer wieder neue ePortfolios angelegt und auch parallel geführt werden können. Damit ergibt sich zum Beispiel die Möglichkeit, ein Studienverlaufsportfolio und gleichzeitig seminargebundene Portfolios zu führen. Artefakte bzw. Ansichten können zwischen den ePortfolios ausgetauscht und übernommen werden, was zur Dokumentation des Lernprozesses nützlich und förderlich ist. Allerdings ist es nicht möglich eine Ansicht gleichzeitig in zwei Sammlungen einzufügen.
Damit sind die Grundlagen der Portfolioarbeit und die Gestaltungsmöglichkeiten digitaler Formen in der Lehrkräftebildung definitorisch, konzeptionell und technisch aufgezeigt. Bleibt die Frage nach dem derzeitigen Forschungsstand zu den zentralen Themen der Reflexion und ePortfolioarbeit, die im nachfolgenden Kapitel 5 behandelt werden, ehe in Kapitel 6 die theoretischen Überlegungen der Arbeit zusammengefasst und untersuchungsleitende Forschungsfragen abgeleitet werden.

5 Forschungsstand zu den Themen Reflexion und ePortfolio

Zu Beginn dieses Kapitels soll auf einige Auffälligkeiten in Bezug auf den aktuellen Forschungstands hingewiesen werden, welche die Ergebnissichtung ergeben haben. So zeigten sich sowohl zum Thema *Reflexion*, als auch *ePortfolio* Inkonsistenzen. Beispielsweise konnte zum Thema *Reflexion* auf der einen Seite keine einheitliche Definition von Reflexionskompetenz oder Reflexionsfähigkeit festgestellt werden. Auf der anderen Seite wurden die Reflexionsleistungen mit unterschiedlichen Instrumenten gemessen. Schon 1995 bemängelten Hatton und Smith bei einer Durchsicht von 16 Studien zur Reflexion in der Lehrkräftebildung, dass keine einheitliche Definition von Reflexion verwendet wurde und sie nannten dies „inappropriate or inadequate" (ebd., S. 6).

Ein zusätzliches Problem stellen die Entstehungskontexte der Reflexionen dar: In die folgende Zusammenstellung wurden nur empirische Studien aufgenommen, die sich mit Reflexionstexten von Studierenden an der Hochschule beschäftigten, eine Eingrenzung auf das Lehramt erschien nicht sinnvoll, da viele Arbeiten zur Reflexion und zu Lerntagebüchern aus dem Medizinstudium vorliegen. Ausgeklammert wurden zudem Studien zur Portfolioarbeit an Schulen[14] und im Unterricht. Außerdem ist die Forschungslage zu digitalen Portfolios so defizitär, dass bei der folgenden Zusammenschau keine Unterscheide zwischen analogen und digitalen Portfolios gemacht wurde. Daraus ergaben sich für die Reflexionstexte in den empirischen Studien nicht nur unterschiedliche inhaltliche Kontexte, sondern auch verschiedene Instrumente (Fallvignetten, Lerntagbücher, Portfolios, Seminaraufgaben usw.).

Aus diesem Grund überrascht es wenig, dass die Forschungslage zum Thema *Portfolio* ebenfalls divers und häufig wenig konkret ist. Eines der Potentiale, das der Portfolioarbeit immer wieder zugeschrieben wurde, ist seine Eignung als Reflexionsmedium zu sehen. Tatsächlich wurde in vielen Publikationen der Portfolioarbeit ein naturgemäßes Reformpotential für Schule und Unterricht zugesprochen ohne tiefergehende Kontextualisierung dieses komplexen Konstrukts. Auch Häcker und Lissmann (2007, S. 233) sahen es als erforderlich an, dass mehr qualitativ hochwertige Forschung zur nachhaltigen Implementierung von Portfolioarbeit betrieben wird. Die folgende Darstellung des aktuellen Forschungsstands zum Thema *ePortfolio* enthält darüber hinaus viele Studien, die auf Erprobungen von Praxiskonzepten zum Portfolio basieren und eher einzelne Teile von Portfolioarbeit beforschten, z.B. mit den Studien zu Prompts für Reflexionsaufträge oder bezüglich der Arbeitsweise mit Lerntagebüchern. Die Ergebnisse solcher Evaluationen legten häufig Handlungsempfehlungen für das weitere Arbeiten mit Portfolios nahe (z.B. zu Aufbau und Einbettung der Portfolioarbeit, Sichtweise der Studierenden und Reflexion als Kernelement der Portfolioarbeit). Auch Leonhard (2013, S. 186) resümierte, dass es bisher keine empirisch abgesicherten Kompetenzmodelle für die Portfolioarbeit gibt. Dahinter steht auch die Hoffnung, dass belegt und begründet werden kann, welches Reformpotential von Portfolios für die Unterrichtsentwicklung und Lehrerbildung tatsächlich ausgeht.

Trotz dieser grundlegenden Kritik, konnten bei der Sichtung der Literatur verschiedene Studien- und Forschungsergebnisse ausgemacht werden, die eine Relevanz für die Konzeptionierung der vorliegenden Arbeit haben.

14 Siehe dazu die Studien zum Portfolioeinsatz in der Schule von Gläser-Zikuda aus den Jahren 2001 bis 2010 zu den Themen: Trainingsmaßnahmen zur Förderung der Lernstrategie mit Instrumentenentwicklung zur Selbstbeobachtung, Selbstreflexion und Selbstkontrolle.

5.1 Reflexion

Besonders die *Qualität von Reflexionen* wurde in zahlreichen empirischen Studien kritisiert, wobei auch hier nicht eindeutig gesagt werden kann, was genau unter *Qualität* zu verstehen ist. Unter dem Kriterium *Reflexionsqualität* wird sowohl die Reflexionstiefe und -breite verstanden, die sich an Ebenen- und Stufenmodellen orientiert[15], als auch die Nutzung des Reflexionszyklus. Übereinstimmend wird häufig berichtet, dass die Reflexionsleistungen der Studierenden nicht wie erhofft, sondern auf einem niedrigerem Niveau ausfielen (z.B. Vogel 2013; Brouër & Gläser-Zikuda 2010). Auch Barsch und Glutsch (2016) waren mit der gemessenen Qualität der Reflexion im Portfolio unzufrieden, dabei versuchten sie die Reflexionstiefe mit den Niveaustufen nach Hatton und Smith (1995) zu bestimmen und inhaltsanalytisch auszuwerten. Es zeigten sich auch hier überwiegend niedrige Niveaus und kaum theoretische Bezüge. Ähnliches berichtete auch Brouër (2007) in ihrer Pilotstudie zur Qualität (als Tiefe und Breite) von Reflexionstexten im Portfolio. Diese waren zum einen sehr unterschiedlich im Umfang, zum anderen erschienen sie oberflächlich und wenig elaboriert. Außerdem nutzen die Studierenden das Potential eines Portfolios als Dokumentations- und Reflexionsmedium nicht ausreichend. Auch in einer aktuellen Studie von Gutzwiller-Helfenfinger und Kollegen (2017) zur Reflexion von Praxiserfahrungen stellten die Autorinnen fest, „dass Lehramtsstudierende und Novizinnen und Novizen eher tiefere Reflexionsebenen resp. eine geringere Qualität in ihren Praxisreflexionen zeigen (...). Gleichzeitig kann festgehalten werden, dass der Befund bez. der tieferen Reflexionsebenen oder geringeren Qualität der Praxisreflexionen von Lehramtsstudierenden stabil zu sein scheint" (ebd., S. 135).

Besonders enttäuscht über die Niveaus der Reflexionstexte äußerte sich Koch-Priewe (2013) nach zahlreichen Erprobungen von Portfolios in verschiedenen Phasen der Lehrkräftebildung. Sie fasste ihre Ergebnisse als „ernüchternd" (ebd., S. 56) zusammen, obwohl die Tendenz zu mehr Selbstständigkeit im Portfolioprozess bei den Lernenden beobachtet werden konnte. Der bloße Einsatz von Portfolios und Reflexionsaufträgen führe nicht automatisch zu einer kritisch-reflexiven Auseinandersetzung und auch nicht zu den erhofften hohen Reflexionsniveaus.

Ebenfalls 2013 versuchte Leonhard die Entwicklung studentischer Reflexionskompetenz zu messen, um die Qualität von Reflexionen zu beschreiben. Dazu setzte er im Rahmen einer Studie mit quasi-experimentellem Design drei Fallvignetten mit dilemmatarischem Charakter ein. Dabei konnte er feststellen, dass der Bearbeitungszeitpunkt Auswirkungen auf die Qualität der Texte hatte. Besonders am Ende der Vorlesungszeit sind die Studierenden mit zahlreichen Prüfungen belastet. In diesen intensiven Phasen des Lernens erscheint es logisch, dass Studierende keine qualitativ hochwertigen Reflexionen verfassen, denn die Aufmerksamkeit ist auf andere Arbeiten gerichtet.

Auch in Bezug auf die Nutzung des Reflexionszyklus (als Qualitätsmerkmal) liegen empirische Ergebnisse vor. Beispielsweise boten Bräuer und Keller (2013) in ihrer Studie den Studierenden als Unterstützung für die ePortfolioarbeit sogenannte *Aufgabenarrangements* an, die bei Stationen des Reflexionszyklus (*verstehen*, *analysieren* und *entwickeln*) helfen sollten. Trotz guter Rückmeldungen durch die Teilnehmenden zu diesen Anleitungen der reflexiven Praxis, wurde empfohlen, die Komplexität des Reflexionszyklus weiter zu reduzieren. Auch Denner und Gesenhues (2013) machten in diesem Zusammenhang die Beobachtung, dass Studierende in ihren Reflexionstexten nicht alle Schritte des Zyklus vollzogen, sondern verschiedene Abkürzungen nahmen. Dies führte zu einem „Reflexionskurzschluss" (ebd., S. 112), der sich beispielsweise in

15 Siehe dazu ausführlich Kapitel 3.3.2 Qualitätsstufen von Reflexion

der Nennung von (stereotypen) Vorurteilen oder nicht angemessenen Handlungsvorschlägen in den Reflexionstexten zeigte. Außerdem wurde festgestellt, dass bei den Reflexionen die fachlichen bzw. theoretischen Grundlagen nicht ausreichend waren, was auch als ein Grund für die schlechten Handlungsvorschläge angesehen wurde.
In zwei unterschiedlichen Studien beschäftigte sich Gläser-Zikuda (2009; Gläser-Zikuda et al. 2010) mit der ersten Station im Reflexionszyklus: dem Reflexionsgegenstand, der als Initialmoment für den Beginn des Reflexionszyklus verstanden wurde. Auch hier zeigten die Studierenden nicht die erhofften Reflexionsleistungen. Auf Grundlage der Ergebnisse empfahlen die Autoren den Reflexionsgegenstand stärker in den Fokus zu rücken und weiter einzugrenzen, um einer Überforderung der Lernenden bei der Reflexion entgegenzuwirken.
Es bleibt festzuhalten, dass die erwarteten Resultate über eine hohe Qualität von Reflexionen bei studentischen Arbeiten (unabhängig vom Inhalt oder dem Instrument) in zahlreichen empirischen Studien nicht erfüllt wurden. Es scheint, als seien die (theoretisch hergeleiteten) Erwartungen an Reflexion höher, als sich empirisch belegen lassen. Häcker (2019b) liefert dafür drei mögliche Erklärungen, die bedenkenswert erscheinen: Zum einen liegen methodische Probleme der Erfassung von Reflexionsqualität vor (selbst die Unterscheidung in Tiefe und Breite der Reflexion ist aktuell kein Konsens). Zum anderen sieht er eventuell einen Denkfehler hinsichtlich der Steigerbarkeit von Reflexivität, dies bezieht auch die Modelle zur Kompetenzstruktur oder -entwicklung mit ein. Darüber hinaus sollten die Forschenden überprüfen, ob sie unrealistische bzw. ungerechtfertigte Erwartungen an die studentischen Arbeiten zur Reflexion haben.

Reflexionsanlässe mit Prompts gestalten
Wie schon im Kapitel 3.4 beschrieben, können Lernende mit Hilfe sogenannter *Prompts* bei der Erstellung von Reflexionstexten angeleitet und unterstützt werden. Dazu liegen zahlreiche empirische Studien vor, viele aus dem englischsprachigen Ausland.
Besonders die Ergebnisse von Hübner und Kollegen (2007) bezüglich ihrer Untersuchungen zu Prompts in Lerntagebüchern lieferten interessante Hinweise. In zwei Feldstudien und zwei Experimenten überprüften die Forscher, wie spezifisch die Prompts sein müssen, damit Studierende metakognitive Lernstrategien anwenden. In der ersten Feldstudie ließen die Forscher von Studierenden „naive" Lerntagebücher führen, die wenige Anleitungen und Vorgaben enthielten. Die Analyse ergab, dass Lerninhalte häufig lediglich reproduziert wurden. Unspezifische und informelle Anleitungen für das Schreiben von Lerntagebüchern führten demnach zu Defiziten beim Einsatz von kognitiven und metakognitiven Lernstrategien (ebd., S. 133). Ähnliche Ergebnisse lieferten auch Graham (2006) sowie Graham und Perin (2007), die mit Hilfe von Meta-Studien die Bedeutung von Schreibaufträgen untersuchten. Picard und Imhof (2010) schlussfolgerten aus den Ergebnissen von Graham und Perin, dass es von der konkreten Formulierung der Aufgabenstellungen abhänge, welche Strategien angesprochen werden.
In zwei weiteren Experimenten gingen Nückes und Kollegen (2009) der Frage nach, welche Kombination aus kognitiven und metakognitiven Prompts bei den Lerntagebüchern zu der besten Strategieanwendung führt. Dabei setzten sie zwölf verschiedene Prompts ein mit Leitfragen zur Förderung von kognitiven Strategien und Leitfragen zur Förderung von metakognitiven Strategien (Nückles et al. 2009). Am erfolgreichsten während des zweiten Experiments war die Gruppe von Studierenden, die Prompts zu allen Bereichen des selbstgesteuerten Lernens erhalten hatten, dies umfasste die Organisation und Elaboration, metakognitive Überwachung sowie die Planung der Regulation. Die überraschendsten Ergebnisse lieferte allerdings die zweite Feldstudie mit zwei Seminargruppen. Bei gleichem Inhalt und gleichem Dozent wurden die Arbeitsaufträge für die Lerntagebücher variiert: Die erste Gruppe erhielt

die erfolgreichen Prompts aus dem vorherigen Experiment (welche den gesamten Prozess des selbstgesteuerten Lernens umfassen und deswegen als sehr strukturiert beschrieben werden können). Die zweite Gruppe erhielt Arbeitsanweisungen, die „lediglich eine allgemein gehaltene Anleitung ohne Prompts" (Nückles et al. 2009, S. 130) enthielten. Nach der ersten Hälfte des Seminars lieferten die Studierenden aus der ersten Gruppe bessere Ergebnisse in den Lerntagebüchern. Zum zweiten Messzeitpunkt, am Ende des Semesters, zeigte die Kontrollgruppe größere Effekte bei den angewandten kognitiven Lernstrategien und im erzielten Lernerfolg. Als Erklärung dafür bezogen sich die Autoren auf den *Expertise-Umkehr-Effekt* (ebd., S. 132) bei dem die strukturierten Prompts zu Beginn bei den Teilnehmenden zu einem großen Lernzuwachs bzw. zur Strategieanwendung führten („Strategie-Aktivatoren"). Im Laufe des Semesters und der sich wiederholenden Arbeitsaufträge für das Lerntagebuch wurden die Prompts jedoch überflüssig und „störend oder hemmend wahrgenommen", als „Strategie-Inhibitoren" (Hübner et al. 2007).
Der *Expertise-Umkehr-Effekt* (auch *Expertise-Reversal*) wird u.a. mit der *Cognitive Load Theory* erklärt und bezieht sich auf die „expertiseabhängige Wirkung instruktionaler Unterstützung auf den Lernerfolg" (Malone 2013, S. 513). Kalyuga und Kollegen (2003) zeigten, dass Lernende mit wenig Vorerfahrungen (Noviz*innen) mehr von strukturierten Lernangeboten profitieren, als Expert*innen, bei denen die Leistungen schlussendlich sogar schlechter ausfielen. Sie erklärten den Effekt für die Expert*innen mit einem Konflikt im Kurzzeitgedächtnis zwischen schon vorhandenen Schemata und neuen Aufgabenstellungen, die Noviz*innen zur Erfüllung der Aufgabe benötigten (ebd.). Sie empfehlen „instructional design should be tailored to the level of experiences of intended learners" (Kalyuga et al., 2003, S. 29).
Hübner und Kollegen (2007) folgerten aus ihren Ergebnissen zum *Expertise-Umkehr-Effekt*, dass der strukturierte Einsatz von Prompts jedoch kurzfristige zu Lernerfolgen führen könne, langfristig, aber hemmende Effekte auf Prozess-, Lernerfolgs- und motivationaler Ebene beinhalte. Für den Umgang mit Aufforderungen wird ein „adaptives Ausblenden von Prompts in Abhängigkeit vom individuellen Kompetenzzuwachs" empfohlen (Hübner et al. 2007). Es kann folglich davon ausgegangen werden, dass Noviz*innen und Expert*innen in unterschiedlicher Weise von einer starken Strukturierung profitieren.
Eine weitere empirische Studie zum Thema strukturierender Leitfragen im Zusammenhang mit Lerntagbüchern legten Schäfer und Kollegen (2012) vor. In ihrer Studie sollte der benötigte Grad an Strukturierung ermittelt werden, der notwendig ist, damit Studierende tiefenorientiertere Elaborationsstrategien in Lerntagebüchern nutzen. Basierend auf den Ergebnissen von Hübner und Kollegen (2007), gingen Schäfer und ihr Team davon aus, dass ein gewisses Maß an Strukturierung notwendig sei, um tiefenorientierte Elaborationsstrategien zu fördern. Diese Strategien wurden zusätzlich als Indikator für ein expertenhaftes Reflexionsvermögen angesehen (Schäfer et al. 2012). Im Gegensatz dazu sahen die Forscher*innen oberflächliche Elaborationsstrategien, die beispielsweise auf Reproduktion und Beschreibung der Lerninhalte ausgelegt waren. In der Studie wurde angenommen, dass hoch strukturierte Reflexionsformate in Lerntagebüchern das expertenhafte Reflektieren stärker unterstützt als geringe Strukturierung. Außerdem gingen sie davon aus, dass bereits die Einführung von hoch strukturierten Leitfragen einen positiven Einfluss auf die Nutzung von tiefenorientierten Elaborationsstrategien hat. Die Ergebnisse dieser Studie wurden von Schäfer und Kollegen (2012) in drei wesentliche Erkenntnisse zusammengefasst:

- In den Lerntagebüchern mit hoher Strukturierung wurden signifikant mehr tiefenorientierte Elaborationsstrategien angewendet als mit geringer Strukturierung.

- Bei der Wissensintegration und tiefenorientierten Reflexion profitierten die Teilnehmer*innen schon direkt nach der Einführung der spezifischen Prompts.
- Auch über die drei Messzeitpunkte verteilt, ließ sich die expertenhafte Reflexionskompetenz bei der Gruppe mit hoher Strukturierung in Tendenzen zeigen.

Eine andere Untersuchung von Picard und Imhof (2010) beschäftigte sich mit Prompts und deren Wirkung auf die Qualität der Texte in Lerntagebüchern. Die Autorinnen verfolgten außerdem die Fragestellung, welchen Einfluss subjektive Lernkonzepte auf den Schreibprozess haben bzw. ob sich daraus Rückschlüsse auf die Textqualität ziehen lassen. Die Forscherinnen konnten unter den verwendeten Prompts keines ausmachen, dass ausschließlich Texte auf einer bestimmten Niveau-Stufe hervorrief. Trotzdem gaben sie tendenzielle Empfehlungen für die Formulierung von Prompts: „Um höherrangige, kognitive Prozesse zu fördern, scheinen sich besonders solche Prompts zu eigenen, die auf den Lernstoff aus der aktuellen Veranstaltung zurückgreifen." Im Gegensatz zu Schäfer und Kollegen (2012), die bei der Segmentierung auf die Ebene der einzelnen Sätze gingen, entschieden sich Picard und Imhof (2010) dafür einen Text, der zu einem bestimmten Prompt verfasst wurde, als Segment für die Kodierung anzusehen. Daraus folgt, dass eine Vergleichbarkeit der Ergebnisse kaum möglich ist.
Aus den empirischen Ergebnissen zur Arbeit mit *Prompts* kann abgeleitet werden, dass die konkrete Formulierung der Arbeitsaufträge eine Auswirkung auf die Reflexionsleistungen der Studierenden haben kann. Durch den entdeckten *Expertise-Umkehr-Effekt* bei erfahrenen Lernenden mit stark strukturierten Aufgabenstellungen, wird ein adaptives Ausblenden der Vorgaben empfohlen. Außerdem ist auf die Strukturierung der Leitfragen zu achten, die helfen können in Reflexionen anspruchsvollere kognitive Prozesse zu fördern.

5.2 ePortfolio

Der Einsatz von Portfolios in der Hochschullehre stellt besondere Anforderungen an die Veranstaltungskonzeption. Leonhard (2013, S. 190) kommt zu der Einschätzung, dass eine besondere hochschuldidaktische Rahmung für erfolgreiche Portfolioarbeit notwendig sei: „Gründliche und subjektiv sinnvolle Reflexion erfordert eine bestimmte Geisteshaltung bei den Studierenden und damit eine institutionelle Rahmung, die diese Geisteshaltung ermöglicht". Aus ihren empirischen Studien leiten Gläser-Zikuda und Kollegen (2010), Ziegelbauer und Kollegen (2013) sowie Geigle und Kollegen (2016) die Forderung ab, die Portfolioarbeit in ein hochschuldidaktisches Konzept einzubetten, was den besonderen Anforderungen an Betreuung, Feedback und Einbindung in die Veranstaltung (durch bestimmte Methoden) gerecht werden kann.
Im Rahmen der medizinischen Ausbildung sollte bei Driessen und Kollegen (2005) ein Portfolio geführt werden mit dem Ziel die Reflexionsfähigkeit zu beurteilen und zu fördern. Neben der Erstellung von unterschiedlichen Artefakten, fanden in den zwei Jahren vier Einzelgespräche mit Mentor*innen statt. Die Autoren leiteten aus ihren Ergebnissen Aspekte ab, die für die Arbeit mit Portfolios erfolgsversprechend sein könnten: „good coaching; appropriate portfolio structure and guide-lines; a sufficient number of relevant experiences onwhich to reflect, and summative assessment." (Driessen et al. 2005, S. 1233). Korrespondierend mit dem ersten Aspekt, weisen sie außerdem darauf hin, dass die Unterstützung durch Mentor*innen und/oder Peerfeedback ein wichtiger Faktor für gelungene Reflexionen in einem Portfolio darstellen können.
In der Pilotstudie von Brouër (2007) fehlte diese hochschuldidaktische Rahmung und die Einbindung des Portfolios in ein Seminar. Die Autorin beobachtete, dass sich die Studierenden wenige Mühe bei der Erstellung gaben, u.a. weil die Leistung nicht mit einer Note vergütet

wurde. Damit lässt sich auch erklären, warum andere Studienverpflichtungen der Portfolioarbeit vorgezogen wurden und es zu zeitlichen Engpässen kam. Laut den Studienergebnissen von Koch-Priewe (2013) kann es zu Spannungen zwischen der Reflexionsleistung und einer formalen Leistungsbewertung kommen, dies beobachteten auch Artmann und Herzmann(2016) durch sozial erwünschte Aussagen.

Bisherige Studien konnten kein rechtssicheres Verfahren zur Bewertung von Reflexionskompetenz vorlegen, ebenso keine validen Instrumente, um die relevanten und komplexen Kompetenzen abzubilden. Aktuelle Modelle (Eysel 2006, Leonhard 2008, Heinzel & Brencher 2008) eigen sich nach Leonhard (2013, S. 186) eher „für informelle Rückmeldungen (...), weil sie nur eine grobe Orientierung bieten". Dieses Problem steigere sich mit der Offenheit der Portfoliogestaltung. Im Gegensatz zu der Meinung von Leonhard (2013), der auch eine Gefahr von sozialer Erwünschtheit bei Reflexionen in bewerteten Portfolios sieht, stellt die summative Bewertung von Portfolios für Driessen und Kollegen (2005) einen Erfolgsfaktor für Portfolioarbeit dar. Dieser externe Anreiz beantworte die Frage, ob sich der zusätzliche Arbeitsaufwand lohne (ebd., S. 1235). Sie berichten auch von anderen Studien, die zu ähnlichen Ergebnissen gekommen seien, nämlich, dass Studierende die Arbeit an ihrem Portfolio einstellen, sobald andere relevante Prüfungen ihre Aufmerksamkeit verlangen. Dieses Ergebnis korrespondiert mit der Beobachtung von Leonhard (2013), dass der Zeitpunkt eine Auswirkung auf die Qualität der Reflexionen hat. Mit größer werdender Prüfungsbelastung ließ die Qualität der Texte nach. Gerade vor diesem Hintergrund ist es wichtig, ein hochschuldidaktisches Format zu wählen, indem Portfolioarbeit eingebunden ist und die Leistungsbewertung nachvollziehbar kommuniziert wird.

Ein weiteres Problem tauchte bei der Evaluation der Portfolioarbeit in den Praxisstudien der Universität Bielefeld auf (Pineker & Störtländer 2013). Die parallele Struktur von bewerteten und unbewerteten Artefakten in den Portfolios führte zu Unzufriedenheiten bei den Studierenden. Außerdem wird zu bedenken gegeben, ob die Zertifizierung von Reflexionen mit Punkten und Credits angemessen sei.

Passend dazu wiesen mehrere empirische Studien in den Ergebnisdiskussionen darauf hin, dass eine offene Form der Arbeit mit Portfolios ohne Anleitung bzw. Strukturierung nicht das volle Potential der Portfolioarbeit ausschöpfe. Eine strukturierte Anleitung wurde häufig als notwendig angesehen (Orland-Barak 2005). Einen Schritt weiter gingen Kidwai und Kollegen (2010), die annahmen, dass Reflexionen in Portfolios auf zwei Arten angeleitet werden können: unstrukturiert oder strukturiert[16] bzw. mit wenigen Vorgaben oder stark geleitet. Beim unstrukturierten Ansatz mit sehr wenigen Vorgaben war ein Vorteil die Flexibilität des Portfolios und der Lernenden. Diese konnten selbstständiger entscheiden wie und was sie reflektieren bzw. thematisieren. Die Autoren empfahlen diesen Ansatz für fortgeschrittene Lerner*innen mit Erfahrung in den Bereichen *Portfolio* und *Reflexion* und gaben zu bedenken, dass diese Form des Portfolios sich häufig nur zum self-assessment eigne, da wenig Vergleichbarkeit hergestellt werden könne.

In Bezug auf die Portfolio-Struktur empfahlen auch Driessen und Kollegen (2005), dass es ein ausgewogenes Verhältnis zwischen hoch strukturierten Aufgaben und absoluter Freiheit geben sollte. Ähnlich wie Hübner und Kollegen (2007) stehen sie bei der Strukturierung des Portfolios für ein adaptives Vorgehen mit anfänglich höherer Strukturierung (auch um Frustration bzw. Unzufriedenheit wegen fehlender Struktur vorzubeugen). Dazu passt auch die Empfehlung, dass Dozierende eine klare Einführung in die Portfolioarbeit geben sollten und dass eine flexible bzw. *adaptive* Struktur vorzuziehen sei (Ziegelbauer et al. 2013).

16 In strukturierten Ansätzen werden die Lernenden verstärkt mit Fragen und Prompts bei der Reflexion unterstützt.

'*Mehr Unterstützung für die Lernenden*' steht immer wieder als ein zentrales Ergebnis von Evaluationsstudien zum Einsatz von Portfolios im Raum. Neben zahlreichen anderen Autorinnen und Autoren empfehlen Meentzen (2010), Gläser-Zikuda (2010), Artmann und Herzmann (2016), Streblow und Kollegen (2013) sowie Bolle und Denner (2013) verschiedene Unterstützungsangebote im Portfolioprozess für die Lernenden zu etablieren. Bedingt durch ein widersprüchliches hochschuldidaktisches Konzept können bei den Studierenden Unsicherheiten im Arbeitsprozess entstehen. Dies kann sich auch auf die Einstellung zur Portfolioarbeit und auf die Akzeptanz oder Motivation auswirken.

Pineker und Störtländer (2013, S. 210) beobachteten wenig intrinsische Motivation zum Führen des Portfolios, stattdessen war es eine Aufgabe zur Pflichterfüllung. Sie folgerten daraus, dass die Portfolioarbeit und das angelegte Konzept möglicherweise eine Überforderung darstellten. In zwei Studien (Karpa et al. 2013; Klampfer 2013) wurde die Motivation von Studierenden zum ePortfolio explizit untersucht. Bei Karpa und Kollegen (2013) ließ sich eine positive Korrelation zwischen der Medienkompetenz und der Motivation am begleitenden Tutorium teilzunehmen, nachweisen. Deswegen könnte es sich lohnen, gezielte Angebote zu relevanten Stufen im Portfolioprozess zu machen, damit es zu einem individuellen Lerngebleiter werden kann (Geigle et al. 2016).

Darüber hinaus legen mehrere Studien nahe, dass Portfolioanfänger*innen eine Einführung und Begleitung im Prozess benötigen, um effektiv zu arbeiten. Dazu zählten z.B. der Ausbau und die Förderung der Schreibkompetenz (Bolle & Denner 2013; Meentzen 2010), sowie ein qualifiziertes Peer-Feedback geben und ein zeitnahes Feedback zu den Arbeiten einfordern. Zusätzlich plädierten Artmann und Herzmann (2016) für begleitende Entwicklungsgespräche, die für Sicherheit und Transparenz sorgen könnten. Dies wiederum wird von Pineker und Störtländer (2013) als große Herausforderung angesehen, denn eine kontinuierliche Begleitung muss organisiert und über zusätzliche Ressourcen abgedeckt werden (als im normalen Universitätsalltag vorhanden). Wenig überraschend erscheint es auch, dass in einer Studie von Klenowski (2000) die Studierenden zu besseren Ergebnissen in der Portfolioarbeit kamen, wenn die Lehrenden Erfahrung mit der Portfolioarbeit hatten und von dieser Arbeitsweise überzeugt waren. Daraus folgt, dass nicht nur die Studierenden in die Arbeitsform eingeführt werden müssen, sondern auch die Dozierenden (um sie auf die besonderen Anforderungen vorzubereiten).

Dafür sprechen auch Untersuchungen von Streblow und Kollegen (2013), die feststellten, dass die Studierenden durch unklare Anforderungen im Portfolioprozess verunsichert wurden. Sie sahen in der Portfolioarbeit keinen Nutzen und wünschten sich insgesamt mehr Unterstützung. Denn die Lernenden befanden sich bei der Portfolioarbeit in einem Spannungsverhältnis zwischen Sicherheit und Freiheit und damit auch auf der Suche nach Orientierung für die Zielsetzungen und Anforderungen (Geigle et al. 2016). Zum einen wurde empfohlen dieses Spannungsverhältnis auszuhalten, und zum anderen durch eine sinnvolle Begleitung auszuhandeln.

Zu einem ähnlichen Ergebnis kam auch Ziegelbauer (2016) bei dem der erwartete Nutzen auf Seiten der Studierenden stark mit den individuellen Voraussetzungen, Erwartungen an die Portfolioarbeit und den Erfahrungen abhing. Das Kosten-Nutzen-Verhältnis musste ausgewogen sein, damit der erwartete subjektive Nutzen höher ausfiel. Bei Klampfer (2013) zeigte sich ebenfalls eine hohe Motivation und Zufriedenheit mit der Portfolioarbeit, wenn der subjektive Lernerfolg hoch eingeschätzt wurde, ähnlich wie bei Klenowski (2000), in dem die Studierenden motivierter waren und aktiver sowie selbstbestimmter lernten. Dies war auch nicht in den Studien von Koch-Priewe (2013) und Pineker und Störtländer (2013) gegeben, wo der Aufwand von Studierenden als sehr hoch eingeschätzt wurde, die Akzeptanz nicht vorhanden war und stattdessen dem Konzept Skepsis sowie erhebliche Unsicherheiten entgegengebracht wur-

den. Aus zwei weiteren Fragebogenstudien zur Akzeptanz des Portfolios leiteten Ziegelbauer und Kollegen (2013) diverse Gelingensbedingungen für die Portfolioarbeit ab. Diese setzen sich aus einem Erleben von Kompetenz und Autonomie auf Seiten der Lernenden sowie einer positiven Nutzung bzw. Wertezuschreibung für das Portfolio zusammen.
Die Studie von Meentzen (2010) beschäftigte sich mit den Stufen im Portfolioprozess[17] und ging der Vermutung nach, dass diese Stufen unterschiedliche Schwierigkeitsgrade haben. Beispielsweise stellt das Sammeln von passenden Artefakten eine weniger große Herausforderung dar, als eine Reflexionsfrage zu beantworten oder theoretische Bezüge herzustellen.
Diese Ergebnisse verdeutlichen nochmal die Relevanz einer sinnvollen und bewussten Begleitung, aber auch wie wichtig der sichere Umgang mit Medien beim Einsatz von ePortfolios zu sein scheint. In zwei Befragungen der Portfolionutzer*innen wurde auch der Wunsch nach mehr positiven Beispielen geäußert, um Vergleichsmöglichkeiten und Ideen für die gestalterische Umsetzung zu schaffen (Pineker & Störtländer 2013; Brouër 2007).

Resümee
In der aktuellen Forschungslandschaft zur Reflexion und zum Portfolio lässt sich beobachten, dass viele Studien mit kleinen Stichprobenzahlen arbeiten und ihre Ergebnisse auf inhaltsanalytischen bzw. kategorialen Auswertungen beruhen. Dem Fazit von Hofmann und Kollegen (2006, S. 35), es existierten „kaum (quasi-)experimentelle Studien, die die Implikation eines bestimmten Portfoliokonzepts verfolgen und mit standardisieren Instrumenten mehrere Messzeitpunkte vorsehen, um kausal belastbare Hypothesen überprüfen zu können“ existieren, kann sich nach der vorliegen Sichtung der Forschungsbeiträge angeschlossen werden. Es handelt sich überwiegend um Einzelfallstudien (z.B. Portfolio im Rahmen von schulpraktischen Studien, Praxissemestern oder einzelnen Seminaren), die auf einen bestimmten universitären Standort beschränkt sind. Darüber hinaus gibt es auch wenige Vergleiche zwischen den Arbeitsweisen an unterschiedlichen Hochschulen (wie z.B. bei Bräuer & Keller 2013). In einzelnen Fällen werden auch Konzepte evaluiert, die sich auf die ganze Hochschule beziehen (wie z.B. in Heidelberg).
Dabei bleibt es offen, ob es gelingt, den erwünschten Perspektivwechsel von einem „stark lehrerzentrierten Instruktionsverständnis hin zu einer stärkeren Orientierung an den Lernenden“ (Gläser-Zikuda 2009, S. 96) wirklich zu vollziehen. Dafür fehlen u.a. Langzeit-Studien, die tatsächliche Veränderungen im Lernprozess dokumentieren oder belegen könnten und nicht einen schwammigen Qualitätsbegriff verwenden.
Auf der anderen Seite ist diese Forschungslage auch der individuellen Arbeitsweise mit dem Portfolio geschuldet. Die Möglichkeit an Variationen macht es fast unmöglich, Vergleiche bzw. empirische messbare Ergebnisse zwischen Portfolio-Konzepten zu initiieren. Trotz dieser grundlegenden Kritik lassen sich auch in den Einzelfallstudien immer wieder Aspekte finden, die mit anderen Ergebnissen korrespondieren, wie beispielsweise eine Begleitung und Anleitung der ePortfolioarbeit, oder auch klare und transparente Anforderungen sowie Strukturen.

Zusammenfassend überraschen die doch zahlreichen empirischen Ergebnisse mit Portfolioarbeit und dem damit verbundenen Element der Reflexion. Durch die aktuelle Förderlinie „Qualitätsoffensive Lehrerbildung“ des Bundes ist davon auszugehen, dass zu beiden Themenschwerpunkten in den kommenden Jahren zahlreiche weitere Publikationen vorgelegt werden.

17 Zum Beispiel Häcker (2005).

6 Zusammenfassung und Forschungsfragen

Wie in den vorangegangenen Theoriekapitel 2, 3 und 4 dargestellt, kann Reflexivität als ein wichtiger Teil der Professionalität von Lehrkräften angesehen werden. Professionalisierung, als individueller Prozess der kontinuierlichen Verbesserung der eigenen Reflexionsfähigkeit und Handlungskompetenz, ist eine dauerhafte persönliche Entwicklungsaufgabe, die in der ersten Phase der Lehrkräftebildung angebahnt werden soll.
Die Durchsicht verschiedener Definitionen hat gezeigt, dass Reflexion u.a. als Motor von Lernprozessen (Kidwai et al. 2010) bezeichnet wird, der durch bewusstes Abwägen und Durchdenken von komplexen Erfahrungen oder Problemen (Korthagen 1999), aber auch Einstellungen oder Wissen dazu führt, dass neue Verknüpfungen entdeckt und zur Grundlage für weitere, durchdachte Handlungen werden (u.a. Hatton & Smith 1995; Krieg & Kreis 2014). Reflexivität wird im pädagogischen Berufskontext als Kernelement (u.a. Combe & Kolbe, 2008; Krieg & Kreis, 2014) angesehen, wobei besonders in der ersten Phase der Lehrkräftebildung wissenschaftlich fundiertes Theoriewissen aufgebaut und verfügbar gemacht werden soll (u.a. Schüpbach 2007; Frey & Jung 2011). Denn Reflexionen über das eigene Handeln können dabei helfen, handlungsleitende Strukturen und subjektive Theorien (Wahl 2013) aufzuspüren und alternative Handlungswege, auf Basis theoretischen Wissens, zu entwickeln.
Die Sichtung der Literatur hat auch ergeben, dass der Ablauf von Reflexionen häufig als wiederkehrender Zyklus, Kreislauf oder fortlaufende Spirale dargestellt wird und sich auf das eigene Handeln und die Selbstreflexion bezieht. Für diesen Ablauf liegen zahlreiche Modelle verschiedener Autor*innen vor; das wohl bekannteste ist der Reflexionszyklus von Korthagen (2002). Als ein wichtiger Bestandteil von Reflexionskompetenz kann die Nutzung des Reflexionszyklus angesehen werden, denn wie auch die Forschungsergebnisse von Denner und Gesenhues (2013, S. 112) nahelegen, kann es zu „Reflexionskurzschlüssen" kommen, wenn die Reihenfolge der Stationen (*Ereignis, Noticing, Rückblick, Bewusstmachung* und *Planung*) nicht eingehalten wird. Durch die Nennung von stereotypen Vorurteilen, ohne einen Prozess der Bewusstmachung, besteht die Gefahr unprofessionelle Handlungsvorschläge zu unterbreiten und in bekannten Routinen zu verbleiben.
Die Analyse der Modelle zum Ablauf von Reflexion ergaben Stärken, aber auch Schwächen, im Besonderen bei der Darstellung der Arbeitsweise mit Reflexionen im ePortfolio. Aus diesem Grund wurden Anpassungen und Ergänzungen im ALACT-Zyklus von Korthagen (2002) vorgenommen, um daraus ein eigenes Modell zum Reflexionszyklus für die ePortfolioarbeit an der Hochschule abzuleiten (s. in Kapitel 4.3.3).
Zusätzlich werden die einzelnen Arbeitsschritte der Reflexion als Stufen- oder Ebenenmodelle mit unterschiedlichen Schwierigkeitsgraden abgebildet (z.B. Bräuer 2014, Leonhard 2008), was die Erfassung von Reflexionstiefe und Reflexionsbreite ermöglichen soll. Die Analyse der Modelle hat ergeben, dass die Ebenen der reflexiven Praxis bei Bräuer (2014) umfassend und deutlich voneinander getrennt sind. Diese Strukturierung (vier Ebenen mit Beschreiben, Interpretieren, Bewerten und Planen) wird im Folgenden als Reflexionstiefe bezeichnet. Teile dieser Arbeitsschritte finden sich auch im Reflexionszyklusr als Teilaufgabe einzelner Stationen wieder. Beispielsweise erfordert der Prozess der Bewusstmachung sowohl Analysen und Interpretationen als auch eine Bewertung, damit in der nächsten Station begründete Planungsvorschläge unterbreitet werden können.

Die Reflexionsbreite wurde in den berücksichtigten Modellen nicht einheitlich definiert, sodass sich dahinter verschiedene Konzepte verbergen. Für die weitere Arbeit soll von einer inhaltlichen Breite ausgegangen werden, die sich auf den konkreten Inhalt bzw. Reflexionsgegenstand bezieht und in den einzelnen Ebenen der Reflexionstiefe unterscheidet.

Zur *Gestaltung von Reflexionsanlässen* im Studium konnte herausgearbeitet werden, dass sowohl schriftliche als auch mündliche Reflexionen eingesetzt werden, die jeweils alleine oder gemeinsam stattfinden können (Wyss 2019). Dabei ist der Aspekt sozialer Erwünschtheit bei Reflexionen zu bedenken (Leonhard 2013). Auch das grundlegende Problem, dass kein rechtssicheres Verfahren zur Bewertung von Reflexionen zur Verfügung steht, spielt eine wesentliche Rolle.
Die in Kapitel 5 dargestellten Forschungsergebnisse zum Thema Prompts für Reflexionen legen nahe, dass die Aufgabenstellungen auf der einen Seite möglichst konkret (u.a. Hübner 2007, Graham 2008) und gut strukturiert (u.a. Schäfer 2012, Orland-Barak 2005) sein sollten. Auf der anderen Seite benötigen fortgeschrittene Lernende mehr Flexibilität (Kidwai et al. 2010), damit es nicht zu einem „Expertise-Umkehr-Effekt" kommt (Nückles at al. 2009; Kalyuga et al. 2003) und schlussendlich schlechtere Leistungen erzielt werden. Die Empfehlung lautet deswegen, ein adaptives Ausblenden von Prompts vorzusehen, die zu Beginn höher strukturiert sind und den Lernenden im zeitlichen Verlauf mehr Freiheiten geben.

Die Literaturrecherche zum *Portfolio* hat ergeben, dass es zahlreiche Definitionen zu analogen und digitalen Portfolios gibt. Nach deren Analyse in Kapitel 4.1 konnte die folgende Definition für die vorliegende Arbeit abgeleitet werden: *Ein ePortfolio stellt eine digitale, flexible und sich ständige wandelnde, ausgewählte Sammlung von Artefakten dar. Es dokumentiert den Lernprozess des Lernenden und verdeutlicht die vertiefte Auseinandersetzung (Reflexion) mit Lerngegenständen. Lernende können gezielt Öffentlichkeit herstellen, sich so Feedback von Peers und Lehrenden einholen und im Austausch bleiben.*
Zur Systematisierung der ePortfolioarbeit wurden in Kapitel 4.2.2 verschiedene Kategorisierungsmodelle miteinander verglichen, mit dem Ziel, ePortfolios konkreter zu bestimmen. Das Ergebnis waren sechs Kategorisierungsfragen (Ziel, Orientierung, Zweck, Vorgaben, Eigentum und Zugriff), die Besonderheiten der ePortfolioarbeit erfassen und beschreiben (s. Tabelle 6 in Kapitel 4.2.2).
Auch die Betrachtung verschiedener Modelle zu den Phasen der Portfolioarbeit hat gezeigt, dass es große Gemeinsamkeiten gibt, wie Sammeln, Auswählen, Reflektieren und Präsentieren (z.B. Häcker 2005), und die Vermutung naheliegt, dass kein Unterschied zwischen digitalen und analogen Portfolios vorliegt. Jedoch vernachlässigen die bestehenden Modelle zwei wichtige Aspekte der ePortfolioarbeit: die (Peer-)Feedbackschleifen und die notwendige Medienkompetenz zum Umgang mit dem ePortfolio-Management-System (z.B. Weber et al. 2019).
Die Forschungslage zum *ePortfolio* kann insgesamt als *gering* beschrieben werden. Zu paperbased Portfolios liegen diverse Studien vor, teilweise ohne ausreichende empirische Absicherung (u.a. Leonhard 2013; Hofmann et al. 2016) und mit zahlreichen Erprobungen von Praxiskonzepten. Häcker (2006) verzeichnete schon vor mehr als 10 Jahren eine „Theoriearmut", die sich auch bis heute noch nicht aufgelöst hat.
Die Forschung hat gezeigt, dass die Studierenden bei der Arbeit mit Portfolios auf der einen Seite eine klare Struktur benötigen, um Unsicherheit zu vermeiden, und auf der anderen Seite eine flexible, adaptive Struktur bevorzugen,in der sie sich kompetent und autonom erleben

können (Streblow 2013; Ziegelbauer at al. 2013). Daraus ergibt sich ein Spannungsverhältnis zwischen dem Wunsch nach Sicherheit und Freiheit, weshalb es ein ausgewogenes Verhältnis zwischen hoch strukturierten Aufgaben und absoluter Gestaltungsfreiheit geben sollte (Geigle 2016; Driessen et al. 2005). Einerseits stellt die Benotung von Portfolios ein Problem dar, besonders wenn es bewertete und unbewertete Artefakte gibt (Pineker 2013), andererseits gilt die Benotung als einen Erfolgsfaktor für gelungene Portfolioarbeit, der einen externen Anreiz für den zusätzlichen Arbeitsaufwand gibt (Driessen et al. 2005).
Dazu passend sollten die Studierenden in der Portfolioarbeit einen positiven Nutzen erkennen, d.h. es sollte ein ausgewogenes „Kosten-Nutzen-Verhältnis“ vorherrschen, sonst kann vorrangig ein hoher Aufwand, Skepsis und Pflichterfüllung gegenüber der Portfolioarbeit gesehen werden (Koch-Priewe 2013; Ziegelbauer 2016; Pineker 2013). Auch zeigte sich, dass Studierende mit Vorerfahrungen in der Portfolioarbeit bessere Ergebnisse erbrachten (Klenowski 2002). Nicht zuletzt benötigen die Lernenden Unterstützungsangebote für die Portfolioarbeit, die sich dem Prozess anpassen und flexibel sind (Meentzen 2010).

Aus der bisherigen Darstellung und Recherche zur Reflexion und ePortfolioarbeit lässt sich die folgende forschungsleitende Fragestellung ableiten:

> *Welche Form der Strukturierung von ePortfolioarbeit (offen-adaptiv oder geschlossen-angeleitet) verhilft Studierenden zu einer besseren Reflexionskompetenz (Reflexionstiefe, inhaltliche Breite und Reflexionszyklus) in Bezug auf das Thema „Heterogenität im Unterricht“?*

Unter der Zielstellung zu erproben, wie viel Strukturierung ePortfolioarbeit benötigt, damit Studierende bessere Ergebnisse in der Reflexionskompetenz zeigen, wurden zwei Bearbeitungsweisen entwickelt, die den Empfehlungen der bisherigen Forschungslage entsprechen und entweder offen-adaptiv oder geschlossen-angeleitet vorgehen. In dieser Arbeit ist die Reflexionskompetenz als Nutzung des Reflexionszyklus, Erreichung von Reflexionstiefe und inhaltliche Breite definiert. Ausgehend von diesen Überlegungen ergeben sich die folgenden drei konkreten Forschungsfragen:

1. Welche Unterschiede zeigen sich bei der Reflexionstiefe und inhaltlichen Breite in den Bearbeitungen der Fallvignette, unter Berücksichtigung der beiden Strukturierungen in der ePortfolioarbeit und wie lassen sich diese Unterschiede systematisieren?
2. Wie unterscheidet sich die Nutzung des Reflexionszyklus, unter Berücksichtigung der beiden Strukturierungen, in ausgewählten Abschlussreflexionen des ePortfolios?
3. Wie unterscheiden sich ausgewählte Studierende in ihrer Beurteilung der jeweiligen Strukturierung der ePortfolioarbeit über die Zeit (in der Zwischenerhebung und in der Abschlussreflexion)?

Für die empirische Untersuchung der Strukturierung der ePortfolioarbeit und deren Auswirkungen auf die Reflexionskompetenz lassen sich – ausgehend von der bisherigen Forschungslage – die folgenden drei Annahmen ableiten:

- Bereits vorliegende Befunde lassen erwarten, dass die offen-adaptive Gruppe bessere Ergebnisse in der Reflexionskompetenz (Reflexionstiefe, inhaltliche Breite und Reflexionszyklus) zeigten, da es durch die stetige Verringerung der Vorgaben zu keinem „Expertise-Umkehr-Effekt“ (Nückles at al. 2009; Kalyuga et al. 2003) kommen sollte.
- Die Ergebnisse aus diversen empirischen Studien zu Portfolio und Prompts legen die Annahme nahe, dass Lernende der offen-adaptiven Gruppe besser ihren individuellen Interessen nachgehen können und dies positiv in den Abschlussreflexionen verarbeiten.

- Wie die Forschungslage zeigt, ist anzunehmen, dass Studierende der offen-adaptiven Gruppe zu Beginn klare Vorgaben zum Aufbau von Reflexionseinträgen im ePortfolio benötigen, um das Bedürfnis nach Sicherheit zu befriedigen. Diese Vorgaben können im Sinne der Adaptivität reduziert werden, wobei weiterhin Dozierenden- und Peer-Feedback notwendig ist.

Im Folgenden werden die forschungsleitenden Fragestellungen eingehend bearbeitet und durch die Analyse von Reflexionstexten beantwortet. Wie für eine empirische Untersuchung üblich, wird zunächst in Kapitel 7 das methodische Vorgehen erläutert.

7 Methodisches Vorgehen

Um die oben beschriebenen Forschungsfragen und Annahmen zu bearbeiten, wurde auf die qualitative Sozialforschung zurückgegriffen und die vorliegende Arbeit als qualitative Studie angelegt. In der qualitativen Forschung stehen zu Beginn keine ausformulierten Hypothesen, sondern Fragestellungen und Annahmen (Gläser-Zikuda 2011). Außerdem wird mit kleinen Fallzahlen gearbeitet, die eine tiefgehende Betrachtung der Fragestellungen auf Einzelfallebene ermöglichen.
Um die abgeleiteten Fragestellungen nach der Reflexionskompetenz im Zusammenhang mit ePortfolioarbeit zu beantworten, enthält die vorliegende empirische Arbeit Primäranalysen von Daten, die explizit zur Beantwortung der Forschungsfragen gewonnen wurden und Schlussfolgerungen für den Umgang mit ePortfolios an der Hochschule ermöglichen sollen.
Ein Teil der Erhebungsinstrumente wurde im Sinne einer Prä-Post-Messung mit zwei Messwiederholungen durchgeführt, um die eventuelle Auswirkung der Intervention zu prüfen. Im Folgenden werden das Forschungsdesign, die Erhebungsinstrumente sowie die Stichprobe vorgestellt (Kapitel 7.2) und im Anschluss das Vorgehen bei der Datenanalyse (Kapitel 7.3) erläutert. Die Vorüberlegungen zur Konzeption der Studie sowie die Ergebnisse zur Pilotierung des Instruments *Fallvignette* werden zum Einstieg in das Methodenkapitel aufgegriffen (Kapitel 7.1).

7.1 Vorüberlegungen und Pilotierung der Fallvignette

Um die leitende Fragestellung zur Entwicklung der Reflexionskompetenz von Grundschullehramtsstudierenden bei der ePortfolioarbeit zu beantworten, wurde im ersten Schritt ein Seminarkonzept mit ePortfolio im Studienmodul Allgemeine Grundschuldidaktik (AGD) entwickelt und erprobt (Seminartitel: *Umgang mit Heterogenität und Differenz*). Innerhalb dieser Lehrveranstaltung sollte ein Teil der Studierenden, gemäß den bisherigen empirischen Forschungsergebnissen (z.B. Orland-Barak 2005), offen-adaptiv arbeiten und der andere Teil geschlossen-angeleitet. Die beiden entwickelten Arbeitsweisen des ePortfolios wurden parallel im Seminar durchgeführt, wobei jeweils in der ersten Sitzung eine zufällige Einteilung in die Gruppen erfolgte.
Um die Entwicklung der Reflexionskompetenz (abgeleitet als Reflexionstiefe, inhaltlicher Breite und Reflexionszyklus) zu erfassen, mussten passende Instrumente entwickelt werden. Wie im Kapitel 3.4 dargelegt, eigenen sich Fallvignetten, in Verbindung mit Prompts, um Reflexionsanlässe mit schulischem Bezug zu gestalten. Aus diesem Grund wurde eine *Fallvignette* zum Thema Heterogenität in der Grundschule entwickelt, pilotiert und eingesetzt. Diese Fallvignette wurde vor und nach der Lehrveranstaltung von den Studierenden als paper-pencil-Testung bearbeitet und erfasst die Reflexionstiefe und inhaltliche Breite (Fragestellung 1). Die Nutzung des Reflexionszyklus lässt sich in den Abschlussreflexionen der ePortfolios abbilden (Fragestellung 2). Ein Fragebogen zur Beurteilung der Arbeitsweise mit dem ePortfolio ergänzt die Instrumente dieser Studie (Fragestellung 3).
Die Fallvignette wurde vor der Hauptuntersuchung pilotiert und das Kategoriensystem zur Auswertung entwickelt und überprüft. Die relevanten Ergebnisse dazu werden nachfolgend daraus vorgestellt.

Die Pilotierung der Fallvignette zum Umgang mit Heterogenität hatte drei Ziele: die Ebenen der Reflexion zu bestätigen, die inhaltliche Komplexität zu überprüfen und mögliche Aspekte der inhaltlichen Breite zu generieren. Diese Ziele sind in den folgenden Fragestellungen abgebildet:

1. Wie unterscheiden sich die Bearbeitungen der Lang- und Kurzversionen der Vignette in Bezug auf die Ebenen der Reflexionstiefe?
2. Welche inhaltlichen Aspekte zum Thema Heterogenität werden in den Bearbeitungen genannt (inhaltliche Breite)?
3. Ist der zusätzliche inhaltliche Aspekt *Inklusion* der Langversion für die Studierenden angemessen?

Zur Beantwortung der Fragestellungen wurde eine Lang- und eine Kurzversion der Vignette erstellt und im SoSe 2016 von 22 Studierenden (13 Lang, 9 Kurz) am Ende eines ePortfolio-Seminares als paper-pencil-Test ohne Zeitlimit erprobt. Für die erste Frage wurde das Kategoriensystem zu den Ebenen der Reflexionstiefe aus einer Vorstudie (Wehner & Weber 2017) angelegt. Zur Messung der inhaltlichen Breite (zweite Frage) wurden die einzelnen inhaltlichen Aspekte der Vignette aufgeschlüsselt und deduktiv als Kategorien angenommen. Diese wurden induktiv im Kodierprozess ergänzt, wenn neue Aspekte in den Bearbeitungen genannt wurden. Die dritte Fragestellung zum Aspekt *Inklusion* wurde mit Hilfe der Kategorien zu den inhaltlichen Aspekten beantwortet.
Die Langversion der Vignette lautete:

> „Während Ihres Praktikums beobachten Sie den Unterricht in einer 3. Klasse. Ihnen fällt auf, dass es auch während Arbeitsphasen unruhig ist, sich einige Kinder über die Lautstärke beschweren, andere es nicht zu stören scheint.
> Im späteren Gespräch mit der Lehrerin erfahren Sie, dass die Leistungsunterschiede in der Klasse sehr groß sind: Einige Schülerinnen können schon Aufgaben auf dem Niveau der nächsten Jahrgangsstufe bearbeiten und mehrere Schüler, zum Teil mit weniger guten Deutschkenntnissen, arbeiten auf dem Niveau der letzten Jahrgangstufe. Die Planung des Unterrichts werde so immer schwieriger.
> Als besonders herausfordernd beschreibt sie allerdings die Zusammenarbeit mit der Förderschullehrkraft, die für die beiden Inklusionskinder mit 10 h pro Woche zusätzlich in der Klasse ist.
> Darüber hinaus stellten Eltern und Schulleitung so hohe Ansprüche, dass sie oft nicht wisse, wie sie jedem Kind gerecht werden kann."

Die Kurzversion enthielt nicht den Satz: „Als besonders herausfordernd beschreibt sie allerdings die Zusammenarbeit mit der Förderschullehrkraft, die für die beiden Inklusionskinder mit 10 h pro Woche zusätzlich in der Klasse."
Beide Versionen hatten die folgenden Prompts:

> Beschreiben Sie kurz in eigenen Worten die Situation.
> Was sind mögliche Gründe für diese Situation?
> Bewerten Sie die Situation unter Bezug auf Ihnen bekannte Theorien.
> Zeigen Sie Handlungsalternativen auf.

In der Vorstudie (Wehner & Weber 2017) konnte gezeigt werden, dass die alternativen Prompts „Reflektieren Sie die Situation." bzw. „Analysieren Sie die Situation." zu weniger differenzierten Bearbeitungen führten als die vier-stufige Arbeitsanweisung. In den Bearbeitungen mit den mehrstufigen Prompts konnten zudem die Ebenen der Reflexion nach Bräuer (2014) nachgewiesen werden. Aus diesem Grund wurde auch die Fallvignette „Heterogenität" mit der mehrstufigen Arbeitsanweisung versehen.

Den Studierenden wurde zufällig eine Version zur schriftlichen Bearbeitung zugeteilt. Diese Bearbeitungen wurden dann elektronisch erfasst und computergestützt mit MAXQDA 12 (VERBI Software 2015) ausgewertet. Erst wurden die Bearbeitungen mit den Ebenen der Reflexionstiefe kodiert[18] und im zweiten Schritt die inhaltlichen Breite. Kodiert wurden inhaltlich sinnvolle Abschnitte, wobei Doppelkodierungen nur in Bezug auf die Reflexionstiefe und Reflexionsbreite zulässig waren. Durch eine kommunikative Validierung wurden alle Bearbeitungen erst von zwei unabhängigen Ratern kodiert, dann gemeinsam besprochen und bei Bedarf revidiert.

Ergebnisse der Pilotierung: Fragestellung 1 – Reflexionstiefe

Die erste Fragestellung der Pilotierung kann wie folgt beantwortet werden:
Die Ebenen der Reflexionstiefe (*Beschreiben, Analysieren, Bewerten und Planen*) lassen sich in den 22 Bearbeitungen abbilden (Tabelle 25 im Anhang 1). Über beide Versionen hinweg wurde nur die Ebene 4 „Planen" von allen Studierenden bearbeitet, was sich auch schon in der Vorstudie zeigte (Wehner & Weber 2017). Am häufigsten wurde die Ebene 1 „Beschreiben" nicht bearbeitet (in 15 Fällen, was 68% entspricht). Häufig enthielten beschreibende Textpassagen bereits Analysen oder Bewertungen.
Aus diesen Ergebnissen lässt sich schlussfolgern, dass es den Studierenden auf der einen Seite leicht fällt einen Handlungsvorschlag für die beschriebene Situation zu unterbreiten (ohne damit eine Aussage über die Qualität des alternativen Planungsvorschlags zu machen). Auf der anderen Seite gelingen neutrale Beschreibungen nur knapp einem Drittel der Studierenden, deutlich häufiger wurde schon interpretiert oder bewertet.

Ergebnisse der Pilotierung: Fragestellung 2 – inhaltliche Breite

Die Auswertungen zur zweiten Fragestellung der Pilotierung lieferten Ergebnisse zur Breite der Reflexion, in Bezug auf die vier Ebenen der Reflexionstiefe.
Auf der Ebene 1 „Beschreiben" wurden in der Kurzversion (n = 9) der Vignette 23 Aspekte (2,5 pro Fall) der inhaltlichen Breite genannt, in der Langversion (n = 13) waren es 50 Aspekte (3,8 pro Fall). In beiden Versionen wurde der Aspekt der kognitiven Leistungsfähigkeit am häufigsten aufgegriffen (jeweils 7-mal). In der Kurzversion folgten Eltern (4) und Schulleitung (3), in der Langversion die Thematik Inklusion (14), Professionalität der Lehrerin (6) und Unterrichtsplanung (5). Das Thema Gender wird nur in der Langversion erkannt, der soziale Status wird nicht benannt (s. Tabelle 26 im Anhang 1).
Die Auswertungen zur inhaltlichen Breite für die Ebene 1 „Beschreiben" ergab, dass die im Vorfeld angenommenen Themenbereiche (z.B. Inklusion, professionelles Handeln usw.) sowohl in der Kurz- als auch in der Langversion, von den Studierenden überwiegend erfasst wurden. Über beide Versionen hinweg dominiert die kognitive Leistungsfähigkeit der Schüler*innen, was nicht überrascht, da Leistung in der Schule eine zentrale Rolle spielt und direkte Auswirkungen auf die Unterrichtsplanung und Anforderungen an den Lehrberuf bzw. die Professionalität der Lehrperson hat.

Auf der Ebene 2 „Analysieren" wurden die Kategorien aus dem Material heraus entwickelt, diese finden sich zusammengefasst in Abbildung 27 im Anhang 1. Viele Studierende mit der Kurzversion analysierten die beschriebene Situation, als ein (leistungs-) heterogenes Setting (z.B. HRR31G_I; GTL08N_I: „Es besteht eine große Heterogenität in der Klasse."), was u.a.

18 Anhang 6: Codier-Regeln zur Reflexionstiefe in der Fallvignette.

auf unterschiedliches Vorwissen und Interessen (WJN07C_I) der Kinder zurückgeführt wurde. Diese Situation führe zur Verunsicherung aller Beteiligten (Kinder, Lehrerin und Eltern) (z.B. S2N62B_I), und auch zu einer Überforderung der Lehrerin (HRR31G_I: „Die Lehrerin scheint mit dem heterogenen Leistungsniveau der Klasse überfordert zu sein“). Da sich aus den Leistungsunterschieden unterschiedliche Bedürfnisse im Unterricht ergeben und diese nicht ausreichend berücksichtigt wurden (PSE26A_I), wird der Unterricht als unstrukturiert und mit nicht angemessenen Methoden und differenzierten Aufgaben bzw. Sozialformen angesehen, was auch als Grund für die Unruhe in der Klasse ausgemacht wird (JNN28E_I, WJN07C_I: „Wahrscheinlich sind die Aufgaben den SuS nicht gerecht“).
Da in der Langversion zu jeder Bearbeitung eine Antwort in der Ebene 2 vorhanden ist, wurden auch mehr inhaltliche Aspekte genannt. Auch hier wurde das Setting der Fallvignette als heterogen analysiert, was als Herausforderung interpretiert wurde (GDS20U_II) und als allgemeine Schwierigkeit (MTR25D_II: „In der Situation geht es um die Schwierigkeiten der breitgefächerten Heterogenität im Klassenzimmer.“), aber auch als ein Grund für eine Überforderung der Lehrerin (HLN18W_II). Gleichzeitig wurde der Lehrerin fehlende Kompetenz bzw. Professionalität in der Situation zugeschrieben (RRR25W_II: „die Lehrerin nicht weiß, wie sie damit umgehen soll.“). In einigen Bearbeitungen wird auch explizit die Unterrichtsplanung als Ursache herangezogen. Diese verursache Schwierigkeiten (BDO24H_II; MTR25D_II) und sei nicht passend für die vorherrschenden Leistungsunterschiede (z.B. WRL26M_II).
Die Zuschreibung als *heterogene* Situation und die Unruhe wurde sowohl den Aspekten Leistungsunterschiede als auch dem inklusiven Setting zugeteilt (MNN14L_II, WRL26M_II, SNI11A_II). Das inklusive Setting wurde auch als ein grundlegendes Problem dieser Situation angesehen (WRL26M_II; MNN14L_II; MTR25D_II), neben den unterschiedlichen bzw. individuellen Bedürfnissen der Kinder, die nicht ausreichend Berücksichtigung finden (TSB05D_II). In zwei Bearbeitungen wird die fehlende Unterstützung und Hilfe durch unterschiedliche Personengruppen (Eltern, Schule, Förderschullehrkraft) als Ursache für die Situation gesehen (BDN110_II; RRR25W_II: „Zudem bekommt sie keine ausreichende Unterstützung, auch nicht für die beiden Inklusionskinder.“).
Die Auswertungen zur inhaltlichen Breite für die Ebene 2 „Analysieren“ ergab, dass sich die Antworten zur Kurz- und Langversion in einigen Begründungen decken, wie z.B. es handele sich um eine (leistungs-) heterogene Lerngruppe mit nicht angemessener Unterrichtsplanung. Die Bearbeitungen in der Kurzversion gingen dabei stärker auf die Missachtung der Anforderungen in der heterogenen Gruppe durch die Lehrperson ein und stellen eine Überforderung auf Grund anderer Akteure, wie Eltern und Schulleitung fest.
In der Langversion wurde der inhaltliche Aspekt der Inklusion aufgegriffen, hier besonders die Zusammenarbeit mit der Förderschullehrkraft und der besondere Förderbedarf der betroffenen Inklusionskinder. In dieser Version wurde auch stärker die Professionalität und Kompetenz der Lehrperson als Grund aufgeführt. Die Zusammenarbeit und Kooperation mit anderen Akteuren wurde hingegen nicht als Grund der Überforderung gesehen, sondern auch als allgemeine Anforderung in einem heterogenen Setting.

Auf der Ebene 3 „Bewerten“ sollten begründete Urteile über die beschriebene Situation in der Fallvignette gefällt werden. Wie in der vorherigen Ebene leiten sich die Kategorien aus dem Material ab. In beiden Versionen lagen in jeweils zwei Segmenten Anknüpfungspunkte an wissenschaftliche Theorien vor. In der Kurzversion der Fallvignette haben alle neun Fälle Bewertungen abgegeben, in der Langversion neun der 13 Studierenden (s. Abbildung 28 im Anhang 1).

In der Kurzversion wurden ohne weitere Begründung Urteile gefällt, wonach die Lehrerin überfordert sei (S2N62B_I) und keinen angemessenen Unterricht durchführe (z.B. SNN21T_I, UEI14B_I). In einigen Bearbeitungen wurden die Urteile zum Unterricht noch konkretisiert: Aufgaben für die Schüler*innen seien nicht ausreichend differenziert (GTL08N_I, GDT08B_I, PSE26A_I). Die direkte Zuschreibung, dass die Lehrerin wegen der Heterogenität überfordert sei, wird nur in einem Fall getätigt (S2N62B_I). Deutlich häufiger wurde geurteilt, dass Unterrichtsplanung und Differenzierung nicht den Bedürfnissen der Kinder in der heterogenen Lerngruppe entspreche (GDT08B_I, PSE26A_I, SNN21T_I, GTL08N_I). Darüber hinaus wurden Verallgemeinerungen bzw. Relativierungen zu heterogenen Lerngruppen angeführt, wie beispielsweise die Normalität von Unterschieden in Schule und Gesellschaft (UEI14B_I, JNN28E_I, HRR31G_I), sowie die Aufgabe einer Lehrperson diese unterschiedlichen Bedürfnisse zu berücksichtigen (z.B. durch Differenzierung) (PSE26A_I). In einem letzten Teilbereich wurden Urteile bzw. Bewertungen angeführt, die einzelne inhaltliche Aspekte der Vignette ansprechen: z.B. ein vermuteter Zusammenhang zwischen der Unruhe und unpassenden Sozialformen (WJN07C_I), ein Zusammenhang zwischen Heterogenität, Sozialverhalten und Leistung (SNN21T_I) sowie Kompetenzbereiche (Standards) die Leistungsunterscheide erst deutlich machen (UEI14B_I).
Anders als bei der Kurzversion, wo einzelne Urteile identifiziert werden konnten, gab es bei der Langversion eine Argumentationskette. Diese enthält drei Teile und beginnt mit dem Urteil, dass die Lehrerin in der vorliegenden Vignette als nicht professionell bzw. kompetent genug im Umgang mit Heterogenität (z.B. fehlendes Wissen) sei. Dies äußert sich für die Studierenden in Überforderung (BDO24H_II). Folglich berücksichtige die Lehrerin in der Situation die individuellen Bedürfnisse in der Heterogenität/Inklusion nicht ausreichend (BDN110_II; FNI23D_II), z.B. durch Differenzierung (PRS28W_II), Unterrichtsplanung oder Teamarbeit. Dieses Urteil wurde am häufigsten gefällt. In einigen Aussagen wurde die beschriebene Situation verallgemeinert und Bezüge zur schwierigen Unterrichtsplanung in heterogenen Lerngruppen gezogen (MTR25D_II), aber auch auf die unzureichende Ausbildung von Grundschullehrkräften hingewiesen (PRM05F_II).
Die Auswertungen zur inhaltlichen Breite für die Ebene 3 „Bewerten“ hat ergeben, dass zwei große thematische Bereiche identifiziert werden konnten: die Professionalität und Kompetenz der Lehrerin (überfordert) sowie Verallgemeinerungen zu Heterogenität und Unterricht in heterogenen Gruppen. Schlussendlich wurden noch sonstige Urteile über die Zusammenhänge einzelner Aspekte gefällt, wie z.B. ein Zusammenhang zwischen der Lautstärke in der Klasse und ihrer heterogenen Schülerschaft (s. Abbildung 28 im Anhang 1). Die Analyse der Aussagen in dieser Ebene hat auch gezeigt, dass es keine strukturellen Unterschiede zwischen den Bearbeitungen der Lang- und Kurzversion gibt. Trotz der zusätzlichen Information zur Inklusion werden ähnliche Urteile gefällt.

Auf der Ebene 4 „Planen“ sollten Planungs- und Handlungsvorschläge unterbreitet werden. Sie wurde von allen 22 Studierenden bearbeitet und unterscheidet sich in Planungsvorschläge mit Rückbezug zur bisherigen Reflexion und ohne Anbindung. Das hier verwendete Kategoriensystem wurde deduktiv hergeleitet (s. Tabelle 27 im Anhang 1).
In der Kurzversion lagen zehn codierte Elemente vor. Fast alle Vorschläge bezogen sich auf Unterrichtsmethoden und -konzepte. Dabei wurde besonders häufig das Kooperative Lernen aufgegriffen, aber auch andere Ideen, wie Portfolioarbeit, Differenzierung und Diagnose & Förderung (z.B. PSE26A_I, S2N62B_I). Einzelne Handlungsvorschläge bezogen sich auch auf

die Kooperation mit Eltern und Schulleitung (HRR31G_I, UEI14B_I), sowie die Arbeit am Lernklima (WJN07C_I).
In der Langversion konnten 15 Elemente codiert werden. Ähnlich wie in der anderen Version, wurden hauptsächlich Vorschläge zu Unterrichtsmethoden (Öffnung von Unterricht, Gruppenarbeit bzw. Kooperatives Lernen und der Portfolioarbeit) unterbreitet (GDS20U_II, HLN18W_II, PRM05F_II, TSB05D_II). Diese hatten u.a. zum Ziel, die analysierte Heterogenität in den Unterricht einzubeziehen (z.B. TSB05D_II). Eine Entlastung der Lehrerin wurde in Förderkursen für DAZ gesehen (PRM05F_II) sowie in der Kooperation mit Kollegen (PRS28W_II) und Eltern (TSB05D_II). Außerdem wurde vorgeschlagen, dass die Lehrerin sich über eine Fortbildung weiterqualifizieren und die Eigenständigkeit bzw. Sozialkompetenz der Kinder fördern solle. Das inklusive Setting wurde nur in einer Bearbeitung (durch Nennung der Förderschullehrkraft) aufgegriffen (BDO24H_II).
Die Auswertungen zur inhaltlichen Breite für die Ebene 4 „Planen" hat ergeben, dass es keine strukturellen Unterschiede in den Antworten der beiden Versionen gab. Der Fokus der Handlungsvorschläge liegt auf veränderten Unterrichtsmethoden und -konzepten, häufig mit dem Ziel, die Lehrerin zu entlasten und dafür die Heterogenität in der Lerngruppe produktiver zu nutzen, beispielsweise durch Helfersysteme. Einen weiteren großen Bereich eröffneten die Kategorien „Diagnose & Förderung", „Individualisierung" und „Differenzierung", mit jeweils acht, zehn und 12 Nennungen. Diese Kategorien wurden nicht nur codiert, wenn die Begriffe explizit genannt wurden, sondern auch implizit umschrieben, z.B. „Die Lehrkraft könnte hier unterschiedliche Aufgaben stellen mit unterschiedlichen Niveaus." (JNN28E_I).
Interessant ergibt sich auch, dass in beiden Versionen die zusätzlichen Akteure (Eltern, Schulleitung und Förderschullehrkraft) kaum Beachtung finden. Die Perspektive von Eltern und Schulleitungen wurde allerdings in der Seminarveranstaltung kaum angesprochen, die Rolle von Förderschullehrkräften hingegen ausführlich.

Ergebnisse der Pilotierung: Fragestellung 3 – zusätzlicher Inhalt Inklusion

Die dritte Fragestellung der Pilotierung sollte überprüfen, ob die zusätzliche Thematik der Inklusion dazu führte, dass die anderen inhaltlichen Aspekte nicht mehr beachtet werden und eventuell eine Überforderung der Studierenden darstellt.
Der Themenbereich Inklusion umfasste in der Fallvignette drei inhaltliche Aspekte:

B.1 das inklusive Setting mit „Inklusionskindern",
B.2 Doppelsteckung der Lehrkräfte mit zehn Stunden,
B.3 die Kooperation bzw. Zusammenarbeit mit der Förderschullehrkraft (z.B. zur Unterrichtsplanung).

Bei der Auswertung der Langversion hinsichtlich dieser drei inhaltlichen Aspekte hat sich ergeben, dass in zehn von 13 Bearbeitungen in der Ebene 1 „Beschreiben" mindestes einer der drei Aspekte erkannt wurde. Insgesamt wurden dazu 18 Segmente kodiert. Wie der Tabelle 26 im Anhang 1 entnommen werden kann, wurden über alle Bearbeitungen 50 Codes vergeben (3,8 Codes pro Fall). In der Langversion bezogen sich davon 18 Aspekte auf Inklusion, diese herausgerechnet ergeben sich auch für diese Gruppe 2,4 Nennungen pro Fall[19]. Folglich kann für die Ebene 1 „Beschreiben" angenommen werden, dass der Themenbereich zur Inklusion zusätzlich und nicht zu Lasten der anderen inhaltlichen Aspekte erfasst wurde.
In der Ebene 2 „Analysieren" wurde das inklusive Setting als einer der wichtigsten Gründe für die Situation in der Fallvignette angesehen. Es lassen sich zwei konkrete Gründe unterscheiden:

19 In der Kurzversion waren es 2,5 Codes pro Fall.

zum einen das Teamteaching mit der Förderschullehrkraft (H.1), was die Kommunikation, Kooperation sowie Zusammenarbeit umfassten und damit den Codes B.2 und B.3 in der Ebene 1 entspricht. Zum anderen der Grund, dass überhaupt „Inklusionskinder" anwesend sind (H.1), was dem Code B.1 entspricht.
Interessanterweise wurde auf der Ebene 3 „Bewerten" das inklusive Setting kaum noch aufgegriffen und in die Urteile miteinbezogen. Aus diesem Grund wurden alle Aussagen zur Inklusion in einem Code zusammengefasst (U.5 Urteile in Bezug auf Besonderheiten im inklusiven Setting).
Für die Ebene 4 „Planen" gab es in der Langversion kaum Handlungsvorschläge, die sich konkret auf Inklusion beziehen (mit Ausnahme R.3 Zusammenarbeit mit der Förderschullehrkraft). Die Vorschläge zum Förderunterricht (P.7) bezogen sich hautsächlich auf die Sprachfähigkeiten der Schüler. Ähnlich wie in Ebene 3 scheinen die Handlungsvorschläge für heterogene und inklusive Lerngruppen identisch zu sein.

Schlussfolgerungen aus der Pilotierung

Für die Hauptstudie konnten aus der Pilotierung einige relevante Erkenntnisse gewonnen werden. Die Reflexionstexte zur Langversion waren in Bezug auf alle drei Forschungsfragen in Reflexionstiefe und inhaltlicher Breite nicht schlechter, als die Kurzversionen und daraus kann die Langversion in der Hauptstudie zum Einsatz kommen.
Insgesamt haben die entwickelte Fallvignette und Prompts die Studierenden zur Reflexion über die beschriebene Situation angeregt. Die enge Aufgabenführung ermöglichte es, die vier Ebenen der Reflexionstiefe in den Texten zu codieren, wobei das Unterbreiten von Handlungsvorschlägen allen gelang, die neutrale Beschreibung aber eine Herausforderung darstellte. Damit gelang es vielen Studierenden nicht, einen relevanten Moment zu benennen, an dem die Reflexion ansetzt. Für die Arbeit in der Hauptstudie bedeutet dieses Ergebnis, dass auch in Ebene 2 „Analysieren" die Aspekte der inhaltlichen Breite zur Beschreibung kodiert werden müssen, da sonst wichtige Aspekte verloren gehen.
In Bezug auf die inhaltliche Breite konnte für die Ebene 1 „Beschreiben" das im Vorfeld aufgestellte Kategoriensystem genutzt werden und wird auch als Grundlage für die Hauptuntersuchung eingesetzt. Die Kategorien sind jedoch nicht unveränderlich und können auch noch ergänzt werden, wenn die Studierenden weitere thematische Aspekte aufnehmen. Für die Ebene 2 „Analysieren" konnte aus den Kategorisierungen zehn Gründe extrahiert werden, die in der Hauptstudie die Grundlage für das Kategoriensystem bilden (s. Abbildung 27 im Anhang 1). Auch in der dritten Ebene „Bewerten" gelang es, Kategorien, basierend auf den Urteilen der Studierenden, zu erstellen (s. Abbildung 28 im Anhang 1). Außerdem hat sich bei der Unterscheidung in drei Stufen[20] gezeigt, dass die höchste angenommene Stufe nicht erreicht wurde. Zusätzlich lassen sich keine argumentativen Unterschiede in diesen Stufen finden. In der Hauptuntersuchung wird deswegen die Ebene 3 „Bewerten" nur noch auf zwei Stufen (Urteil *mit* oder *ohne* wissenschaftliche Bezüge) unterschieden.
In der letzten Ebene „Planen" konnte das vorher entwickelte Kategoriensystem genutzt werden. Es zeigte sich eine Häufung bei den Kategorien Kooperatives Lernen und Portfolioarbeit, ein Grund dafür könnte der Aufbau der Seminarveranstaltung sein. Kurz vor dem Einsatz des Ins-

---

20 (1) Die Grundlage des Urteils bildet die eigene Meinung, Erfahrungen oder subjektive Theorien; (2) die Grundlage des Urteils bilden Anknüpfungspunkte zur Theorie oder Fachwissen und (3) die Grundlage des Urteils bildet Fachwissen.

truments wurden beide Themen intensiv in zwei Seminarsitzungen thematisiert und zusätzlich standen zwei ePortfolioaufgaben zur Verfügung.
Betrachtet man nur den inhaltlichen Aspekt Inklusion in den Bearbeitungen fällt auf, dass die Bedeutung dieses Aspekts über die vier Ebenen der Tiefe abnimmt und sowohl in den Bewertungen, als auch in den Planungen kaum eine Relevanz hat. Die Bearbeitungen erweckten dabei den Eindruck, dass Heterogenität und Inklusion gleichbedeutend sind und deswegen weniger Aussagen zu diesem Themenbereich gemacht wurden. Es lässt die Annahme zu, dass für die Studierenden Inklusion ein Teil der Heterogenität in der Lerngruppe ist, neben anderen Heterogenitätsdimensionen.

7.2 Forschungsdesign

Zur Beantwortung der Forschungsfrage nach der Entwicklung der Reflexionskompetenz (Reflexionstiefe, inhaltliche Breite und Reflexionszyklus) bei Studierenden des Grundschullehramts durch ePortfolioarbeit mussten Instrumente für ein Prä-Post-Design entwickelt werden. Im Folgenden werden der zeitliche und inhaltliche Ablauf sowie die Erhebungsinstrumente vorgestellt, gefolgt von der Beschreibung der Stichprobe.

7.2.1 Zeitliche und inhaltliche Planung

Wie der Abbildung 16 entnommen werden kann, gliederte sich die zeitliche Planung in drei Phasen (Pilotierung von Seminarkonzept und Instrument *Fallvignette*, Erhebungsphase mit zwei Kohorten und Auswertungsphase). Alle Lehrveranstaltungen trugen den Titel „Umgang mit Heterogenität und Differenz“ und waren Teil des Lehrangebots für Studierende des Grundschullehramts. Die Einteilung in die beiden Arbeitsgruppen offen-adaptiv (Gruppe O) und geschlossen-angeleitet (Gruppe S) erfolgte in der ersten Seminarsitzung per Los.

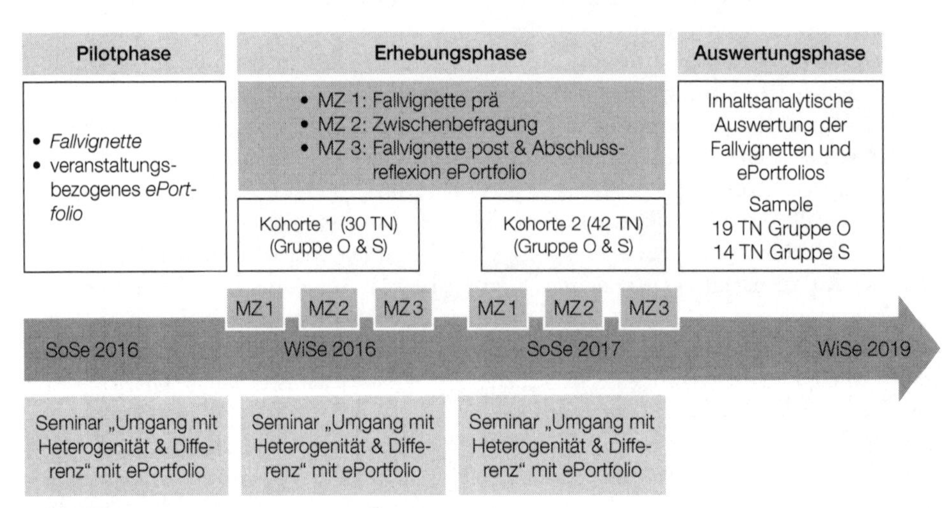

Abb. 16: Zeitplan

Die Hauptuntersuchung begann mit der ersten Kohorte im Wintersemester (WiSe) 2016, im Sommersemester (SoSe) 2017 folgte die Erhebung der zweiten Kohorte. Der erste Messzeitpunkt (MZ) für die Hauptuntersuchung lag jeweils in der ersten Seminarsitzung, der zweite

MZ war im WiSe 2016 nach den Weihnachtsferien und im SoSe 2017 nach der Hälfte der Lehrveranstaltung. Der letzte MZ war jeweils die vorletzte und letzte Seminarsitzung. Für die Abgabe des ePortfolios wurde jeweils ein Termin zwei Monate nach Vorlesungsende festgelegt. Es musste zur Bewertung bei der Seminarleiterin/Autorin eingereicht werden und war Teil der Modulprüfung in der entsprechenden Lehrveranstaltung.
Im MZ 1 wurde die Fallvignette und ein kurzer Fragebogen zu demographischen Angaben eingesetzt (s. Anhang 7). Im MZ 2 der Fragebogen zur Zwischenerhebung (s. Anhang 8 und 9) und im MZ 3 wiederum die Fallvignette, zusammen mit der Abschlussreflexion des ePortfolios (s. Kapitel 7.2.2). Somit lagen nach Semesterende neben den fertigen ePortfolios auch jeweils zwei Bearbeitungen der Fallvignette (prä-post), Antworten zur Arbeitsweise und demografische Angaben der Studierenden vor. Die Auswertung der Ergebnisse erfolgte ab Ende 2018.

Konzeption der Lehrveranstaltung und des ePortfolios
Die entwickelte Lehrveranstaltung *Umgang mit Heterogenität und Differenz* gliederte sich in zwei Teile (s. Abbildung 17). Im ersten Teil standen ausgewählte Heterogenitätsdimensionen (Gender, kulturell-ethnischer Hintergrund, kognitive Leistungsfähigkeit, sozio-ökonomischer Status und Behinderung) im Mittelpunkt, die in der Literatur als relevant für den Lehrberuf beschrieben werden (Sturm 2016, Trautmann & Wischer 2011). Im zweiten Teil wurden drei konkrete Maßnahmen erarbeitet, die für die Unterrichtsgestaltung in der Grundschule als geeignet angesehen werden können (vgl. Bohl et al. 2012).
Organisiert wurde das Seminar als Blended-Learning-Veranstaltung mit elf Präsenzterminen, und vier digitalen Lerneinheiten, die flexibles Lernen ermöglichen und auch auf die unterschiedlichen Lernvoraussetzungen bei den Studierenden eingehen (Adl-Amini et al. 2019). Außerdem bestand die Möglichkeit für eine persönliche Beratung zum eigenen ePortfolio. Das Blended-Learning-Setting wurde auch dazu genutzt, um nur mit einem Teil der Seminargruppe im Plenum zu arbeiten, während der andere Teil der Gruppe eine digitale Lerneinheit bearbeitete. Ergebnisse aus der ePortfolioarbeit konnten folglich von den Studierenden in das Seminar eingebracht werden (z.B. durch Präsentation einer ePortfolio-Ansicht).

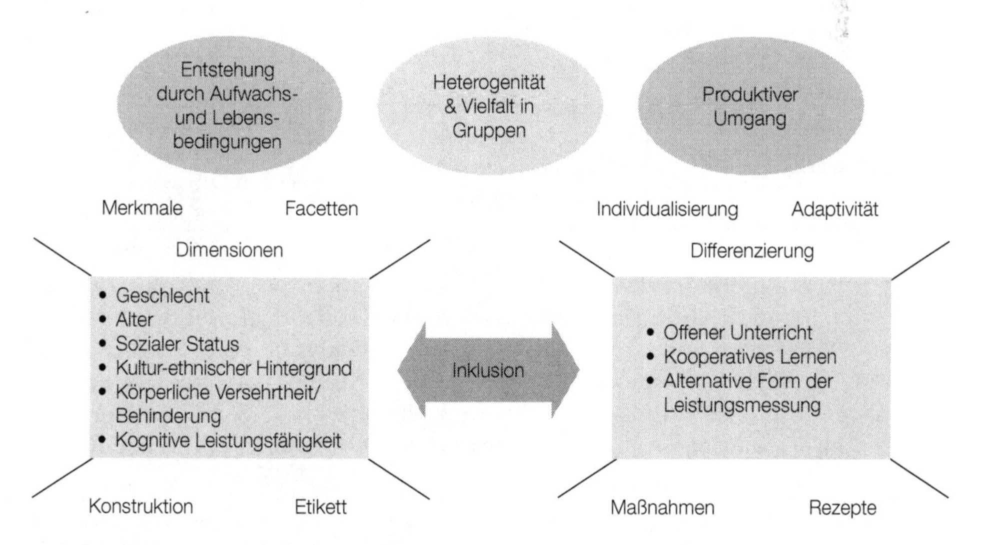

Abb. 17: Veranschaulichung der Inhalte des Seminars

Die Konzeption des Seminars „Umgang mit Heterogenität und Differenz" orientiert sich grundlegend an den Standards für die Lehrerbildung im Bereich Bildungswissenschaften (KMK 2004). Ziel war dabei, sowohl die Vermittlung von Fachwissen zu Ungleichheit und Differenz als auch der Aufbau von professionellen Überzeugungen zum Unterrichten in heterogenen Lerngruppen sowie die Anregung von Reflexionen zur eigenen Professionalisierung. Gleichzeitig sollte den Studierenden deutlich werden, dass es sich bei den Dimensionen von Heterogenität um Konstrukte handelt, die auch zu Etikettierungen führen kann (s. Anhang 2).
Zur Erstellung des *ePortfolios* wurde die ePortfolio-Management-Software Mahara genutzt, die an die Lernplattform VIGOR[21] angegliedert ist. Den entwickelten Kategorisierungsfragen zum Portfoliotyp folgend (s. Tabelle 6 in Kapitel 4.2.2), verfolgt das ePortfolio die Ziele, sich zu reflektieren und eine Bewertung zu erhalten. Es ist produktorientiert angelegt und hat den Zweck einer formativen Bewertung. Dabei unterscheiden sich die Vorgaben in Abhängigkeit von der jeweiligen Arbeitsform zwischen vielen und wenigen. Die Eigentumsrechte liegen bei den Ersteller*innen und einen Zugriff (aber keine Bearbeitungsfunktion) auf das ePortfolio hat eine ausgewählte Öffentlichkeit (Dozentin, Hilfskraft, Peers).
Die allgemeinen Anforderungen können der Tabelle 8 entnommen werden. Die ePortfolio-Sammlung bestanden aus mindestens acht Ansichten: Start-Ansicht, fünf Reflexionsaufgaben, zwei Peerfeedbacks, Abschlussreflexion und ein Literaturverzeichnis. Natürlich konnten darüber hinaus noch weitere Artefakte hinzugefügt werden. Eine Reflexionsaufgabe sollte mindestens 300 eigene Wörter umfassen, und verschiedene Medien und Artefakte einbinden.

Tab. 8: Konzeption der Strukturierung des ePortfolios

Allgemeine Anforderungen	Strukturiertes Format	Adaptives Format
Fünf Reflexionseinträge (min. 300 eigene Wörter)	Auswahl aus zehn Aufträgen mit festen Terminen	Zwei Aufträge als Beispiel, sonst freie Themenwahl
2 Peer-Feedbacks	Innerhalb der Formatgruppe	
Abschlussreflexion	Leitfragengestützt	
Start-Seite (Einleitung), Über-mich-Seite, Quellen	Gleiche Anforderungen und Hilfen	
Zusätzliche Hilfestellungen	Vorstellen des Reflexion-drei-Schritts (Gegenstand-Frage-Ziel)	Ausführliche Anleitung und Beispiele für den Reflexions-drei-Schritt, eigenes Forum zum Austausch

Für die Start-Ansicht mit Inhaltsverzeichnis, die kurzen Angaben zur eigenen Person, sowie einen kurzen Text zur Einleitung in das ePortfolio, erhielten beide Gruppen die gleichen Informationen. Dies gilt auch für die Vorstellung des Reflexionszyklus in der ersten Seminarsitzung (s. Anhang 3), der die Studierenden immer wieder bei der Nutzung des Zyklus unterstützen sollte, um einem „Reflexionskurzschluss" (Denner & Gesenhues 2013, S. 112) zu vermeiden. Weiterhin sah der Seminarplan (s. Anhang 2) zwei Termine vor, an denen jeweils eine der bei-

21 Online-Plattform VIGOR (auf der Basis der Software Moodle) zur Nutzung digitaler Lerneinheiten (Autorensystem LernBar) und Einbindung von Videos mit technischem Support durch studiumdigitale (https://vigor.studiumdigitale.uni-frankfurt.de).

den Gruppe anwesend sein sollte und somit spezifische Fragen geklärt werden konnten. Dies sollte eine stärkere Verknüpfung zwischen Seminar und ePortfolio ermöglichen[22].
Außerdem wurden von allen Studierenden zwei Peer-Feedbacks eingefordert, die innerhalb der eigenen Gruppe gegeben werden sollten. Ziel war es, zum einen Anregungen für die eigene Arbeit zu erhalten und zum anderen dem Spannungsverhältnis zwischen Sicherheit und Freiheit in der Portfolioarbeit zu begegnen (Geigle et al. 2016). Die Abschlussreflexion erfolgte für beide Gruppen unter der gleichen Leitfrage („*Was habe ich zum Thema ‚Umgang mit Heterogenität' gelernt* und *welche Rolle hatte dabei das Portfolio im Lernprozess?*").

Bei den fünf Reflexionseinträgen konnten die Studierenden der geschlossen-angeleiteten *Gruppe S* aus zehn Arbeitsaufträgen auswählen, welche auf die Inhalte des Seminars abgestimmt waren (s. Anhang 2). Die Reflexionsaufgaben waren dabei durch den Reflexions-3-Schritt aus Gegenstand-Frage-Ziel („Portfolio-Kopf") strukturiert. Damit sollten die Ergebnisse von Hübner (2007) und Graham (2008) Berücksichtigung finden, wonach Aufgaben möglichst konkret sein sollen und den Reflexionsgegenstand in den Mittelpunkt rücken (Gläser-Zikuda et al. 2010). Die Studierenden erhielten detaillierte Informationen zu dem Portfolio-Kopf und zusätzlich auch Beispiele für die Gestaltung einer Aufgabe (s. Anhang 4).
Die *Gruppe O* (offen-adaptiv) konnte sich die ersten beiden Aufgabenstellungen der anderen Gruppe ansehen und auch, wenn gewünscht, bearbeiten (s. Tabelle 8). Die drei übrigen Reflexionseinträge mussten von dieser Gruppe selbstständig erarbeitet werden[23], sollten dabei aber immer den „Portfolio-Kopf" enthalten. Bei dieser Arbeitsform konnten die Lernenden einen größeren Einfluss auf die inhaltliche Gestaltung ihres ePortfolios nehmen (s. Kapitel 4.2.1). Die Studierenden sollten durch die Arbeit im Seminar Anregungen und Impulse für mögliche Reflexionsthemen im ePortfolio bekommen und den inhaltlichen Rahmen ihrer Arbeit selbst festlegen. Außerdem gab es ein internes Forum, wo ein Austausch über Fragen und Probleme möglich war.

7.2.2 Erhebungsinstrumente

Im Folgenden werden die Erhebungsinstrumente einzeln vorgestellt, wobei es sich bei der Fallvignette und dem Fragebogen zur Zwischenerhebung um ein reaktives Verfahren der Datenerhebung handelt und bei der Abschlussreflexion im ePortfolio um ein non-reaktives Verfahren.

Fallvignette

Ausgehend von den Ergebnissen der Pilotierung, sollte mit dem Prä- und Post-Einsatz der Fallvignette eine Aussage über die Entwicklung der Reflexionstiefe und inhaltlichen Breite zum Thema Umgang mit Heterogenität, getroffen werden[24].
Die Fallvignette kam in der Langversion (mit dem zusätzlichen Thema *Inklusion*) bereits in der Pilotierung zum Einsatz, gemeinsam mit den dort getesteten Prompts. Der Text der Fallbeschreibung wurde so gewählt, dass folgende für das Thema Heterogenität relevante und im Seminar bearbeitete Aspekte enthalten waren:

- Formuliert aus Sicht eines Praktikanten/einer Praktikantin, um Rollen- oder Perspektivwechsel zu vermeiden und keinen Handlungsdruck aufzubauen
- Heterogene Lernvoraussetzungen bei Schüler*innen (Dimensionen von Heterogenität)
- Inklusion mit inklusiv beschulten Kindern

22 Wie im *Zentripetal- und Zentrifugal-Modell* zur Portfolioarbeit in Abbildung 11 im Kapitel 4.2.3.
23 Eine Übersicht der Hilfestellungen für die *Gruppe O* findet sich im Anhang 5.
24 Der Testbogen für die Studierenden kann im Anhang 7 eingesehen werden, der vollständige Text befindet sich im Kapitel 7.1.

- Kooperation zwischen Lehrkräften verschiedener Professionen
- Unterrichtsplanung in heterogenen Lerngruppen
- Weitere Akteure im System Schule, wie Eltern und Schulleitung.

Die Fallvignette wurde den Studierenden zusammen mit vier Arbeitsanweisungen vorgelegt, die ebenfalls in Kapitel 7.1 vorgestellt wurden. Die Kombination aus Fallvignette und Prompt eignet sich besonders, um Vorwissen oder Kenntnisse am Ende eines Lernprozesses zu erfassen. Die Arbeitsanweisungen dienen außerdem dazu, die Studierenden bei dem Durchlaufen des Reflexionszyklus zu unterstützen, damit es zu keinen „Reflexionskurzschlüssen" oder Abkürzungen bzw. Auslassungen (Denner & Gesenhues 2013, S. 112) kommt, denn diese führen häufig zur Nennung von (stereotypen) Vorurteilen oder unangemessenen Handlungsvorschlägen. Die Arbeitsanweisungen unter der Fallvignette lauteten:
Der erste Prompt fordert auf, die Situation zu beschreiben, was bei Bräuer (2014) der Ebene 1 „beschreiben und dokumentieren" entspricht. Dies dient dazu, die vorliegende Situation in eigenen Worten zusammenzufassen, sie sich wertfrei zu vergegenwärtigen und den Moment der Reflexion zu bestimmen.
Das zweite Prompt ist als Frage formuliert und fordert dazu auf, mögliche Gründe für die beschriebene Situation zu benennen. Bewusst wurde auf das Wort *Problem* in der Formulierung verzichtet, um nicht eine defizitorientierte Reflexion anzustoßen. Dieser zweite Arbeitsauftrag entspricht bei Bräuer (2014) der Ebene 2 „analysieren und interpretieren". Er zielt darauf, dass aus den vorherigen Beschreibungen schlüssige bzw. begründete Interpretationen abgeleitet werden, die aber noch keine Werturteile enthalten.
Denn auf eine Bewertung der Situation zielt der dritte Arbeitsauftrag ab, der auch auf der Ebene 3 („bewerten und beurteilen") bei Bräuer zu verorten ist. Um die Studierenden darauf hinzuweisen, dass die Bewertungen nicht ohne wissenschaftliche Anknüpfungspunkte geschehen sollen, wurde in den Arbeitsauftrag der Hinweis „unter Bezug auf Ihnen bekannte Theorien" aufgenommen[25].
Das vierte und letzte Prompt fordert dazu auf, Handlungsalternativen in der beschriebenen Situation zu benennen (Ebene 4 „planen" bei Bräuer). Es wurde erwartet, dass die Handlungsalternativen an die bisherige Reflexion rückgekoppelt sind und somit gezielte Planungsvorschläge gemacht werden, die einzelne, bereits analysierte Aspekte wieder aufgreifen.
Insgesamt dienen die hier beschriebenen Prompts dazu, eine Reflexion über das Thema Heterogenität in der Schule anzuregen, die theoriegeleitet ist und in Tiefe und Breite das Wissen der Studierenden abbildet.

Fragebogen Zwischenerhebung
Dieses Instrument diente dazu, mehr über die Arbeitsweise der Studierenden mit dem ePortfolio im Seminarkontext zu erfahren und eine Einschätzung zu ihrem (subjektiv empfundenen) bisherigen Lernzuwachs zu erhalten. Die geschlossenen Fragen enthielten entweder eine verbale Rating-Skala oder waren dichotome ja/nein Fragen. Darüber hinaus gab es offene Fragen mit Freitext-Feldern. Dazu wurde ein Fragebogen konzipiert, der zum zweiten Messzeitpunkt (Mitte des Semesters) im Paper-based-Format zum Einsatz kam.

25 In der Vorstudie von Wehner und Weber (2017) wurden zusätzlich Vorschläge aufgeführt, welche wissenschaftlichen Erkenntnisse sich aus dem Studium zur Beantwortung eignen könnten: „Theorien zur Klassenführung, Umgang mit Heterogenität usw.". Allerdings zeigte die kategoriale Auswertung keine Unterschiede in der Qualität der theoretischen Fundierungen, im Vergleich zu den Fallbearbeitungen, ohne diese Beispiele. Aus diesem Grund wurde im weiteren Verlauf auf die Nennung von möglichen Theorien verzichtet.

Da die Befragung zusätzliche Informationen zur Arbeitsweise mit dem ePortfolio liefern sollte, wurden insgesamt vier Inhaltsbereiche identifiziert und dazu entsprechende Fragen entwickelt:

Teil A: Vorgehen bei der Erstellung von Reflexionseinträgen im ePortfolio
Teil B: Vergleich der Arbeitsweisen
Teil C: Feedback zum Seminar
Teil D: Selbsteingeschätzter Lernzuwachs

Da gruppenspezifische Informationen zur Arbeitsweise mit dem ePortfolio abgefragt wurden, gibt es Unterschiede zwischen den Gruppen O und S[26].
Im ersten Bereich A wurde erfragt, welche Reflexionsaufgaben die Studierenden bis zu diesem Zeitpunkt bearbeitet hatten und warum. Sie wurden gebeten entweder die Aufgaben anzukreuzen (Gruppe S) oder das Thema ihres ePortfolio-Eintrags zu benennen (Gruppe O). Für beide Gruppen folgte die Aufforderung zu begründen, warum gerade diese Themen ausgewählt wurden. Die nächste Frage zielte darauf, ob die Teilnehmenden der Gruppe O die zusätzlichen Hilfestellungen und Materialien (s. Anhang 5) nutzten und abriefen. Die Gruppe S wurde an dieser Stelle gefragt, ob es ihnen schwerfiel, sich an die vorgegebene Aufgabenstellung zuhalten.
Die dritte Frage in diesem Bereich hatte die schon erstellten Reflexionseinträge im Blick und welche Arbeitsschritte dabei gemacht wurden: Die Gruppe O bekam Aussagen, die auf einer fünf-stufigen Skala angekreuzt werden konnten (z.B. *Einen Gegenstand zu finden: fällt mir sehr schwer, schwer, weder noch, leicht, sehr leicht*). Bei der Gruppe S entfielen diese Fragen.

Der Teil B fragte die Studierenden nach ihrer Einschätzung zu Vor- und Nachteilen der Arbeitsweise der jeweiligen Gruppe (z.B. *Welche Vor- und Nachteile sehen Sie als Mitglied der Gruppe S bei Ihrer Form der Portfoliogestaltung (konkrete Reflexionsaufgaben)?*). Außerdem wurden sie gefragt, ob sie lieber mehr Freiheiten bei der Gestaltung hätten (wie Gruppe O) und sich mehr Struktur wünschen, wie etwa feste Abgabetermine für Reflexionseinträge. Die Gruppe O enthielt die gleichen Fragen, nur gegenteilig formuliert und wurde zusätzlich gefragt, ob sie sich die Arbeitsaufträge der Gruppe S (ab Aufgabe 3) angesehen hat[27].

Im dritten Teil C wurde allgemeines Feedback zum Seminar eingeholt, dieser Teil war in beiden Gruppen identisch. Es wurde nach Verbesserungsmöglichkeiten gefragt hinsichtlich der Seminarinhalte, didaktischen Aufbereitung, Betreuung und Administration von Vigor, Mahara und dem ePortfolio. Zusätzlich wurde danach gefragt, was bei einer Wiederholung des Seminars beibehalten werden sollte.

Der letzte Teil D sollte erfassen, wie der individuelle Lernzuwachs bis zum dortigen Zeitpunkt eingeschätzt wurde. Um zu erfassen, ob ein möglicher selbsteingeschätzter Lernzuwachs auf die (Mit)Arbeit im Seminar bezogen wird oder auf die Portfolioarbeit, wurden diese beiden Bereiche getrennt voneinander abgefragt. Die einleitenden Sätze waren deswegen *Wenn Sie nur an die Anwesenheit und die Teilnahme am Seminar denken: Wie schätzen Sie ihren bisherigen persönlichen Lernzuwachs ein?* bzw. *Wenn Sie jetzt nur an das Führen des ePortfolios und die Erstellung der Reflexionseinträge denken: Wie schätzen Sie ihren bisherigen persönlichen Lernzuwachs ein?* Als Skalenfragen (s. Anhang 10) wurden dazu jeweils neun unterschiedliche Aspekte abgefragt, wie beispielsweise die Einschätzung des Lernzuwachses in Bezug zum Thema Konzepte zum Umgang mit Heterogenität in der Schule oder zur Reflexion von Unterricht.

---

26 Die originalen Fragebögen können im Anhang 8 und 9 eingesehen werden.
27 Dies war im Rahmen der Lernplattform nicht möglich, aber natürlich über den internen Austausch der Studierenden machbar.

Abschlussreflexion im ePortfolio
Die Abschlussreflexion diente in der vorliegenden Studie dazu den Reflexionszyklus der Lehramtsstudierenden abzubilden. In diesen Reflexionen sollte sich im Besonderen die Arbeit mit dem Reflexionszyklus abbilden lassen, als eines von drei Elementen von Reflexionskompetenz. Das Durchlaufen aller Stationen des Zyklus wird in der Forschung als Notwendigkeit gesehen, um fundierte Handlungsvorschläge zu unterbreiten, wie in den Studien von Denner und Gesenhues (2013, S. 112) mit dem „Reflexionskurzschluss" gezeigt wurde.
Der Reflexionstext bildete für die Studierenden den Abschluss ihrer ePortfolioarbeit. Er wurde am Ende der Lehrveranstaltung erstellt, nachdem alle Reflexionsaufgaben bearbeitet waren. Für die Bearbeitung dieser Abschlussreflexion wurden zwei Leitfragen entwickelt, die explizit das Wort „Reflexion" vermieden. Vielmehr wurde versucht die Studierenden dazu anzuregen, ihren Lernprozess mit dem Reflexionszyklus darzustellen, wie sie es in den ePortfolioeinträgen das ganze Semester erledigen sollten.
Die erste Frage (*Was habe ich zum Thema „Umgang mit Heterogenität" in diesem Semester gelernt?)* wurde außerdem aus Sicht der Studierenden formuliert, um zu betonen, dass individuelle Lernprozesse dargestellt werden können. Sie zielte auch darauf ab einen inhaltlichen Rückblick zu initiieren, bei dem wichtige Erkenntnisse in Bezug auf das Thema resümiert werden.
Die zweite Fragestellung (*Welche Rolle hat das ePortfolio in diesem Lernprozess?*) sollte die Reflexion auf das Instrument *ePortfolio* lenken und eine Auseinandersetzung mit dieser Arbeitsform auf der Meta-Ebene anregen. Dabei sollte, wie im aufgestellten Reflexionszyklus dargestellt (s. Kapitel 4.3.3), eine kritische Distanzierung zum erlebten Ereignis (Lehrveranstaltung) erfolgen und im Prozess der Bewusstmachung neue Erkenntnisse geäußert werden.
In der Pilotphase im WiSe 2016 gab es viele Rückfragen, wie diese Abschlussreflexion formal aufgebaut sein soll (ob beispielsweise Artefakte eingebunden werden dürfen und welchen Umfang der Reflexionstext haben kann). Als formale Kriterien wurden daraufhin ähnliche Vorgaben wie für die Reflexionsaufgaben formuliert: Artefakte dürfen eingebunden werden, der Umfang sollte 300 eigene Wörter nicht unterschreiten und der Portfolio-Kopf (Reflexions-3-Schritt) darf optional angewendet werden. Insgesamt kann die Abschlussreflexion individuell gestaltet werden. In der Erhebungsphase ab dem SoSe 2017 wurden diese formalen Vorgaben schon zu Beginn bekannt gegeben.

7.2.3 Beschreibung der Stichproben

Die beiden Stichproben zu der Forschungsfrage 1 bzw. zu den Fragen 2 und 3 weisen Unterschiede auf, die im Folgenden erläutert werden.

Stichprobe zur Forschungsfrage 1
Zur Beantwortung der Frage, wie sich die Reflexionstiefe und inhaltliche Breite in den Bearbeitungen der Fallvignette (prä-post) veränderte, wurden in das Sample nur Fälle aufgenommen, die zu allen drei Messzeitpunkten Angaben machten und ein ePortfolio zur Bewertung einreichten. Das Sample generierte sich aus den Teilnehmenden der zwei Lehrveranstaltungen. Die Aufnahme in die Seminare erfolgte durch automatische Zulassung über das Vorlesungsverzeichnis, welches nach Prioritäten (z.B. Anzahl Fachsemester) selektiert. Da für eine Zulassung schon die einführende Veranstaltung in Bildungswissenschaften besucht werden musste, waren die teilnehmenden Studierenden in der Regel im dritten oder einem höheren Semester und können schon auf Vorerfahrungen aus anderen Lehrveranstaltungen bzw. eigener Lehrtätigkeit in der Schule aufbauen.

An der ersten Veranstaltung (s. Tabelle 9) im WiSe 2016 nahmen 29 Studierende teil (4 männlich/25 weiblich), wovon 15 in Gruppe O arbeiteten und 14 in Gruppe S. 3 Studierende (1 männlich/2 weiblich) brachen das Seminar ohne Benotung des ePortfolios ab, davon 2 Teilnehmende aus Gruppe O.

Tab. 9: Übersicht Teilnehmende der Seminare

Semester	WiSe 16	SoSe 17	Zusammen
Gesamt	29	42	71
Gruppe O	15	22	37
Gruppe S	14	20	34
Abbruch	3	1	4

Die zweite Veranstaltung im SoSe 2017 besuchten 43 Studierende (8 männliche, 35 weibliche), wovon 23 Fälle der Gruppe O und 20 der Gruppe S zugeordnet waren. Von den 71 Studierenden konnten 34 in das Sample zur Bearbeitung der ersten Fragestellung übernommen werden, davon 19 aus dem SoSe 2017 und 15 aus dem WiSe 2016. Der Gruppe O waren 19 Studierende zugeordnet, und 15 Studierende der Gruppe S (s. Tabelle 10). Von den 34 Studierenden waren 5 männlich (3 Gruppe O/2 Gruppe S), was den Studiengang Grundschullehramt und auch das Berufsfeld entsprechend repräsentiert (Thomas 2013).

Tab. 10: Sample Hauptuntersuchung

	Code	Geschlecht	Semester	Gruppe
1	ARA26E „Celine“	w	WS	S
2	ASO01G	w	SS	S
3	CNA20E „Lina“	w	SS	S
4	DHS27F	w	SS	O
5	EDN18F	w	WS	S
6	EHR19E	w	SS	O
7	FKJ30F „Svenja“	w	WS	S
8	GDE08B	w	WS	O
9	HTM24L	m	SS	O
10	HTM28E	m	SS	O
11	HTN10G	w	SS	S
12	HTR10W	w	WS	O
13	HTU21W	w	SS	S
14	JNR12D	w	WS	O
15	JNS03D „Katharina“	w	WS	O
16	JNU26S	w	WS	S
17	KRH10S	w	SS	O
18	KSI10O	w	SS	O
19	KSN18O	w	SS	O
20	KZB16G	w	WS	S
21	LRT10F	w	SS	S

	Code	Geschlecht	Semester	Gruppe
22	LZR11F	w	SS	O
23	MDA26M „Paola“	w	SS	O
24	MNK17D	m	WS	S
25	MNR13F	w	WS	O
26	PRG23F	w	WS	O
27	PRP05F	w	SS	O
28	PRR31N	w	SS	O
29	QNN05L „Lan Thi“	w	WS	O
30	RFH27D	m	WS	S
31	RFL09B	w	SS	S
32	TSR09F	w	SS	S
33	UER25D „Nora“	w	SS	S
34	WGE08O „Christian“	m	WS	O

Stichprobe zu den Forschungsfragen 2 und 3
Zur Beantwortung der Frage, wie sich die Nutzung des Reflexionszyklus in ausgewählten Abschlussreflexionen des ePortfolios unterscheidet, wurden 8 Fälle ausgewählt. Dies geschah auf der Basis der 6-Felder-Tafel zur Reflexionstiefe und inhaltlichen Breite zur Bearbeitung der unterrichtsbezogenen Fallvignette, die zur Systematisierung entwickelt wurde. Mit diesen acht Fällen wurde auch die dritte Frage bearbeitet.

- Ausgewählt wurden die Fälle Nora (UER25D_S) und Christian (WGE08O_O) aus den Feldern *weniger Reflexionstiefe und Veränderung der inhaltlichen Breite*. Das Auswahlkriterium waren die gleichen Notenpunkte für die Bewertung der ePortfolioarbeit im Seminarkontext mit 12 Punkten.
- Die zweite Paarung waren die Studentinnen Svenja (FKJ30F_S) und Lan Thi (QNN05L_O) mit *weniger Reflexionstiefe und gleicher inhaltlicher Breite*. Hier gab der Fall Svenja aus Gruppe S mit 12 Punkten das Auswahlkriterium vor. Ein annähernd äquivalenter Fall war Lan Thi mit 13 Notenpunkten.
- Für die Kombination *mehr Tiefe und Veränderung der Breite* wurde in der Gruppe S der Fall Lina (CNA20E_S) mit 13 Punkten ausgewählt und in Gruppe O Paloa (MDA26M_O) mit 14 Punkten.
- In den Feldern *gleiche Reflexionstiefe und Veränderung in der inhaltlichen Breite* konnten zwei Fälle mit der gleichen Bewertung (14 Punkte) ausgewählt werden: Celine (ARA26E_S) und Katharina (JNS03D_O).

Daraus ergibt sich für die Bearbeitung der zweiten und dritten Fragestellung ein Sample aus diesen acht Fällen:

- Nora (UER25D_S)
- Christian (WGE08O_O)
- Svenja (FKJ30F_S)
- Lan Thi (QNN05L_O)
- Lina (CNA20E_S)
- Paola (MDA26M_O)
- Celine (ARA26E_S)
- Katharina (JNS03D_O)

7.3 Datenanalyse

In diesem Kapitel wird zum einen die Datenaufbereitung beschrieben, die sich auf Grund der unterschiedlichen Erhebungsinstrumente unterscheidet (Kapitel 7.3.1). In einem weiteren Teil wird die Datenauswertung mittels der Inhaltsanalyse dargestellt (Kapitel 7.3.2), gefolgt von den Kategoriensystemen für die Reflexionstiefe, inhaltliche Breite und den Reflexionszyklus (Kapitel 7.3.3).

7.3.1 Datenaufbereitung

Die Einteilung in die beiden Experimentalgruppen erfolgte problemlos über die Vergabe von zwei unterschiedlichen Passwörtern zu dem begleitenden Kurs auf der Lernplattform VIGOR. In der Kursansicht waren für beide Gruppen unterschiedliche Dokumente, Tools und Erklärungen sichtbar. Für die verschiedenen Messzeitpunkte wurden zur Pseudonymisierung Codes durch die Studierenden generiert.

Die Reflexionstexte und die Antworten der Zwischenbefragung wurden elektronisch erfasst und lagen digital für die Datenauswertung vor. Da die Abschlussreflexionen Teil des ePortfolios waren, konnten diese lokal abgespeichert werden und lagen als PDF-Dokumente vor.

Die Datenaufbereitung wurde mit der Zusammenstellung des Samples mit 34 vollständigen Fällen abgeschlossen, die in die Auswertung der ersten Forschungsfrage einbezogen werden konnten. Die Länge der einzelnen Reflexionstexte der Studierenden wird im Folgenden immer wieder in *Zeichen* angeben. Diese verstehen sich als Zählung der geschriebenen Zeichen *mit Leerzeichen.*

7.3.2 Datenauswertung

Zur Datenauswertung kann grundlegend gesagt werden, dass alle gesammelten Daten (Bearbeitungen der Fallvignette, Reflexionstext im ePortfolio und Fragebogen zur Zwischenerhebung) mit Hilfe der qualitativen Inhaltsanalyse nach Mayring (2010) oder Kuckartz (2012) ausgewertet wurden.

Insgesamt eignet sich die *Content Analysis* (Inhaltsanalyse) für die vorliegende empirische Untersuchung, da sie schon seit den 1940er Jahren genutzt wird und als Methode für die empirische Sozialforschung über Jahrzehnte geschärft und weiterentwickelt wurde (Kuckartz 2012). Das systematische Vorgehen ermöglicht Nachvollziehbarkeit und legt latente Sinnstrukturen offen. Es besteht aus den Schritten Zusammenfassung, Explikation und Strukturierung; dabei wird das Material mit Hilfe eines Kategoriensystems strukturiert und reduziert. Wichtig ist es, ein nachvollziehbares Gerüst zu schaffen, deswegen steht systematisches, regelgeleitetes Vorgehen im Vordergrund.

Diese Unterscheidung der Methode war relevant, da in der Konzeption nach Mayring „die fallorientierte im Vergleich zur kategorienorientierten Perspektive so gut wie keine Rolle spielt“ (Kuckartz 2012, S. 49), sich die zweite und dritte Forschungsfrage aber auf die Einzelfalleben bezog. Für die erste Fragestellung sollten aber Quantifizierungen für das gesamte Sample vorgenommen werden, was nach Mayring (2010) möglich ist.

In dieser Studie kamen unterschiedliche Kategoriensysteme zum Einsatz, mit dem Ziel, Rückschlüsse zur Bearbeitungsform des ePortfolios (offen-adaptiv vs. geschlossen-angeleitet) und der Entwicklung der Reflexionskompetenz zu ziehen. Ein Teil der Kategoriensysteme wurde deduktiv bzw. „a-priori“ (Kuckartz 2012, S. 64) entwickelt, da auf Pilotierungen (Reflexionstiefe und inhaltliche Breite) und theoretische Annahmen (Nutzung des Reflexionszyklus) zurückgegriffen werden konnte. Das Kategoriensystem zur Bearbeitungsform ist induktiv am Material entstanden und damit ein „aktiver Konstruktionsprozess, der theoretische Sensibilität und Kreativität fordert" (Kuckartz 2012, S. 73).

- Zur Beantwortung der ersten Forschungsfrage nach Reflexionstiefe und inhaltlichen Breite wurde zur Systematisierung eine inhaltlich strukturierende Inhaltsanalyse mit dem Kategoriensystem aus der Pilotierung vorgenommen, das Quantifizierungen ermöglicht (besonders auf der Gruppenebene). Auf dieser Grundlage konnte eine 6-Felder-Tafel zur Reflexionstiefe und inhaltlichen Breite entwickelt und dort alle 34 Fälle zugeordnet werden.
- Zur Beantwortung der zweiten Forschungsfrage, schloss sich eine typenbildende Inhaltsanalyse (Kuckartz 2012, S. 143f.) auf Einzelfallebene an, bei der acht Fälle ausgewählt und die Abschlussreflexionen der ePortfolios in Bezug auf die Nutzung des Reflexionszyklus ausgewertet wurden. Angelegt wurden die Stationen des vorher entwickelten Reflexionszyklus (s. Kapitel 4.3.3), mit dem Ziel das Nutzungsverhalten zu systematisieren.
- Für die dritte Forschungsfrage wurden die Daten zu den ausgewählten acht Fällen aus der Zwischenerhebung sowie weitere personenbezogene Informationen in die Auswertung einbezogen. In einem ersten Analyseschritt wurden dafür die Abschlussreflexionen des ePortfolios auf Gruppenebene (offen-adaptiv vs. geschlossen-angeleitet) ausgewertet, um zusammenfassende Aussagen der Gruppen zu erhalten. Im zweiten Schritt wurden die Angaben aus dem Fragebogen der Zwischenerhebung analysiert und mit der Abschlussreflexion verknüpft. Dies alles geschah mit dem Ziel, Aussagen zur Reflexionskompetenz der Studierenden bei der ePortfolioarbeit, unter Einbezug der beiden Bearbeitungsformate, treffen zu können.

7.3.3 Kategorienbildung

Da in der Literatur die Begriffe *Kategorie*, *Code* und *Coding* uneinheitlich verwendet werden, folgt an dieser Stelle eine Definition der Begriffe. Beim *Kodieren* wurde eine Textstelle markiert und mit einer bestimmten *Kategorie* verknüpft. Die verwendeten Kategorien wurden definiert (Codier-Leitfaden) und eindeutig voneinander abgegrenzt.
Alle zugeordneten Textstellen enthalten somit einen Code bzw. mehrere Codings und werden als codiertes Segment bezeichnet. Die Gesamtheit der Kategorien bilden das Kategoriensystem, das im vorliegenden Fall hierarchisch aufgebaut ist (Haupt- und Subkategorien). Fasst man alle Subkategorien einer Kategorie zusammen, entsteht eine Dimension bzw. ein Merkmalsraum, der die Kategorie näher charakterisiert (Kelle & Kluge 2010).
In der vorliegenden empirischen Untersuchung fanden auch die Gütekriterien für qualitative Inhaltsanalyse (vgl. Gläser-Zikuda 2011, Mayring 2010) Berücksichtigung, denn die Entwicklung der Kategoriensysteme wurde ausführlich dokumentiert und für jede Kategorie ein Ankerbeispiel sowie Kodierregeln definiert. Als Analyseeinheiten wurden, wie von Kuckartz (2012, S. 43) vorgeschlagen, inhaltlich sinnvolle Abschnitte mit unterschiedlicher Länge und Satzstruktur gewählt. Ergänzend sind in den Abschlussreflexionen nicht nur schriftliche Einheiten codierbar, sondern auch Bilder oder Videos (vgl. Diekmann 2010, S. 558). Doppelkodierungen waren im gleichen Kategoriensystem nicht zulässig.
Um ein Maß der Übereinstimmung zwischen den Auswertern zu erhalten, wurden alle Fallvignetten von zwei Personen computergestützt mit MAXQDA (VERBI Software 2015) kodiert und dann kommunikativ validiert und bei Bedarf revidiert. Bei den Fallvignetten wurden erst die Reflexionstiefe kodiert und im zweiten Schritt die inhaltliche Breite, diese Unterscheidung

gab es in der Abschlussreflexion nicht. Eine Validierung mit den Teilnehmenden war aus organisatorischen Gründen nicht möglich.
Im Folgenden werden die Kategoriensysteme zur den drei Fragestellungen vorgestellt und beschrieben.

Kategorien zur Reflexionstiefe (Frage 1)
Zur Erfassung der Reflexionstiefe wurde ermittelt, auf welcher Ebene der reflexiven Praxis nach Bräuer (2014) studentische Aussagen in den Reflexionstexten der Fallvignette vorliegen. Für das Kategoriensystem der Reflexionstiefe wurden eindeutige Codier-Regeln formuliert und Ankerbeispiele aus der Pilotierung generiert[28]. Die grundlegende Struktur mit vier Ebenen entstammt der Vorstudie von Wehner und Weber (2017), die Subkategorien (Stufen) auf Ebene 3 und 4 ergaben sich durch die Pilotierung im SoSe 2016.
Das Kategoriensystem für die Hauptuntersuchung umfasst folgende Kategorien:
Ebene 1: „Beschreiben“
Ebene 2: „Analysieren“
Ebene 3: „Bewerten“
  Stufe 3.1 „Urteil ohne (theoretische/wissenschaftliche) Begründung“
  Stufe 3.2 „Urteil mit Begründung“
Ebene 4: „Planen“
  Stufe 4.1 „Planen ohne Rückbezug“
  Stufe 4.2 „Planen mit Bezug“
Unklar/Informationsbedarf

Auf der ersten Ebene „Beschreiben“ wird die Situation, wie in der Fallvignette dargestellt, wiedergegeben, ohne dabei eigene Wertungen vorzunehmen. Auf Ebene 2 „Analysieren“ können aus der beschriebenen Situation Konsequenzen bzw. Gründe identifiziert werden, die zu den vorliegenden Handlungen/Problemen beigetragen haben könnten. Bei der Ebene 3 „Bewerten“ wurden die anfänglich aufgestellten Subkategorien im Verlauf der Zeit (Vorstudie, Pilotierung und Hauptuntersuchung) weiter reduziert und zusammengefasst. Bei der vierten Ebene „Planen“ wurden keine Veränderungen zwischen Vorstudie und Hauptuntersuchung vorgenommen, denn die beiden Subkategorien können eindeutig im Material identifiziert werden. Besonders wünschenswert sind Handlungsvorschläge mit Bezug, da in diesem Schritt eine besondere Qualität der Reflexion zum Ausdruck kommt.

Kategoriensystem zur inhaltlichen Breite (Frage 1)
Das Kategoriensystem zur inhaltlichen Breite der Reflexion wurde z.T. in der Pilotierung erprobt, da die Kategorien in zwei der vier Ebenen (Ebene 1 und 4) „a-priori“ formuliert wurden. Bei den anderen beiden Ebenen (Ebene 2 und 3) wurden die induktiven Kategorien aus dem Material als Grundlage für das System der Hauptuntersuchung genutzt. Die Kategorien in diesen Ebenen wurden so lange geschärft, bis sie disjunkt und erschöpfend waren (vgl. Diekmann 2007, S. 589).
Für das folgende Kategoriensystem zur Ebene 1 „Beschreiben“ liegen keine Ankerbeispiele vor, da sich diese aus den inhaltlichen Aspekten der Vignette ergeben (s. Tabelle 11).

28 Ausführliche Übersicht mit Regeln und Ankerbeispielen im Anhang 6.

Tab. 11: Kategorien der inhaltlichen Breite zur Ebene 1 „Beschreiben"

Kategorien der inhaltlichen Breite zur Ebene 1 „Beschreiben"
A. Dimensionen von Heterogenität
A.1 Kognitive Leistungsfähigkeit
A.2 Kultur-ethnischer Hintergrund (*Sprache/Migration*)
A.3 Gender
A.4 Sozialer Status (*sozioökonomischer Hintergrund*)
B. Inklusion
B.1 Inklusives Setting (*Inklusionskinder*)
B.2 Stunden in der Inklusion (*Doppelsteckung*)
B.3 Kooperation bzw. Zusammenarbeit mit Förderschullehrkraft (auch 2. Lehrperson)
C. Zusammenarbeit ...
C.1 mit Eltern
C.2 mit Schulleitung
C.3 allgemein bzw. unspezifisch
D. Unterrichtsplanung und -vorbereitung (Schwierigkeiten)
E. Unruhe/Lautstärke/allg. Störung
F. Professionalität/Aufgabenbewältigung/Anforderung an den Lehrberuf

Der Aspekt *A.3 Gender* wurde in der Pilotierung nicht erkannt, bleibt aber für die Hauptuntersuchung enthalten, da er Inhalt der Vignette ist. Die Kategorie *A.4 sozialer Satus* musste aufgenommen werden, obwohl er nicht als inhaltlicher Aspekt in der Vignette auftritt, da es in den Bearbeitungen der Studierenden mehrere Äußerungen zu den möglichen Lebensweisen der Schüler*innen kam (häufig in Kombination mit einem Migrationshintergrund). Die im Vorfeld aufgestellten Kategorien zur inhaltlichen Breite für die Ebene 1 konnten somit als Kategoriensystem für die Hauptuntersuchung angenommen werden.

Das Kategoriensystem für die Ebene 2 „Analysieren" erfasst mögliche Gründe, die zur beschriebenen Situation geführt haben könnten. Diesen Kategorien konnten im Verlauf der Hauptuntersuchung verschiedene Subkategorien zugeordnet werden (s. Tabelle 12):

Tab. 12: Kategorien der inhaltlichen Breite zur Ebene 2 „Analysieren"

Kategorien der inhaltlichen Breite zur Ebene 2 „Analysieren"	Ankerbeispiele
G. Grund: Anforderungen/Herausforderungen an die Lehrerin in der heterogenen Lerngruppe	
G.1 Vorwissen (z.B. auch DAZ)/Können/Fähigkeiten/Leistung der SuS	*„Die Lehrkraft fühlt sich aufgrund des heterogenen Leistungsspektrums und (...) überfordert."* (ARA26E_S_II)
G.2 Unterschiedliche Interessen, Motivation und Persönlichkeit der SuS	*„und geht dabei zu wenig auf die einzelnen Charaktere (...) ein."* (TSR09F_S_II)
G.3 Die Heterogenität/heterogene Gruppe ist allg. eine Herausforderung/Schwierigkeit für die Lehrerin	*„In der Situation geht es um die Schwierigkeiten der breitgefächerten Heterogenität im Klassenzimmer."* (MTR25D_II-Pilot)

Kategorien der inhaltlichen Breite zur Ebene 2 „Analysieren“	Ankerbeispiele
G.4 Missachtung von Anforderungen wie bspw. Diagnose, Förderung, Differenzierung, Individualisierung	*„mangelnde diagnostische Fähigkeiten seitens der Lehrerin“* (EDN18F_S_II)
G.5 Lehrerin fehlt Kompetenz, Wissen, Professionalität	*„Die Tatsache, dass die Lehrkraft diese Situation als schwierig empfindet könnte unter Umständen daran liegen, dass sie in ihrer Ausbildung nur ungenügend auf solche Situationen vorbereitet wurde“* (HTM24L_O_II)
G.6 Andere Akteure: Zusammenarbeit mit Kollegen, Eltern, Schulleitung	*„keine Unterstützung der Lehrkraft durch Schulleitung.“* (DHS27F_O_I)
H. Grund: besondere Anforderungen an LP in einem inklusiven Setting	
H.1 Teamteaching mit 2. LP bzw. Förderschullehrkraft *(umfasst Kommunikation, Kooperation, Zusammenarbeit)*	*„Zudem ist es für sie sehr aufwendig/problematisch, dass die Förderschullehrkraft nur für 10h pro Woche zur Unterstützung steht.“* (MTR25D_II-Pilot)
H.2 Inklusionskinder	*„Besonders (...) die Inklusions-SuS scheinen ihr besondere Probleme zu bereiten.“* (MDA26M_O_II))
I. Gründe für Überforderung der Lehrerin	*(Wort „Überforderung“ muss vorkommen)*
I.1 Fehlende Professionalität, Kompetenz, Wissen	*„Die Lehrkraft scheint selbst mit der Situation überfordert zu sein, da sie nicht weiß wie sie mit so einer Heterogenität umgehen soll.“* (HLN18W_II-Pilot)
I.2 Fehlende Unterstützung, Zusammenarbeit, Aufgabenverteilung (unspezifisch)	*„Lehrkraft ist überfordert, benötigt mehr Hilfe“* (CNA20E_S_II)
I.3 Ohne weitere Begründung	*„Überforderung d. Lehrkraft allen gerecht zu werden“* (ASO01G_S_I)
I.4 Durch Erwartungen/Anforderungen von Eltern und Schulleitung	*„Die Lehrkraft ist überfordert, da sie aus allen Seiten Druck und hohe Ansprüche bekommt“* (KSI10O_O_I)
J. Grund: Unterrichtsplanung	
J.1 Klassenführung/Struktur/Regeln	*„kein gut strukturierter Unterricht“* (SNN21T_I-Pilot)
J.2 Methoden/Aufgaben nicht klar	*„Arbeitsmethoden nicht passen gewählt, Keine differenzierten Aufgaben“* (SNN21T_I-Pilot)
J.3 Allg. unzureichende Unterrichtsplanung	*„Sie hat Schwierigkeiten dabei, einen Unterricht zu planen, der für alle Kinder zielführend ist und einen Lernzuwachs ermöglicht.“* (HTM24L_O_I)
K. Sonstige Gründe	
K.1 Verunsicherung bei Kindern und Lehrerin	*„(...) was vor allem daran liegen könnte, dass die Kinder mit den gestellten Anforderungen nicht klarkommen.“* (MNR13F_O_II)
K.2 Heterogenes Setting allg.	*„und es herrscht eine hohe Heterogenitätsspanne“* (DHS27F_O_II)
K.3 Andere Umstände die außerhalb der Lehrerin liegen (z.B. Ressourcen, andere Personen)	*„Klassengröße (Anzahl der Kinder) zu enorm“* (CNA20E_S_II)

Die Vorstudien haben gezeigt, dass (obwohl die Aufgabenstellung für diese Ebene neutral formuliert war) die Antworten der Studierenden defizitorientiert, meist in Bezug auf das falsche Handeln der Lehrerin bezogen waren. Folglich wurden auch hier die Kategorien negativ formuliert wurden.

Für die inhaltliche Breite in Ebene 3 „Bewerten" konnten aus der Pilotierung Kategorien generiert und im Verlauf der Hauptuntersuchung geschärft werden. Zu Beginn standen drei große Themenbereiche (Urteile über die Professionalität und Kompetenz der Lehrerin, Urteile als Verallgemeinerungen zu Heterogenität und Urteile über sonstige Zusammenhänge einzelner Aspekte), die ausdifferenziert wurden (s. Tabelle 13).

Tab. 13: Kategorien der inhaltlichen Breite zur Ebene 3 „Bewerten"

Kategorien der inhaltlichen Breite zur Ebene 3 „Bewerten"	Ankerbeispiel
U. Urteile über die Professionalität und Kompetenz der Lehrperson *(kann sich z.B. in Überforderung äußern)*	
U.1 in Bezug auf unzureichendes Wissen (*Aufgabe „Innovieren"*)	*„Da die Lehrkraft wenig über Heterogenität weiß, ist sie mit der Planung von Unterricht überfordert und es kommt zu Unruhen im Unterricht."* (TS-B05D_II-Pilot)
U.2 in Bezug auf ihre Aufgabe „Unterrichten" *(z.B. unzureichende Unterrichtsplanung und Gestaltung; fehlende Differenzierung/ Individualisierung)*	*„Die Situation in der Klasse ist chaotisch und unstrukturiert. Meines Erachtens wird zu wenig differenziert. Würde die Lehrkraft differenzierter auf ihre Klasse schauen, könnte das Angebot jeden SuS ansprechen."* (GDT08B_I-Pilot)
U.3 in Bezug auf ihre Aufgabe „Beurteilen und Beraten" *(z.B. fehlende Diagnostik und Förderung – spezifisch angesprochen, z.B. Lernstand nicht erkannt/berücksichtigt)*	*„Die Lehrkraft ist mit der gesamten zusätzlichen Arbeit überfordert und kann sich deshalb nicht den Kindern widmen, die mehr Hilfe benötigen."* (HTR10W_O_I)
U.4 in Bezug auf Ihre Aufgabe „Klassenführung" und professionelles Auftreten als LP	*„Heterogenität als Problem in der Klassenführung und Durchführung von Unterricht."* (MNK17D_S_I)
U.5 in Bezug auf Besonderheiten im inklusiven Setting *(s. Aspekte B)*	*„Ein Kind mit Behinderung oder Lernschwäche muss zusätzlich betreut oder integriert werden, was zusätzliche Arbeit bedeutet."* (GDE08B_O_II)
U.6 in Bezug auf fehlende/schwierige Teamarbeit *(wenn nicht Aspekt O.2)*	*„Oftmals haben Lehrkräfte auch keine Erfahrungen mit einer zusätzlichen Lehrkraft gemacht, weswegen die Zusammenarbeit zunächst schwierig fällt."* (EHR19E_O_I)
U.7 in Bezug auf ihre allgemeine Aufgabenbewältigung *(wenn keiner der anderen Aspekte)*	*„Die Situation stellt eine große Hürde bzw. Last für die Lehrperson dar."* (JNR12D_O_I)
N. Verallgemeinerungen und Relativierungen zu heterogenen Gruppen	
N.1 Bezogen auf Unterricht in heterogenen bzw. inklusiven Lerngruppen und Schüler*innen	*„Die Situation ist eine typische Situation bei einer heterogenen Klasse."* (JNN28E_I-Pilot)

N.2 Bezogen auf die Ausbildung von Lehrpersonen und deren Berufsleben	*„Doch den Unterricht heterogen zu gestalten und inklusiv zu unterrichten, damit die Kinder gefördert und gefordert werden ist nicht einfach, da die Grundschullehrer nicht ausreichend gebildet wurden.“* (PRM05F_II-Pilot)
O. Sonstige Urteile über Zusammenhänge einzelner Aspekte	
z.B. Het ↔ Lautstärke/Unruhe; Het ↔ Störung)	*„Die Gruppen harmonieren nicht!“* (MNK17D_S_II)

Die Urteile über die Professionalität und Kompetenz der Lehrerin bezogen sich auf ihre Aufgabe *Unterrichten* mit Unterrichtsplanung, Differenzierung und Methodenauswahl. Es wurde aber auch die Aufgabe *Beurteilen und Beraten* aufgegriffen, beispielsweise durch fehlende Diagnostik und Förderung. Eine weitere Aufgabe war die *Klassenführung* und das professionelle Auftreten als Lehrperson. Auch wurde der Lehrerin fehlendes Wissen in Bezug auf Heterogenität unterstellt (Aufgabe *Innovieren*). Diese Struktur, angelehnt an die Standards für Lehrerbildung (KMK 2014), zeigte sich erst in der Hauptuntersuchung.

Für die Ebene 4 „Planen“ wurden, ähnlich wie in Ebene 1, einige Kategorien für die inhaltliche Breite im Vorfeld *a-priori* entwickelt, die sich an den inhaltlichen Aspekten der Fallvignette orientieren, aber auch Inhalte aus dem begleitenden Seminar aufgriffen (s. Tabelle 14):

Tab. 14: Kategorien der inhaltlichen Breite zur Ebene 4 „Planen“

Kategorien der inhaltlichen Breite zur Ebene 4 „Planen“
P. Unterrichtsmethoden
P.1 Diagnose & Förderung[29]
P.2 Differenzierung
P.3 Individualisierung
P.4 Offener Unterricht *(z.B. Stationenarbeit, Freiarbeit, Werkstattarbeit, Wochenplan, Lernplan)*
P.5 Kooperativer Unterricht/Kooperatives Lernen/Helfersysteme
P.6 Portfolioarbeit
P.7 Förderunterricht *(DAZ)*
P.8 All. Unterrichtsmethoden bzw. Planung verändern
Q. Professionalisierung der Lehrperson (*z.B. Fobi, Literatur, Reflexion*)
R. Zusammenarbeit mit
R.1 Eltern
R.2 Schulleitung
R.3 Förderschullehrkraft
R.4 Kollegen/im Team
R.5 Allg. Forderung nach zweiter Lehrperson (nicht Förderschullehrkraft)

29 Die Kategorien *P.1, P.2* und *P.3* wurden nicht nur codiert, wenn die Begriffe explizit genannt wurden, sondern auch implizit umschrieben, z.B. *„Die Lehrkraft könnte hier unterschiedliche Aufgaben stellen mit unterschiedlichen Niveaus.“* (Pilotierung – JNN28E_I). Häufig wurde mit dem Begriff der Förderung auch eine individuelle Förderung verbunden, die sich aus einer Leistungsfeststellung bzw. Diagnose ergeben sollte.

Kategorien der inhaltlichen Breite zur Ebene 4 „Planen“
S. Sonstiges
S.1 Klassenführung *(Regeln, Unruhe)*
S.2 Inhalte verändern
S.3 Motivation und Interesse *(z.B. Lernklima, Lernatmosphäre, Soziale Kompetenz, Zusammenhalt)*

Das vorher entwickelte Kategoriensystem konnte auf die Hauptuntersuchung angewendet werden.

Kategoriensystem zur Nutzung des Reflexionszyklus (Frage 2)
Um die Nutzung des Reflexionszyklus als Teil von Reflexionskompetenz zu erfassen, wurde auf die Abschlussreflexionen in den ePortfolios zurückgegriffen. Diese sollten mit den Stationen aus dem selbstentwickelten Reflexionszyklus (s. Kapitel 4.3.3) abgeleitet werden. Da in der Aufgabenstellung für die Abschlussreflexion nach zwei Reflexionsgegenständen fragte (*Was habe ich zum Thema „Umgang mit Heterogenität“ in diesem Semester gelernt? Welche Rolle hat das ePortfolio in diesem Lernprozess?)* mussten zwei verschiedene Kategoriensysteme angelegt werden. Das erste System fokussiert auf Aussagen zum Thema Heterogenität (s. Tabelle 15) und das zweite auf das ePortfolio (s. Tabelle 16). Dies war wichtig, um auch hier eine inhaltliche Breite in den Antworten zu erfassen. Außerdem sollten die Codierungen zum ePortfolio auch in der dritten Forschungsfrage verarbeitet werden.

Tab. 15: Kategoriensystem zum Reflexionszyklus mit Heterogenität

Hauptkategorie aus dem Reflexionszyklus	Unterkategorie 1	Unterkategorie 2
I 1 Ereignis *Aussagen dazu, dass das Seminar besucht wurde. In der Regel in der Einleitung des Reflexionseintrags.*		
I 2 Noticing		
I 3 Rückschau *deskriptive Rückschau auf das Ereignis* *subjektiv beschreiben* *Ereignis (Inhalte) zusammenfassen und beschreiben*	**Seminarstruktur und Inhalte** *(zusammenfassen und beschreiben)* **Erwartungen an das Seminar** **Vorwissen/Vorerfahrungen** **Rückbezug zum eigenem Portfolio**	
I 4a Bewusstmachung	**a. Reflexionstiefe Ebene 2 „Analysieren“**	
I 4b 1/2 Bewusstmachung	**b. Reflexionstiefe Ebene 3 „Bewerten“**	**1. Begründung OHNE theoretischen Anknüpfungspunkte** *(z.B. relevante Begriffe werden benannt oder umschrieben, aber nicht verortet)* **2. Begründung MIT theoretischen Anknüpfungspunkten**

Hauptkategorie aus dem Reflexionszyklus	Unterkategorie 1	Unterkategorie 2
I 4c 1/2/3 Bewusstmachung	c. Abstraktionsebene des Lernprozesses *(Meta-Ebene)*	1. Mikro = individuelles Befinden und Gefühle *„Ich und mein Lernprozess"* 2. Meso = Lernen im Seminarkontext *„Ich und der aktuelle Inhalt"* 3. Makro= Professionalisierungsprozess *„Ich und meine Profession" – Lernprozess für den späteren Beruf*
I 4d 1/2 Bewusstmachung	d. inhaltliche Breite in Bezug auf Heterogenität	1. allgemeine Aussagen *Ausführungen zum Inhalt, ohne Seminarbezug oder individuelle Bezüge* 2. Einbindung von Artefakten
I. 5 Handlungsalternativen *Begründete Planungen in Bezug auf den Inhalt, Nennung von Handlungsalternativen*		
I. Sonstiges *z.B. Seminar-ORGA*		

Dabei entsprechen die Hauptkategorien den fünf Stationen des Reflexionszyklus (*Ereignis, Noticing, Rückschau, Bewusstmachung und Handlungsalternativen*) mit der zusätzlichen Erfassung von Artefakten (z.B. Bilder, Fotos, Abbildungen usw.). Es folgen zwei Stufen von Unterkategorien, die in den Stationen *Rückschau* und *Bewusstmachung* eingeführt wurden.

- Die *Rückschau* unterscheidet dabei zwischen strukturellen Merkmalen, wie Seminarinhalte, Erwartungen an das Seminar und ePortfolio, sowie Vorwissen, aber auch Querverweise zum eigenen ePortfolio.
- In der *Bewusstmachung* werden die Unterkategorien *Reflexionstiefe, Abstraktionsebene* des Lernprozesses und *inhaltliche Breite* angelegt, mit jeweils eigenen Ausprägungen als Unterkategorie 2.

Tab. 16: Kategoriensystem zum Reflexionszyklus mit ePortfolio

Hauptkategorie aus dem Reflexionszyklus	Unterkategorie 1	Unterkategorie 2
P 1 Ereignis *Aussagen, dass ePortfolio genutzt wurde. In der Regel in der Einleitung des Reflexionseintrags.*		
P 2 Noticing *Relevanter Moment, der für die Reflexion ausgewählt wurde.*		

Hauptkategorie aus dem Reflexionszyklus	Unterkategorie 1	Unterkategorie 2
P 3 a/b/c Rückschau *Deskriptive Rückschau auf das Ereignis* *subjektiv beschreiben* *Ereignis (Portfolioarbeit) zusammenfassen und beschreiben.*	Struktur der ePortfolioarbeit (*zusammenfassen und beschreiben)* Erwartungen an die ePortfolioarbeit Vorwissen/Vorerfahrungen	
P 4a Bewusstmachung	a. Reflexionstiefe Ebene 2 „Analysieren"	1. Analysieren und Interpretieren
P 4b 1/2 Bewusstmachung	b. Reflexionstiefe Ebene 3 „Bewerten"	1. Begründung OHNE theoretischen Anknüpfungspunkte *(z.B. relevante Begriffe werden benannt oder umschrieben, aber nicht verortet)* 2. Begründung MIT theoretischen Anknüpfungspunkten
P 4c 1/2/3 Bewusstmachung	c. Abstraktionsebene des Lernprozesses	1. Mikro = individuelles Befinden und Gefühle *„Ich und mein Lernprozess"* 2. Meso = Lernen im Seminarkontext *„Ich und der aktuelle Inhalt"* 3. Makro = Professionalisierungsprozess *„Ich und meine Profession" – Lernprozess für den späteren Beruf*
P 4d 1/2/3/4/5/6 Bewusstmachung	d. inhaltliche Breite in Bezug auf ePortfolioarbeit	1. Arbeitsweise in Gruppen O/S *Alle Aussagen, die sich auf die Arbeit und die Arbeitsweise in Gruppen in O und S beziehen.* *Egal ob positiv oder negativ.* *Z.B. Ich hätte gerne in Gruppe O gearbeitet/Ich war in Gruppe O und hätte gerne mehr Struktur oder Aufgabenbeispiele bekommen.* *Alle Aussagen, die ohne Bezug zur Gruppeneinteilung getroffen werden, sind der Kategorie <Struktur ePf-Arbeit> zugewiesen.* 2. Struktur der ePf-Arbeit *Bezieht sich auf die Aufgabenstellungen, den Zeitpunkt usw.* *Ohne konkreten Bezug zur Benennung der Gruppe.* 3. Vergleich zu anderen Prüfungsinstrumenten *Erarbeiten von Vor- und Nachteilen* 4. Plattform Mahara

Hauptkategorie aus dem Reflexionszyklus	Unterkategorie 1	Unterkategorie 2
		5. Begleitung (Dozentin/Tutor/Hiwi) *Enthält auch Wünsche nach mehr oder weniger Unterstützung. Auch inhaltliche Unterstützung in Form von Feedback durch Dozentin.* **6. Peer-Feedback** *NUR Aussagen zum Peerfeedback*
I. 5 a/b Handlungsalternativen *Nennung von Handlungsalternativen.*	Begründete **eigene** Planungen in Bezug auf ePortfolioarbeit Handlungsalternativen für ePortfolioarbeit **im Seminar**	
P. Sonstiges		

Kategoriensystem zur Bearbeitungsform (Frage 3)
Um die dritte forschungsleitende Fragestellung zur Beurteilung der Bearbeitungsform des ePortfolios zu beantworten, wurden konkrete Aussagen aus den Abschlussreflexionen (MZ 3) mit den Antworten im Fragebogen der Zwischenerhebung (MZ 2) verglichen.
Die Zwischenerhebung hatte vier inhaltliche Teile:

Teil A: Vorgehen bei der Erstellung von Reflexionseinträgen im ePortfolio
Teil B: Vergleich der Arbeitsweisen
Teil C: Feedback zum Seminar
Teil D: Selbsteingeschätzter Lernzuwachs

Die Ergebnisse aus dem Fragebogen wurden für jeden der acht ausgewählten Einzelfälle zusammengefasst und deskriptiv dargestellt. Die Auswertung orientierte sich an den vier Teilen.

Die Aussagen aus dem ePortfolio zur Bearbeitungsform wurden durch das Kategoriensystem zum Reflexionszyklus ePortfolio (s. Tabelle 16) in der Kategorie *P 4d Bewusstmachung – inhaltliche Breite in Bezug auf ePortfolioarbeit* schon erfasst und zur Beantwortung der Frage 3 zusammengefasst. Aus den vorherigen Codierungen konnten sieben Bereiche extrahiert werden, zu denen sich die Studierenden in den Abschlussreflexionen äußerten:
- Mahara
- Recherche
- Arbeitsprozess (allg.)
- Arbeitsprozess (Ansichten gestalten)
- *Portfolio-Kopf* erstellen (Gruppe O) bzw. Aufgaben auswählen (Gruppe S)
- Peer-Feedback
- Sonstiges

Damit ist das methodische Vorgehen umfassend dargelegt und die Darstellung der Ergebnisse zu den drei Forschungsfragen kann erfolgen.

8 Ergebnisse

In diesem Kapitel werden die Ergebnisse der Analysen zu den drei forschungsleitenden Fragestellungen vorgestellt (Kapitel 8.1, 8.2 und 8.3). Eine zusammenführende Diskussion und Interpretation der Befunde folgen anschließend in Kapitel 9.

8.1 Ergebnisse zur Reflexionstiefe und inhaltlichen Breite

Zur Beantwortung der Frage, welche Unterschiede sich bei der *Reflexionstiefe* und *inhaltlichen Breite* in den Bearbeitungen der unterrichtsbezogenen Fallvignette zeigen und wie sich diese systematisieren lassen (s. Kapitel 7.2.1 die Abbildung 16, MZ 1 und 3), wurden die Prä- und Post-Bearbeitungen der 34 Studierenden mit den entwickelten Kategoriensystemen codiert.
Für die systematische Ergebnisdarstellung wurde eine 6-Felder-Tafel zur Tiefe und Breite entwickelt, wo die Fälle nach Analyse der Reflexionstiefe und inhaltlichen Breite eingeordnet werden konnten (s. Tabelle 17). Diese Tabelle bildet die Grundlage zur Beantwortung der ersten Forschungsfrage und erfasst gleichzeitig, mit welcher Bearbeitungsform die Studierenden gearbeitet haben.

Tab. 17: 6-Felder-Tafel zur Reflexionstiefe und inhaltlichen Breite

	weniger Tiefe erreicht	**gleiche Tiefe erreicht**	**mehr Tiefe erreicht**
Veränderung in der inhaltlichen Breite			
Gleiche inhaltliche Breite			

Nachdem alle Reflexionstexte der Fallvignette zur Reflexionstiefe und inhaltlichen Breite codiert waren, konnten die Prä- und Post-Bearbeitung in einen direkten Vergleich gebracht werden. Die Prä-Bearbeitung wurde dabei als Ausgangsleistung bzw. Vorwissen angenommen und die Post-Bearbeitung dazu in Vergleich gesetzt. Dies war notwendig, um die ersten Forschungsfrage nach Unterschieden in den Bearbeitungen zu beantworten und diese zu systematisieren. In der direkten Gegenüberstellung konnte die Reflexionstiefe dabei drei Ausprägungen haben:
- weniger Tiefe erreicht
- gleiche Tiefe erreicht
- mehr Tiefe erreicht.

Dafür erfolgt als erster Schritt eine Auswertung, welche Ebenen fehlend bzw. vorhanden sind und wie sich dies im zweiten Reflexionstext verändert bzw. ob neue Ebenen hinzukommen. Dies lässt sich sowohl auf Einzelfallebene darstellen, aber auch in Bezug auf die beiden Arbeitsgruppen O und S (Reflexionstiefe).
Beim Vergleich der Prä- und Post-Bearbeitungen in Bezug auf die inhaltliche Breite war relevant, ob die Aspekte wieder aufgegriffen und/oder neue Aspekte zur Bearbeitung herangezogen. Anders als bei der Reflexionstiefe, konnten für die inhaltliche Breite nur zwei Ausprägungen bestimmt werden:
- Veränderung in der Breite
- gleiche Breite.

Ein qualitatives Urteil zu mehr oder weniger Breite hat sich als nicht praktikabel herausgestellt. Es kann (auch aus der bisherigen Forschung zur Reflexion) keine Aussage darüber getroffen werden, ob es qualitativ besser ist, wenn in einer Reflexion möglichst viele unterschiedliche Aspekte angesprochen oder wenige Aspekte intensiver analysiert werden. Aus diesem Grund wurde festgelegt, dass die Veränderungen in der Argumentationsstruktur das wichtigste Merkmal der inhaltlichen Breite darstellen: Bleibt die Argumentationsstruktur gleich (ähnlich dem Vorwissen aus der ersten Bearbeitung) oder gibt es eine Veränderung (z.B. neue Aspekte kommen hinzu, gänzliche andere Systematik). Diese Analyse erfolgt über alle Ebenen hinweg.

Die nachfolgenden Ergebnisse zur *ersten Forschungsfrage* beziehen das gesamte Sample mit 34 Fällen ein, wobei zwischen Erkenntnissen auf Gruppenebene (34 Fälle) (Kapitel 8.1.1) und Einzelfallebene (8 Fälle) unterschieden (Kapitel 8.1.2)[30] wird.

8.1.1 Gruppenbezogene Ergebnisse

Für einen Überblick und zur Systematisierung der Veränderung in Tiefe und Breite der Reflexionen vom ersten zum zweiten Messzeitpunkt wurde das gesamte Sample in die 6-Felder-Tafel eingetragen (s. Tabelle 18), die acht ausgewählten Fälle sind blau hinterlegt.
Bei der Analyse zeigten 42% der Studierenden der offenen Gruppe O (8 Studierende) weniger Reflexionstiefe in ihrer zweiten Bearbeitung der Fallvignette. In sechs Fällen (31%) wurde die gleiche Tiefe erreicht und bei fünf Studierenden (26%) war mehr Reflexionstiefe feststellbar. In der geschlossenen Gruppe S erreichten 47% (7 Fälle) der Studierenden weniger Reflexionstiefe. In fünf Fällen (33%) wurde die gleiche Tiefe erreicht und bei drei Studierenden (20%) war mehr Reflexionstiefe feststellbar. Die im Sample vertretenen fünf männlichen Studierenden verteilten sich über alle Reflexionstiefen.

Tab. 18: ausgefüllte 6-Felder-Tafel zur Reflexionstiefe und inhaltlichen Breite

Tiefe	**Weniger Reflexionstiefe**		**Gleiche Reflexionstiefe**		**Mehr Reflexionstiefe**	
Breite	**Gruppe S**	**Gruppe O**	**Gruppe S**	**Gruppe O**	**Gruppe S**	**Gruppe S**
Veränderung in der inhaltlichen Breite	ASO01G_S	DHS27F_O	Celine (ARA26E_S)	GDE08B_O	Lina (CNA20E_S)	EHR19E_O
	KZN16G_S	JNR12D_O	EDN18F_S	HTM28E_O	HTU21W_S	HTM24L_O
	LRT10F_S	KRH10S_O	HTN10G_S	Katharina (JNS03D_O)		LZR11F_O
	RFH27D_S	PRG23F_O	JNU26S_S	PRR31N_O		Paola (MDA26M_O)
	TSR09F_S	Christian (WGE08O_O)	MNK17D_S			MNR13F_O
	Nora (UER25D_S)					
Gleiche inhaltliche Breite	Svenja (FKJ30F_S)	HTR10W_O		KSN18O_O	RFL09B_S	
		KSI10O_O		PRP05F_O		
		Lan Thi (QNN05L_O)				

30 Die Analyse der restlichen 26 Fälle auf Einzelfallebene findet sich nicht in dieser Veröffentlichung.

Gruppenbezogene Ergebnisse der Reflexionstiefe

Die Reflexionstiefe wurde durch eine Auszählung der codierten Segmente in den Reflexionstexten zur Fallvignette bestimmt. Diese ergaben für die Gruppe O (n = 19), dass bei der Prä-Bearbeitung 56 Codings einer Ebene der Reflexionstiefe zugeordnet werden konnten, bei der zweiten Bearbeitung 57 Codings (s. Tabelle 19). In sieben Fällen der Gruppe O lagen vollständige Bearbeitungen für alle Ebenen der Reflexionstiefe vor, davon zwei aus der Prä- und fünf aus der Post-Bearbeitung.
In Gruppe S (n = 15) konnten in den Prä-Bearbeitungen 46 Codings vergeben werden und in der zweiten Bearbeitung nur noch 38, was einer Reduktion um 17% entspricht. Alle Ebenen der Reflexion erreichten in der Prä-Erhebung drei Studierende, in der Post-Bearbeitung eine Person.

Tab. 19: Ergebnisse Reflexionstiefe Gruppenebene

	Prä O (n = 19)	**Post O (n = 19)**	**Prä S (n = 15)**	**Post S (n = 15)**
Ebene 1 „Beschreiben"	5 (26%)	8 (42%)	6 (40%)	4 (27%)
Ebene 2 „Analysieren"	19 (100%)	16 (84%)	15 (100%)	13 (87%)
Ebene 3 „Bewerten"	13 (68%)	13 (68%)	10 (66%)	9 (60%)
Ebene 4 „Planen"	19 (100%)	19 (100%)	15 (100%)	12 (80%)
	58	57	46	38

Bei Gruppe O waren die Ebenen 2 und 4 in der ersten Bearbeitung vollständig, dies traf auch auf Gruppe S zu. In der Post-Bearbeitung war bei Gruppe O nur noch die Ebene 4 vollständig, in der Gruppe S keine Ebene mehr.
In der ersten Bearbeitung wurden in 26% der Fälle von Gruppe O die Ebene 1 „Beschreiben" codiert, in Gruppe S waren es 40%. Post erhöhte sich der Wert in Gruppe O auf 42% und sank in Gruppe S auf 27%. Für die zweite Ebene „Analysieren" waren es jeweils 100% und bei der zweiten Erhebung 84% (Gruppe O) bzw. 87% (Gruppe S). In Ebene 3 „Bewerten" gab es zwischen den Messzeitpunkten und Gruppen kaum Unterschiede: MZ 1 waren in Gruppe O 68% der Fälle vollständig und in Gruppe S 66%. Nachher waren es 68% und 60% der Fälle. Die Ebene 4 „Planen" war in Gruppe O zu beiden Messzeitpunkten vollständig, bei Gruppe S waren es zum zweiten Messzeitpunkt nur 80%.
Außerdem konnte durch Zählung der Zeichen in den Reflexionstexten festgestellt werden, dass alle Studierenden in den ersten Texten zwischen 244 und 1421 Zeichen schrieben, in der Post-Bearbeitung zwischen 83 und 5890 Zeichen. Die vier Fälle mit der größten negativen Differenz zeigten alle weniger Reflexionstiefe (Svenja mit -930 Zeichen, PRG23F_O mit -853 Zeichen, KZN16G_S mit -369 Zeichen und KRH10S_O mit -340 Zeichen). Wohingegen die fünf Fälle mit der größten positiven Differenz alle mehr Reflexionstiefe erreichten (HTM24L_O mit +4823 Zeichen, MNR13F_O mit +1244 Zeichen, Lina mit +591 Zeichen, LZR11F_O mit +333 Zeichen und Paola mit +328 Zeichen).

Gruppenbezogene Ergebnisse zur inhaltlichen Breite

Der zweite Analyseschritt betrifft die Darstellung der gruppenbezogenen Ergebnisse zur inhaltlichen Breite, gegliedert nach den Ebenen der Reflexionstiefe.

Inhaltliche Breite der Ebene 1 „Beschreiben“

In der offen-adaptiven Gruppe O (n = 19) wurden in der ersten Bearbeitung 51 Codes auf der ersten Ebene vergeben (s. Tabelle 20), was 2,6 Aspekten pro Fall entsprach. In der geschlossenen Gruppe S (n = 15) waren es hingegen 47 Codes und 3,1 Aspekten pro Fall. In der zweiten Bearbeitung am Ende der Lehrveranstaltung konnten in Gruppe O 68 inhaltliche Aspekte codiert werden (3,5 Aspekte pro Fall) und eine Steigerung der Kodierungen um 33% festgestellt werden. In Gruppe S hingegen wurden nur noch 32 inhaltliche Aspekte codiert (2,1 Aspekte pro Fall) was einer Abnahme der Kodierungen um 31% entspricht.
Am häufigsten wurden in beiden Gruppen die Kategorien *A.1 kognitive Leistungsfähigkeit* und *B.3 Zusammenarbeit mit der Förderschullehrkraft* benannt. Auch die Kategorien *C.1 Zusammenarbeit mit Eltern* und *E. Unruhe* waren in der ersten Bearbeitung oft vertreten. Die Kategorie *A.3 Gender* konnte bei keiner Gruppe codiert werden, *B.2 Stunden in der Inklusion („Doppelsteckung“)* nicht in Gruppe O und *B.1 Inklusives Setting* nicht in Gruppe S.

Tab. 20: Ergebnisse inhaltliche Breite Ebene 1 „Beschreiben“

Kategorie		Gruppe O „prä“ (n = 19)	Gruppe O „Post“ (n = 19)	Gruppe S „Prä“ (n = 15)	Gruppe S „Post“ (n = 15)
A.1	Kognitive Leistungsfähigkeit	13	10	12	6
A.2	Kultur-ethnischer Hintergrund (Sprache/Migration)	2	4	4	2
A.3	Gender	-	1		1
A.4	Sozialer Status/soziökonomischer Hintergrund	4	5	3	
B.1	Inklusives Setting („Inklusionskinder“)	2	8		1
B.2	Stunden in der Inklusion („Doppelsteckung“)	-	1	1	
B.3	Kooperation bzw. Zusammenarbeit mit Förderschullehrkraft (auch 2. LP)	9	8	6	5
C.1	Zusammenarbeit mit Eltern	5	11	6	5
C.2	Zusammenarbeit mit Schulleitung	4	7	5	4
C.3	Zusammenarbeit allgemein bzw. unspezifisch	1	1	1	
D.	Unterrichtsplanung und -vorbereitung (Schwierigkeiten)	4	5	1	4
E.	Unruhe/Lautstärke/Störung	5	6	6	2
F.	Professionalität/Aufgabenbewältigung/Anforderung an den Lehrberuf (z.B. Druck von außen -unspezifisch-)	2	1	2	2
	Summe	51	68	47	32

Bei der zweiten Bearbeitung wurden in Gruppe O am häufigsten die Kategorien *C.1 Zusammenarbeit mit Eltern* (55% der Fälle) und *A.1 kognitive Leistungsfähigkeit* (50% der Fälle) benannt. Auch die Kategorien *B.1 Inklusives Setting, B.3 Zusammenarbeit mit der Förderschullehrkraft* und *C.2 Zusammenarbeit mit der Schulleitung* wurden mit jeweils acht Nennungen (40% der Fälle) oft erkannt. Es konnten alle Kategorien im Material codiert werden. In Gruppe S wurde weiterhin die Kategorie *A.1 kognitive Leistungsfähigkeit* von 40% der Fälle am häufigsten erkannt, gefolgt von *B.3 Zusammenarbeit mit der Förderschullehrkraft* und *C.1 Zusammenarbeit mit Eltern* mit jeweils

33% der Fälle. Die drei Codes *A.4 sozialer Status*, *B.2 Stunden in der Inklusion („Doppelsteckung")* und *C.3 Zusammenarbeit im Allgemeinen* waren im Material nicht auffindbar.
In der Prä-Bearbeitung der Gruppe O lieferten der Student HTM24L_O mit sechs inhaltlichen Aspekten und die Studentinnen DHS27F_O und PRR31N_O mit jeweils fünf Codierungen die größte inhaltliche Breite in Ebene 1 „Beschreiben". In zwei Fällen konnten keine inhaltlichen Aspekte als Beschreibung zugeordnet werden (PRP05F_O und Christian). In den übrigen 17 Fällen wurde mindestens ein Aspekt genannt. Auch in der zweiten Bearbeitung erkannte der Student HTM24L_O mit zehn Codes die meisten inhaltlichen Aspekte, gefolgt von Katharina mit acht Kodierungen. Bei fünf Studierenden konnten keine Aspekte codiert werden (HTM28E_O, KRH10S_O, KSN18O_O, PRG23F_O und PRP05F_O). In den übrigen 15 Fällen der Gruppe O wurde mindestens ein Aspekt genannt.
In der Gruppe S lieferten die drei Studentinnen Lina, Svenja und HTN10G_S mit jeweils sechs inhaltlichen Aspekten die größte inhaltliche Breite. In einem Fall konnten keine inhaltlichen Aspekte als Beschreibung zugeordnet werden (JNU26S_S). Wieder hatten Svenja und Lina mit jeweils fünf Nennungen die meisten inhaltlichen Aspekte in der zweiten Bearbeitung. Bei vier Studentinnen konnten keine Aspekte codiert werden (JNU26S_S, KZB16G_S, LRT10F_S und Nora).

Inhaltliche Breite der Ebene 2 „Analysieren"
Für die Gruppe O konnten auf der Ebene 2 „Analysieren" 67 Codes vergeben werden, was durchschnittlich 3,5 Aspekte pro Fall entspricht. In Gruppe S waren es 54 Codes und damit im Durchschnitt 3,6 Begründungen pro Fall. In der zweiten Bearbeitung reduzierten sich die Codierungen in Gruppe O um 20% (54 Codes und 2,8 pro Fall). Auch in Gruppe S konnte eine Reduzierung um 24% (41 Codes und 2,7 pro Fall) festgestellt werden (s. Tabelle 21).

Tab. 21: Ergebnisse inhaltliche Breite Ebene 2 „Analysieren"

Kategorie		Gruppe O „prä" (n=19)	Gruppe O „Post" (n=19)	Gruppe S „prä" (n=15)	Gruppe S „Post" (n=15)
G.1	Vorwissen/Können/Fähigkeiten/Leistung	12	9	9	5
G.2	unterschiedliche Interessen/ Motivation/ Persönlichkeit	1	1	1	1
G.3	Heterogenität ist allgemein eine Herausforderung/ Schwierigkeit für die Lehrperson	3	2	2	2
G.4	Missachtung der Anforderungen (z.B. Diagnose/ Förderung, Differenzierung oder Individualisierung) kann zu Unter- oder Überforderung führen	9	7	5	4
G.5	Lehrerin fehlt es an Kompetenz, Wissen, Professionalität	5	5	4	2
G.6	Einflüsse und Druck von „Außen": Zusammenarbeit mit Kollegen, Eltern, Schulleitung usw.	6	8	6	3
H.	Grund: besondere Anforderungen an Lehrerin in einem inklusiven Setting		1		
H.1	Teamteaching mit 2. Lehrperson bzw. Förderschullehrkraft	9	5	6	3
H.2	Inklusionskinder	-	1	1	1

Kategorie		Gruppe O „prä" (n = 19)	Gruppe O „Post" (n = 19)	Gruppe S „prä" (n = 15)	Gruppe S „Post" (n = 15)
I.1	„Überforderung" wegen fehlende Professionalität, Kompetenz, Wissen	1	2	1	3
I.2	„Überforderung" wegen fehlende Unterstützung/ Zusammenarbeit/Aufgabenverteilung	-	-	-	1
I.3	„Überforderung" wegen ohne weitere Begründung	3	1	5	1
I.4	„Überforderung" wegen durch Erwartungen/Anforderungen von Eltern und Schulleitung (Druck von Außen)	2	-	3	4
J.1	Klassenführung/Struktur/Regeln nicht klar	2	1	2	-
J.2	Methoden/Aufgaben für SuS nicht angemessen	2	1	2	4
J.3	allg. unzureichende Unterrichtsplanung (z.B. Unterrichtsform offen-geschlossen)	3	3	3	1
K.1	Verunsicherung bei Kindern und Lehrperson	-	2	1	
K.2	heterogenes Setting (allg.) – ohne Bezug zur Lehrperson	9	4	3	5
K.3	andere Umstände, die außerhalb der Lehrperson liegen (z.B. Ressourcen, andere Personen)	-	1	-	1
	Summe	67	54	54	41

In der ersten Bearbeitung nannten in beiden Gruppen jeweils 60% der Fälle die Kategorie *G.1 Gründe: Vorwissen, Können, Fähigkeiten, Leistung* als einen Grund für die beschriebene Situation. In Gruppe O folgten bei 45% der Studierenden die Kategorien *G.4 Lehrerin missachtet heterogene Anforderungen, H.1 Teamteaching mit zweiter Lehrperson bzw. Förderschullehrkraft* und *K.2 allgemein heterogenes Setting.* Nicht vertreten waren die Kategorien *H.2 Inklusionskinder, I.2 Überforderung wegen fehlender Unterstützung, K.1 Verunsicherung* und *K.3 andere Umstände.* In der geschlossenen Gruppe S wurden mit jeweils 40% auch die Kategorien *G.6 Lehrerin erfährt Druck von außen* und *H.1 Teamteaching mit der Förderschullehrkraft* häufig genannt. 33% der Studierenden benannten auch die Kategorien *G.4 Lehrerin missachtet heterogene Anforderungen* und *I.3 allgemeine Überforderung.* Nicht vertreten waren die Kategorien *I.2 Überforderung wegen fehlender Unterstützung* und *K.3 andere Umstände.*
Wieder lieferte der Student HTM24L_O mit sieben Gründen die größte inhaltliche Breite, in Gruppe S waren es sechs Studierende mit jeweils fünf Gründen. Die Studentin JNU26S_S zeigte mit nur einem Grund eine geringe inhaltliche Breite auf Ebene 2 „Analysieren".
Mit 20% ist der häufigste Grund für die Studierenden der Gruppe O auch hier das *Vorwissen bzw. Leistung der Kinder (G.1),* gefolgt von den Einflüssen und dem *Druck von außen auf die Lehrerin (G.6)* mit 40% und der *Missachtung von heterogenen Anforderungen (G.4)* mit 35%. Nicht vergeben wurden die Kategorien *I.2 Überforderung wegen fehlender Unterstützung* und *I.4 Überforderung wegen Druck von außen.* In der geschlossenen Gruppe S wurden auch die Gründe *G.1 Vorwissen bzw. Leistung der Kinder* und *K.2 das allgemeine heterogene Setting* mit jeweils 33% am häufigsten genannt. Die Themen aus den Kategorien *G.4 Aufgabenbewältigung, I.4 Überforderung durch Druck von außen* und *J.2 Unterrichtsmethoden* kommen jeweils in 26% der Texte vor. Nicht vergeben wurden die Kategorien *J.1 Klassenführung* und *K.1 Verunsicherung.*
Die meisten Gründe aus Gruppe O nannte wieder der Student HTM24L_O (7 Gründe), in Gruppe S war es die Studentin TSR09F_S mit acht Gründen. Auch die Studentinnen

LZR11F_O und MNR13F_O liefern mit jeweils fünf Gründen eine hohe inhaltliche Breite auf dieser Ebene. In sechs Fällen lagen keine Antworten auf dieser Ebene vor (HTM28E_O, KRH10S_O, KSN18O_O, KZB16G_S, PRG23F_O und RFL09B_S).

Inhaltliche Breite der Ebene 3 „Bewerten“
Auf Ebene 3 „Bewerten“ wurden in der ersten Bearbeitung in Gruppe O 23 Urteile kodiert, was 1,2 Argumenten pro Fall entspricht und in Gruppe S 15 Urteile (1 Argument pro Fall). In der zweiten Bearbeitung waren es in Gruppe O 21 Urteile (1,1 Argumente pro Fall) und in der anderen Gruppe 12 Urteile (0,8 Argumente pro Fall). Beide Gruppen lieferten in der zweiten Bearbeitung eine Abnahme um 9% bzw. 20% der Urteile (s. Tabelle 22).
Das Urteil *N.1 mit Verallgemeinerungen zu Unterrichten in heterogenen Lerngruppen* war in beiden Gruppen in der ersten Bearbeitung die häufigste Nennung (je 5). In der Post-Bearbeitung war mit 7 Nennungen die Kategorie *U.2 Urteil in Bezug auf die Aufgabe „Unterrichten“* in Gruppe O, in Gruppe S blieb es bei der Kategorie *N.1* mit 5 Nennungen.
Das zweit-häufigste Urteil war zum Messzeitpunkt 1 in beiden Gruppen das Urteil *U.2* (jeweils 4 Nennungen). Nachher war es in der offenen Gruppe O die Kategorie *U. Urteile über die Professionalität und Kompetenz der Lehrerin* und in Gruppe S gab es drei Kategorie mit jeweils zwei Nennungen (*U.*, *U.6 Urteil in Bezug auf fehlende/schwierige Teamarbeit* und *O. sonstige Urteile über Zusammenhänge einzelner Aspekte)*.

Tab. 22: Ergebnisse inhaltliche Breite Ebene 3 „Bewerten“

Kategorie		**Gruppe O „prä“ (n = 19)**	**Gruppe O „Post“ (n = 19)**	**Gruppe S „prä“ (n = 15)**	**Gruppe S „Post“ (n = 15)**
U.	Urteile über die Professionalität und Kompetenz der LP	2	4	1	2
U.1	Urteil in Bezug auf unzureichendes Wissen	2	1	1	-
U.2	Urteil in Bezug auf die Aufgabe „Unterrichten“	4	7	4	1
U.3	Urteil in Bezug auf die Aufgabe „Beurteilen und Beraten“	2	-	-	-
U.4	Urteil in Bezug auf die Aufgabe „Klassenführung“	1	-	3	-
U.5	Urteil in Bezug auf inklusives Setting	1	1	-	-
U.6	Urteil in Bezug auf fehlende/schwierige Teamarbeit	3	3	1	2
U.7	Urteil in Bezug auf die allgemeine Aufgabenbewältigung	3	1	1	-
N.1	Verallgemeinerungen und Relativierungen zu heterogenen Gruppen bezogen auf Unterricht	5	2	5	5
N.2	Verallgemeinerungen und Relativierungen bezogen auf die Ausbildung und Berufsleben	-	2	-	-
O.	Sonstige Urteile über Zusammenhänge einzelner Aspekte	-	-	1	2
	Summe	23	21	15	12

Die Studentin PRR31N_I_O lieferte in beiden Bearbeitungen die meisten Urteile (erst 4 und dann 3). In der Gruppe S hatten die Studierenden MNK17D_I_S und KZN16G_I_S jeweils drei Urteile und in der zweiten Bearbeitung lieferten drei Studentinnen mit jeweils zwei Nennungen die meisten Urteile. Die Kategorie *U.4 Urteil in Bezug auf die Aufgabe „Klassenführung"* wurde in beiden Gruppen nur in der ersten Bearbeitung genannt und nachher nicht mehr. Die Kategorie *U.3 Urteil in Bezug auf die Aufgabe „Beurteilen und Beraten* wurde nur zu Beginn in der offenen Gruppe O benannt, darüber hinaus nicht mehr. Das *inklusive Setting (U.5)* spielte in beiden Gruppen eine untergeordnete Rolle und wurde fast nicht erwähnt.

Inhaltliche Breite der Ebene 4 „Planen"
Auf Ebene 4 „Planen" wurden in der offenen Gruppe in der ersten Bearbeitung 62 Handlungsvorschläge gemacht (3,2 Aspekte pro Fall), in Gruppe S waren es 47 Vorschläge (3,1 pro Fall). Beim zweiten Messzeitpunkt kam die Gruppe O auf 72 (3,7 pro Fall) und Gruppe S auf 36 Nennungen (2,4 pro Fall). Für die Gruppe O bedeutet dies eine Zunahme um 16%, während für Gruppe S eine Reduktion um 23% zu verzeichnen ist (s. Tabelle 23).
In der ersten Bearbeitung nannten die Studierenden der Gruppe O besonders häufig Vorschläge zu *P.2 Differenzierung* (8 Nennungen), *Q. Professionalisierung* (6 Nennungen) und zur *R.3 Zusammenarbeit mit Förderschullehrkraft* (6 Nennungen). Für die Gruppe S sind es ebenfalls die *Differenzierungen* (*P.2* mit 10 Nennungen) und der *Offene Unterricht* (*P.4* mit 6 Nennungen). In der zweiten Bearbeitung wurde von der Gruppe O deutlich häufiger *P.5 Kooperatives Lernen* vorgeschlagen (10 Nennungen) und *P.4 Offener Unterricht* (9 Nennungen). Weiterhin war aber auch die *Zusammenarbeit mit der Förderschullehrkraft* (7 Nennungen) ein wichtiger Handlungsvorschlag. In Gruppe S gab es keine Veränderung der Kategorien, *Differenzierung (P.2)* und *Offener Unterricht (P.4)* wurden beide fünf Mal codiert. In beiden Bearbeitungen der Gruppe S wurde die Kategorie *S.2 Inhalte verändern* nicht codiert.

Tab. 23: Ergebnisse inhaltliche Breite Ebene 4 „Planen"

Kategorie		Gruppe O „prä" (n = 19)	Gruppe O „post" (n = 19)	Gruppe S „prä" (n = 15)	Gruppe S „post" (n = 15)
P.1	Diagnose & Förderung	4	3	2	3
P.2	Differenzierung	8	6	10	5
P.3	Individualisierung	4	6	2	3
P.4	Offener Unterricht	4	9	6	5
P.5	Kooperativer Unterricht/Kooperatives Lernen/ Helfersysteme	5	10	4	4
P.6	Portfolioarbeit	1	4	2	2
P.7	Förderunterricht (DAZ)	2	1	2	1
P.8	all. Unterrichtsmethoden/Planung verändern	2	3	4	3
Q.	Professionalisierung der Lehrperson	6	3	3	1
R.1	Zusammenarbeit mit Eltern	4	4	2	2
R.2	Zusammenarbeit mit Schulleitung	3	3	-	1
R.3	Zusammenarbeit mit Förderschullehrkraft	6	7	3	1
R.4	Zusammenarbeit mit Kollegen oder im Team	3	3	2	3
R.5	allg. Forderung nach 2. Lehrperson, nicht spezifisch Förderschullehrperson	3	1	1	-

Kategorie		Gruppe O „prä" (n = 19)	Gruppe O „post" (n = 19)	Gruppe S „prä" (n = 15)	Gruppe S „post" (n = 15)
S.	Sonstiges	-	1	1	-
S.1	Klassenführung (Regeln, Unruhe)	2	2	1	1
S.2	Inhalte verändern	-	-	2	-
S.3	Motivation und Interesse	2	5	-	1
S.4	Tendenzen der Homogenisierung	3	1	1	-
	Summe	62	72	47	36

In der ersten Bearbeitung zeigten die beiden Studentinnen EHR19E_O und PRR31N_O mit je fünf Vorschlägen die größte Variation bei den Handlungsvorschlägen. Nachher war es der Student HTM24L_O (neun Nennungen) und die Studentin DHS27F_O mit sechs Vorschlägen. In der Prä-Bearbeitung machte die Studentin Svenja mit fünf Argumenten die meisten Handlungsvorschläge. Für die zweite Bearbeitung lieferten Lina und TSR09F_S mit acht bzw. sieben Planungen die meisten Vorschläge.

8.1.2 Ergebnisse auf Einzelfallebene

Um einen tieferen Einblick in die jeweils erfolgten oder nicht erfolgten Veränderungen bei der Reflexionstiefe und inhaltlichen Breite zu erhalten, soll das Antwortverhalten der ausgewählten acht Einzelfälle differenzierter analysiert und beschrieben werden.

Ausprägung „weniger Reflexionstiefe" und „Veränderungen in der inhaltlichen Breite"

Fall Christian

Christians erste Bearbeitung enthielt 469 Zeichen, die Post-Bearbeitung 29% Zeichen weniger (359), er arbeitete in der offenen Gruppe O. Bei der zweiten Reflexion der unterrichtsbezogenen Fallvignette erreichte Christian weniger *Reflexionstiefe*, da in beiden Bearbeitungen Ebene 1 „Beschreiben" und in der Post-Bearbeitung zusätzlich Ebene 3 „Bewerten" fehlte. In Bezug auf die *inhaltliche Breite* veränderte sich die Argumentation, weg von den nicht erfüllten Aufgaben der Lehrperson, hin zu Ursachen bei den Kindern. Er nannte in der ersten Bearbeitung keine konkreten inhaltlichen Aspekte bei der Beschreibung der Fallvignette. Als mögliche Gründe für die vorliegende Situation führte er an, dass die Lehrerin sich nicht professionell verhalte (in Bezug auf die Diagnose des Leistungsstandes der Kinder) und sich Schwächen der Kinder zueigen mache („Die Lehrkraft scheint sich inhaltliche Schwächen ihrer SuS aufzubürden, ohne diese tatsächlich über ihre Befindlichkeit und Wissensstand zu befragen." WGE08O_O_I). Weiter wurde geurteilt, dass die Lehrerin mit den Anforderungen und durch fehlende Kooperation mit der Förderschullehrkraft überfordert sei. Handlungsvorschläge waren mehr Einbindung und Motivation durch kooperative Lernformen.
Im Vergleich zur vorherigen Bearbeitung, sprach Christian in seinem zweiten Text explizit die Leistungsfähigkeit der Kinder an. Diese sei auch der Grund für Unter- oder Überforderung bei den Kindern („Dies führt zu Über- und Unterforderung einzelner Schüler. Während einige versuchen zu folgen, langweilen sich andere." WGE08O_O_II). Ohne weitere Beurteilung wurden wieder Handlungsvorschläge in Bezug auf Motivation und soziale Kompetenzen gemacht („Stärkere Einbindung der Schüler in den Lernprozess. Starke SuS mehr soziale Kompetenz." WGE08O_O_II).

Fall Nora

Nora schrieb im Vergleich zu ihrem ersten Text, im zweiten Reflexionstext 48% Zeichen weniger (496 zu 196), lieferte damit einer der kürzesten Texte und arbeitete in der geschlossenen Gruppe S. In Bezug auf die *Reflexionstiefe* erreicht auch Nora in der Post-Bearbeitung weniger Reflexionstiefe, da Ebene 1 „Beschreiben" in beiden Bearbeitungen fehlte und zusätzlich beim zweiten Messzeitpunkt auch die Ebene 3 „Bewerten" und 4.1 „Planen" (die vorher noch vorhanden waren). In der Post-Bearbeitung gab es nur noch die Ebene 2 „Analysieren".
Die *inhaltliche Breite* hat sich in der zweiten Bearbeitung verändert, da weniger Argumente genannt und ausgeführt werden. In ihrer Prä-Bearbeitung nannte die Studentin drei inhaltliche Aspekte (unterschiedlichen Leistungsstand der Kinder und zwei andere Akteure im System). Als Gründe wurden Überforderung und fehlende Professionalität der Lehrerin genannt („Die Lehrkraft ist überfordert mit dem unterschiedlichen Leistungsstand der Kinder" UER25D_S_I). Auch für die Bewertung dieser Situation wurde die mangelnde Professionalität angeführt („Unwissen wie mit Heterogenität umgehen" UER25D_S_I). Die Handlungsvorschläge standen in keinem direkten Zusammenhang mit den vorherigen Argumenten („verschiedene Arbeitsblätter (leicht → mittel → schwer), Förderschullehrkraft als zusätzliche Hilfe wahrnehmen" UER25D_S_I).
In der zweiten Bearbeitung lieferte die Studentin nur noch Gründe für die Situation, ohne die anderen Ebenen zu beachten. Es wurden keine inhaltlichen Aspekte erkannt bzw. ausgeführt. Die Argumentation erstreckte sich wieder über die Professionalität der Lehrerin und andere Akteure im System („Die Lehrerin ist überfordert mit der Heterogenität der Klasse und dem Druck von außen, Leistung zu erbringen." UER25D_S_II).

Ausprägung „mehr Reflexionstiefe" und „veränderte inhaltliche Breite"

Fall Paola

Paola schrieb in ihrem ersten Reflexionstext 524 Zeichen und steigerte diese Anzahl um 62% auf 852 Zeichen in der zweiten Bearbeitung. Sie arbeitete in Gruppe O. Die *Reflexionstiefe* konnte mit „mehr" angegeben werden, da Paola in der ersten Bearbeitung nur zwei Ebenen erfüllte (Ebene 2 und 4), in der Post-Bearbeitung jedoch drei Ebenen (2, 3 und 4) bearbeitete. Weiterhin fehlend war nur noch Ebene 1 „Beschreiben".
Eine Veränderung der *inhaltlichen Breite* konnte festgestellt werden, da mehr Begründungen und neue Alternativen genannt wurden. Sie ging in der Prä-Bearbeitung auf zwei inhaltliche Aspekte ein (Leistungsfähigkeit und andere Akteure). Die Gründe wurden auch in diesen Argumenten gesehen, zusätzlich in dem heterogenen Setting und den entsprechenden Anforderungen, die an die Lehrerin gestellt wurden („Um den SuS individuell gerecht zu werden, ist ein großer Arbeitsaufwand notwendig. Zudem muss sich die Lehrperson vor Eltern + Schulleitung rechtfertigen." MDA26M_O_I). Ohne Urteile wurden zahlreiche Handlungsvorschläge gemacht, davon einige mit Bezug zu den Begründungen (z.B. „Elterngespräche für ein besseres Verständnis der Situation der Lehrperson" MDA26M_O_I). Die Zusammenarbeit mit der Förderschullehrkraft wurde hier zum ersten Mal erwähnt.
In der Post-Bearbeitung beschrieb Paola andere inhaltliche Aspekte. Die Gründe wurden bei der Lehrerin gesehen, sowohl in der Unterrichtsplanung für das inklusive Setting, als auch ihrer Professionalität („Ein weiterer Grund für diese Situation können private Probleme der Lehrkraft sein, wodurch ihre Gedanken abschweifen und sie sich nicht ausreichend um die SuS kümmern kann." MDA26M_O_II). Im Urteil wurde der Lehrerin Überforderung auf Grund der Leistungsheterogenität zugesprochen („Die Lehrperson ist aufgrund der hohen Leistungsunterschiede der SuS überfordert." MDA26M_O_II). Die vorgeschlagenen Handlungsalternativen bezog Paola wieder auf die Zusammenarbeit mit der Förderschullehrkraft, aber auch auf den

Unterricht (Die Lehrkraft könnte einen Wochenplan entwickeln und den Unterricht teilweise öffnen, so dass die SuS in ihrem eigenen Tempo an vorgegebenen oder selbst entwickelten Fragestellungen arbeiten können." MDA26M_O_II).

Fall Lina
Die Studentin Lina schrieb in beiden Bearbeitungen relativ umfangreiche Texte. Im ersten Text 861 Zeichen und steigerte dies um 68% auf 1452 Zeichen. Sie erreichte mehr *Reflexionstiefe*, da in der Post-Bearbeitung nur noch die Ebene 3 „Bewerten" fehlte, im ersten Text fehlte außerdem noch Ebene 1 „Beschreiben".
Es konnte eine Veränderung in der *inhaltlichen Breite* festgestellt werden, da in der Post-Bearbeitung das neue Thema Professionalität aufgegriffen wurde. In ihrer ersten Reflexion nahm die Studentin Bezug auf zahlreiche inhaltliche Aspekte (z.B. Dimensionen von Heterogenität, andere Akteure im System). Die Gründe wurden hauptsächlich bei den Kindern und dem heterogenen Setting gesucht („Die 3. Klasse ist sehr heterogen bezüglich ihrer Leistungen." CNA20E_S_I). Als Handlungsalternativen schlug sie eine gute Klassenführung und veränderte Methoden wie Kooperatives Lernen vor.
Auch in der zweiten Bearbeitung wurden von Lina zahlreiche inhaltliche Aspekte angesprochen, die sie auch schon im ersten Text nannte. Neu ist der Aspekt zur Unterrichtsplanung („Probleme, den Unterricht so zu planen, dass alle Kinder gleichermaßen gefördert werden." CNA20E_S_II), nicht mehr aufgenommen wurden andere Akteure im System Schule. In die Begründung wurde stärker über die Professionalität der Lehrerin argumentiert („Lehrkraft ist nicht kompetent/engagiert genug, Lehrkraft ist überfordert, benötigt mehr Hilfe" CNA20E_S_II), zusätzlich zu den Begründungen, die bei den Kindern lagen. Als Handlungsvorschläge sollte sie sich selbst Professionalisieren und Weiterbilden („Lehrkraft muss sich weiterbilden, stärken – mehr Rituale, Routinen zur Disziplinierung, für bessere Klassenführung sorgen" CNA20E_S_II), verschiedene Unterrichtsmethoden und Konzepte anwenden, aber auch äußere Differenzierung durch Förderunterricht anbieten.

Ausprägung „weniger Reflexionstiefe" und „gleiche inhaltliche Breite"

Fall Lan Thi
Die Studentin Lan Thi schrieb in ihrer zweiten Bearbeitung mit 922 Zeichen 18% weniger als im ersten Text (1133 Zeichen). Sie hat in der offenen Gruppe O gearbeitet. Bei der *Reflexionstiefe* zeigte sie in ihrer Prä-Bearbeitung eine vollständige Argumentation auf allen Ebenen. Bei der zweiten Bearbeitung fehlte Ebene 3 „Bewerten". Die Reflexionstiefe ist folglich weniger tief.
In der Prä-Bearbeitung von Lan Thi wurden zahlreiche inhaltliche Aspekte genannt. Die Hauptgründe für die vorliegende Situation wurden in der Zusammenarbeit mit der Förderschullehrkraft und anderen Akteuren gesehen, aber auch in der herausfordernden Unterrichtsplanung für eine heterogene Gruppe. Das Urteil bezog sich auch im Allgemeinen auf die Aufgabenbewältigung der Lehrerin („Es ist schwierig zu bewerten, ob der große Leistungsunterschied in der Klasse schon die ganze Zeit vorherrschte oder erst durch die Lehrkraft zu Stande kommt." QNN05L_O_I). Die Handlungsvorschläge waren zahlreich und nahmen alle Bezug zu den vorher genannten Gründen.
In der zweiten Bearbeitung wurden die gleichen inhaltlichen Aspekte genannt. Auch die aufgeführten Gründe veränderten sich nur gering. Hinzu kamen Argumente, die sich auf das korrekte bzw. angemessene Handeln der Lehrperson bezogen („Es scheint zudem, als würde das Leistungsniveau bezüglich der Kluft nicht zusammenwachsen, sondern weiter auseinander triften oder bestehen bleiben." QNN05L_O_II). Urteile fehlten, die unterbreiteten Handlungsvorschläge waren weniger differenziert als im ersten Messzeitpunkt und hatten weniger Bezug

(„Man könnte versuchen über ein Buddy-System mehr Verantwortlichkeit den Schülern zu geben. Kinder mit weniger guten Deutschkenntnissen könnten zudem zusätzlichen Förderunterricht erhalten." QNN05L_O_II). Trotzdem konnte insgesamt von einer gleichen bzw. ähnlichen *inhaltlichen Breite* ausgegangen werden.

Fall Svenja

Svenja hat in ihrer zweiten Bearbeitung 65% Zeichen weniger geschrieben (491 Zeichen), als beim ersten Messzeitpunkt mit 1421 Zeichen. Sie war in der geschlossenen Gruppe S. In Bezug auf die *Reflexionstiefe* war die Prä-Bearbeitung von Svenja vollständig. Bei dem zweiten Text fehlte die Ebene 3 „Bewerten", folglich wurde weniger Reflexionstiefe erreicht.
Im Vergleich zur ersten Bearbeitung wurden von der Studentin bei der *inhaltlichen Breite* weniger Argumente genannt, allerdings sind diese prägnanter und kommen auch in der ersten Bearbeitung vor, deswegen konnte von einer gleichen inhaltlichen Breite gesprochen werden. Die Studentin Svenja erkannte inhaltliche Aspekte aus den Bereichen Inklusion, Zusammenarbeit, Unterrichtsplanung und Professionalität der Lehrperson („Es sei immer schwieriger, den Unterricht zu planen, sie geht davon aus, dass alle hohe Ansprüche haben, denen Sie nicht gerecht werden können." FKJ30F_S_I). Bei den Gründen für die vorliegende Situation wurden diese in der Heterogenität allgemein gesehen, im professionellen Handeln der Lehrperson und in der Zusammenarbeit mit verschiedenen Beteiligten. Als hauptursächlich wurde die Teamarbeit ausgemacht („Alternativ sollte man nicht gegen die anderen Parteien arbeiten, sondern mit ihnen zusammen." FKJ30F_S_I), deswegen bezogen sich die Handlungsvorschläge auch auf diesen inhaltlichen Aspekt. Aber auch auf die Professionalisierung der Lehrerin und Ideen der Handlungsaufgabe Diagnose und Förderung („Außerdem kann die Lehrkraft gemeinsam mit den Schülern und/oder Eltern den Unterricht reflektieren und anhand dieser Reflexion weitere Fördermaßnahmen entwickeln." FKJ30F_S_I).
In der Post-Bearbeitung konzentrierte sich die Studentin auf den Argumentationsstrang der Zusammenarbeit mit anderen Personen und Einflüssen von außen (z.B. Schulleitung und Elternarbeit) („Die Lehrkraft weiß nicht, wie sie Schülern, Eltern, Förderschullehrkraft und Schulleitung gerecht werden kann." FKJ30F_S_II). Inklusion wurde weiterhin als inhaltlicher Aspekt genannt, ebenso wie die Professionalität der Lehrerin und die Unterrichtsplanung. Sowohl die angeführten Gründe als auch die Handlungsvorschläge konzentrierten sich aber auf Zusammenarbeit („Es wäre sinnvoll, Gespräche mit den Beteiligten „Erwachsenen" zu führen. Ein kooperatives Zusammenarbeiten könnte der Lehrkraft ihre Sorgen nehmen." FKJ30F_S_II).

Ausprägung „gleiche Reflexionstiefe und Veränderung in der inhaltlichen Breite"

Fall Katharina

Katharina hat in beiden Reflexionstexten fast die identische Anzahl an Zeichen geschrieben (850 und 828). Sie arbeitete in der offenen Gruppe O. Die *Reflexionstiefe* konnte als gleich beschrieben werden, denn in beiden Bearbeitungen fehlte jeweils eine Ebene (prä Ebene 1, post Ebene 3). In der. Ebene 4 „Planen" gab es zusätzlich eine Verschiebung, die aber keine Auswirkung auf die Tiefe bedeutete.
Katharina führte in ihrer ersten Bearbeitung sehr ausführlich Gründe für die vorliegende Situation an („Da in einer Klasse selten eine homogene Schülerschaft vorhanden ist. Jedes Kind hat andere häusliche Bedingungen: viel Geld vs. wenig Geld; Migrationshintergrund vs. kein Migrationshintergrund." JNS03D_O_I). Auch das Urteil war umfangreich. Bei den inhaltlichen Aspekten bezog sie sich auf die Leistung und den sozialen sowie kulturellen Hintergrund der Kinder. In ihrem Urteil stellte sie fest, dass die Situation klassisch für heterogene Lerngruppen sei und die Lehrerin diese bewältigen müsste. Es wurde auch ein Urteil mit Anknüpfung zu

wissenschaftlichen Theorien aufgeführt, indem sie Bezug zur Bildungsungleichheit herstellte („Ein Wort, dass das Ganze gut beschreibt, heißt „Bildungsungleichheiten". Theorien sind mir momentan keine genauen bekannt, außer Statistiken über Bildungsungleichheiten aus einem BW-C-Seminar." JNS03D_O_I). Der Handlungsvorschlag bezog sich auf Portfolioarbeit.
In ihrer zweiten Bearbeitung nannte die Studentin neben den inhaltlichen Aspekten aus der Prä-Bearbeitung noch zahlreiche andere Argumente, wie z.B. andere Akteure und das inklusive Setting („Sie ist relativ auf sich allein gestellt, weil das „Team-Teaching" mit der Förderschullehrkraft nicht sonderlich gut funktioniert. Des Weiteren steht sie unter enormen Druck seitens der Eltern und Schulleitung." JNS03D_O_II). Die genannten Gründe bezogen nicht den Unterricht oder die Professionalität der Lehrerin mit ein, sondern nur äußere Umstände, wie die Dimensionen von Heterogenität und die misslungene Kooperation („schlechte Kooperation mit anderen Lehrkräften → zu viel Last auf den Schultern der Lehrerin" JNS03D_O_II). Die Handlungsvorschläge waren deutlich umfangreicher und bezogen sich auf den Unterricht und eine zweite Lehrperson („Team-Teaching" sollte ausgebaut werden" JNS03D_O_II). Insgesamt hat sich die Argumentation in den Bearbeitungen verändert, es sind neue Aspekte hinzugekommen, folglich hat sich auch die *inhaltliche Breite* verändert.

Fall Celine
Zum ersten Messzeitpunkt schrieb Celine 837 Zeichen in ihrem Reflexionstext. Dies verringerte sich in der zweiten Bearbeitung auf 641 Zeichen, was 23% Zeichen weniger entsprach. Sie arbeitete in der geschlossenen Gruppe S. Bei der *Reflexionstiefe* zeigt sie in der Post-Bearbeitung der Fallvignette nur kleine Veränderungen auf Ebene 3 „Bewerten" und Ebene 4.1 „Planen". Allerdings hat sich die Tiefe insgesamt nicht verändert, denn in beiden Bearbeitungen fehlte Ebene 1 „Beschreiben".
In Bezug auf die *inhaltliche Breite* zeigte die Studentin eine veränderte Argumentationsstruktur. Sie fokussierte bei der Prä-Bearbeitung den Themenkomplex Klassenführung und lieferte dafür auf Ebene 3 wissenschaftliche Bezüge („Guter Unterricht (nach Kunter & Trautwein) resultiert aus effizienter Klassenführung, kognitiver Aktivierung und sozialer Unterstützung." ARA26E_S_I). Bei den Handlungsvorschlägen wurde Klassenführung allerdings auf den Einsatz von Unterrichtsmethoden beschränkt („Die Lehrkraft kann beispielsweise die Lernangebote durch innere oder natürliche Differenzierung (Scherer-Neumann) vorbereiten" ARA26E_S_I). In ihrer Post-Bearbeitung erwähnte sie weitere Akteure als neue Aspekte. Diese wurden auch in die Begründung aufgenommen („Die Lehrkraft fühlt sich aufgrund des heterogenen Leistungsspektrums und den Anforderungen der Schulleitung und Eltern überfordert." ARA26E_S_II). Die Urteile bezogen sich auf allgemeine Aussagen zur Heterogenität und der Unterrichtsplanung („Der Wille, alle SUS heterogen zu behandeln, kann die Herausforderungen von Heterogenität im Klassenraum nicht nachkommen. Lehrkräfte sollten sich nicht dagegenstellen, sondern Diversität als willkommene Chance ansehen." ARA26E_S_II). Die Handlungsvorschläge knüpften zum Teil an dieser Argumentation an, zusätzlich wurden neue Vorschläge für Unterrichtsmethoden gemacht, allerdings ohne wissenschaftliche Belege.

Resümee 8.1
Zur Beantwortung der *ersten Forschungsfrage*, welche Unterschiede sich bei der *Reflexionstiefe und inhaltlichen Breite* in den Bearbeitungen der Fallvignette, unter Berücksichtigung der beiden Bearbeitungsformen des ePortfolios zeigen und wie sich diese Unterschiede systematisieren lassen, kann resümierend vorläufig gesagt werden, dass es möglich war die Reflexionstexte der Studierenden mit den entwickelten Kategoriensystemen zu bearbeiten. Durch den Prä-Post-Vergleich der Codierungen ist es gelungen alle 34 Fälle in der 6-Felder-Tafel zu verorten und

eine Aussage über die Veränderung der beiden Komponenten zu treffen. Es hat sich außerdem gezeigt, dass über beide Bearbeitungsformen hinweg, Veränderungen in der Reflexionstiefe und inhaltlichen Breite feststellbar waren.
Um die zweite und dritte Forschungsfrage zu beantworten (Kapitel 8.2 und 8.3), wurden acht Einzelfälle ausgewählt, die im Folgenden zunächst hinsichtlich der Nutzung des Reflexionszyklus dargestellt werden.

8.2 Ergebnisse zum Reflexionszyklus

Um analysieren zu können, inwiefern der Reflexionszyklus von den Studierenden in ihren Abschlussreflexionen des ePortfolios systematisch genutzt wird (*zweite Forschungsfrage*), wurden die acht Einzelfälle mit den Kategoriensystemen zum Reflexionszyklus codiert. Wie im Kapitel 7.3 beschrieben, orientieren sich die beiden Kategoriensysteme an den Stationen des selbst aufgestellten Zyklus *Ereignis, Noticing, Rückblick, Bewusstmachung* und *Planen*. Da die Abschlussreflexionen durch die Themenstellung zwei Reflexionsgegenstände hatten (Umgang mit Heterogenität und Instrument ePortfolio), wurden alle Texte mit beiden Systemen codiert.
Allgemein hat die Kategorisierung gezeigt, dass sich die Stationen des Zyklus in den Abschlussreflexionen finden lassen. Allerdings wird der Zyklus dabei nicht vollständig durchlaufen, sondern kann mit jedem neuen Thema neu begonnen werden, woraus sich verschiedene thematische Cluster ergaben. Innerhalb eines thematischen Clusters werden die einzelnen Stationen in unterschiedlicher Reihenfolge angesprochen und unterliegen einer hohen Komplexität bzw. Dynamik. Um die unterschiedliche Nutzung des Reflexionszyklus abzubilden, wurde eine grafische Darstellung über sogenannte *Stationsmodelle* entwickelt, um diesen dynamischen Prozess gerecht zu werden.
Stationsmodelle haben ihren Ursprung in den Interaktionsdiagrammen der Programmiersprache Unified Modeling Language (UML), in der eine grafische Darstellung von dynamischen Interaktionen zwischen verschiedenen Elementen auf einer Zeitlinie (Kecher & Salvanos 2015) möglich ist. Dabei liegen auf der horizontalen Achse die Objekte, zwischen denen interagiert wird. Im vorliegenden Fall sind dies die Stationen des Reflexionszyklus. Auf der vertikalen Achse wird der zeitliche Ablauf (Lebenslinie) mit verschiedenen Events bzw. Sequenzen abgebildet. Im Fall der vorliegenden Studie entsprechen diese Events den codierten Textstellen aus den Abschlussreflexionen (s. Abbildung 18).

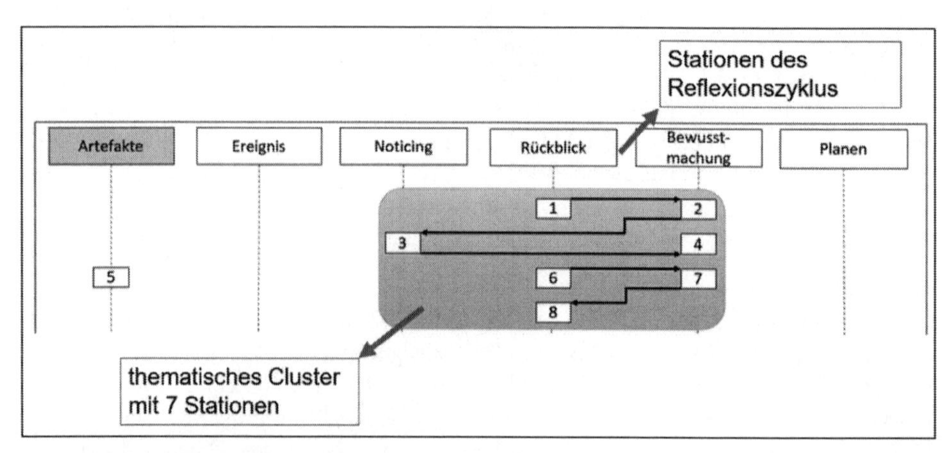

Abb. 18: Beispiel für ein Stationsmodell

Anhand der Stationsmodelle konnte für jeden Einzelfall ein individuelles Reflexionsmuster erstellt werden. Der oben beschriebenen Systematik folgend, erlaubt die Darstellungsform vertikal Aussagen über die Inhalte der thematischen Cluster und horizontal über die einzelnen Stationen des Reflexionszyklus.

8.2.1 Ergebnisse auf Einzelfallebene

Im Allgemeinen kann über die acht Einzelfälle gesagt werden, dass die vier Studierenden der Gruppe O in ihrem Alter sehr heterogen sind (23 bis 37 Jahre) und sich der Umfang der Reflexionstexte zwischen 4800 und 8770 Zeichen bewegte. Es konnten zwischen 19 und 38 Stationen analysiert werden, die sich auf vier bis neun thematische Cluster verteilten.
In der Gruppe S war sowohl die kürzeste als auch die längste Abschlussreflexion vertreten (2600 bis 17 900 Zeichen). Folglich schwankte die Anzahl der Stationen deutlich zwischen 17 und 58, die thematischen Cluster liegen zwischen drei und sieben. Das Alter der vier Studentinnen hingegen war relativ homogen und lag zwischen 22 und 25 Jahren.
Im Folgenden wird die Analyse zur Nutzung des Reflexionszyklus der acht Fälle nacheinander vorgestellt und im Anschluss (Kapitel 8.2.2) paarweise miteinander verglichen.

Reflexionszyklus im Fall Christian

Die Abschlussreflexion von Christian hat 8321 Zeichen und sieben Zwischenüberschriften (z.B. *Inklusion, Heterogenität und Gesellschaft*). Noch vor Beginn des Textes, wurden die beiden Leitfragen der Aufgabenstellung prominent vorgestellt, dabei wurde die Struktur der Fragen in den Unterkapiteln aufgebrochen. Auffällig waren an diesem dichten Text die eloquente, wissenschaftliche Sprache und Wortwahl, obwohl die Sätze z.T. komplex und verschachtelt erscheinen.
Durch die Codierungen zum Reflexionszyklus (*Ereignis, Noticing, Rückblick, Bewusstmachung* und *Planen*) konnten insgesamt 19 Stationen identifiziert werden, wobei einmal ein *Ereignis* benannt wurde, drei Stationen dem *Noticing*, zwei dem *Rückblick*, zehn Aussagen der Station *Bewusstmachung* und drei den *Planungsalternativen* zugeordnet werden konnten. Aus diesen Codierungen konnten sechs thematische Cluster gebildet werden, wobei das vierte Cluster nur aus einer Station bestand (s. Abbildung 19).
In der ersten, horizontalen Analyseebene begann Christian das erste thematische Cluster mit der Benennung des *Ereignisses* und ging über in einen Prozess der *Bewusstmachung* zum *Noticing* (Stationen 1–3). Thematisch ging es um einen bewussteren Umgang mit Heterogenität und deren Dimensionen. Im zweiten Cluster (5–9) wurden persönliche Erkenntnisse in Bezug auf den Umgang mit Heterogenität dargestellt. Es begann mit einem *Bewusstmachungsprozess*, ging über einem Dreischritt aus *Noticing*, *Bewusstmachung* und *Planungsvorschlägen* und sprang dann zwischen den letzten beiden. Im dritten Cluster (10–12) machte Christian einen rückwärtigen Dreischritt aus *Bewusstmachung*, *Rückblick* und *Noticing* zum Thema Inklusion und Gesellschaft. Das vierte Cluster (Station 13) war ein *Bewusstmachungsprozess* und bewertete die eigene ePortfolioarbeit. Im fünften Cluster (14–16) beschrieb Christian seine Arbeitsweise mit dem ePortfolio und wie er die Arbeit in Gruppe O umsetzte. Der Text springt hier zwischen *Bewusstmachungen* und einem *Rückblick*. Auch das letzte Cluster (17–19) enthielt drei Stationen, die zwischen *Bewusstmachung* und *Planungsvorschlägen* wechseln. Inhaltlich ging es dabei um den Zeitaufwand für die Arbeit mit Mahara.

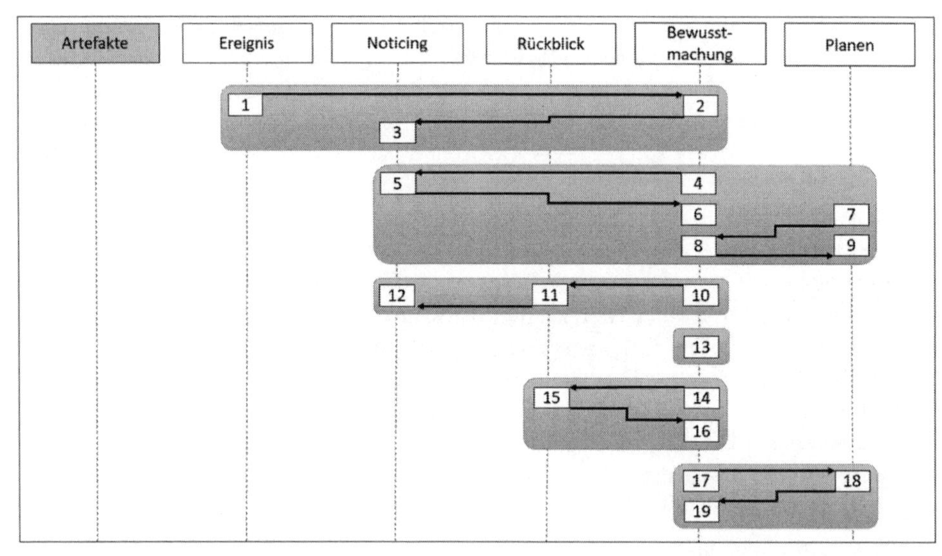

Abb. 19: Stationsmodell von Christian

Die zweite, vertikale Analyseebene zeigte, dass Christian als *Ereignis* (Station 1) nur die Aufgabenstellung nannte und sich die Stationen des *Noticings* (3, 5 und 12) nur auf den Inhalt Heterogenität bezogen. Dabei wurde ein Schwerpunkt auf gesellschaftliche Gegebenheiten gelegt, z.B. „Heterogenität beschreibt vielmehr die Vielfalt unseres Alltags" und dass ein „humanistisches Menschenbild" mit der Umsetzung von Inklusion zum Ausdruck komme, damit Gleichheit als Selbstverständnis möglich sei. Auch einer der beiden Rückblicke (11) erfolgte zum Thema Inklusion und der Aufbereitung im Seminar. Die zweite Rückschau (15) bezog er auf die Seminarwahl zu Semesterbeginn, die nach Interesse und Neugier erfolgte.
Die Station *Bewusstmachung* war der Hauptbestandteil dieser Abschlussreflexion und behandelte sowohl das Thema Heterogenität als auch die ePortfolioarbeit (2, 4, 6, 8, 10, 13, 14, 16, 17 und 19). In den ersten *Bewusstmachungsprozessen* analysierte Christian seine Einsichten in Bezug auf die Dimensionen von Heterogenität, sein eigenes Verständnis davon und wie das Seminar ihn zum Nachdenken angeregt hat („Diese persönliche Erkenntnis hat mir die Perspektive einer beruflichen Wanderung auf schmalem Grat aufgezeigt."). Er sah die Portfolioerstellung als Prozess der „zeitlichen-dynamischen Auseinandersetzung" und beschrieb Mahara als „sehr zeitintensiv". In Bezug auf die Abstraktionsebenen wurden vermehrt Meso- und Makro-Ebenen codiert, aber auch die Mikro-Perspektive auf das Lernen war ein Thema für Christian. Bei der Reflexionstiefe wurden sowohl Analysen als auch Bewertungen identifiziert, wobei die Analysen überwiegen.
Die *Handlungsvorschläge* waren auf der einen Seite sehr abstrakt, denn es wird „permanente Kommunikation" bzw. ein „Austausch" über Vielfalt und Heterogenität gefordert, auf der anderen Seite zum Thema ePortfolio sehr konkret, mit dem Wunsch nach größeren Textfeldern und einer Rechtschreibprüfung in Mahara (7, 9 und 18).

Reflexionszyklus im Fall Nora

Die Textlänge von Noras Abschlussreflexion entspricht 2611 Zeichen und war damit die kürzeste in dieser Fallauswahl. Sie enthielt zusätzlich zwei Abbildungen („Mann

mit Fragezeichen" und „Dimensionen von Heterogenität") und ist durch Zwischenüberschriften in zwei Teile gegliedert.
In Bezug auf den Reflexionszyklus ließen sich insgesamt 17 Stationen identifizieren. Eine entfiel auf das *Noticing* (Erkennen), vier auf den *Rückblick*, acht auf die *Bewusstmachung* und zwei auf die Station *Planung*. Der ersten Station *Ereignis* konnte kein Text zugeordnet werden. Die Analysen lassen sich in drei thematische Cluster zusammenfassen (s. Abbildung 20).

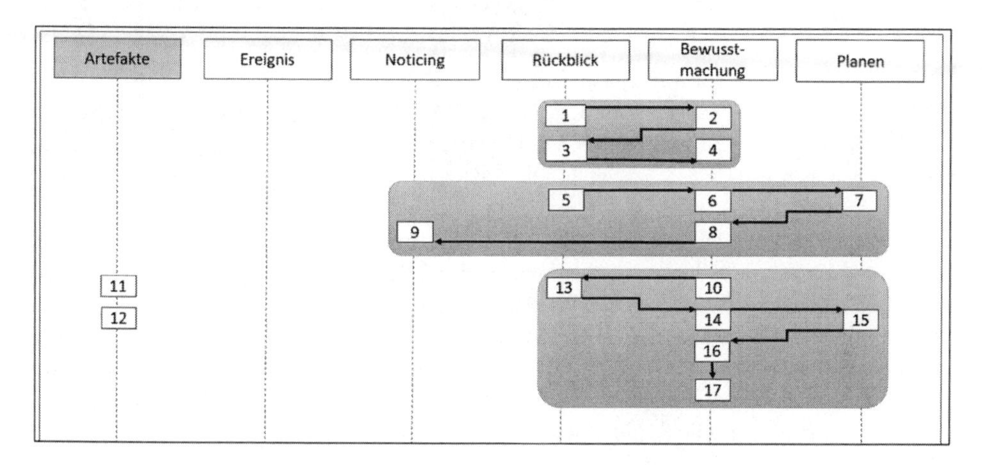

Abb. 20: Stationsmodell von Nora

Die erste, horizontale Analyseebene begann mit einem *Rückblick* und springt dann zwei Mal zur *Bewusstmachung* (Cluster 1, Station 1–4). Inhaltlich beschrieb Nora ihr Vorwissen zum Thema Heterogenität und erste Erkenntnisse, die „somit viel tiefer gehen als ich bisher dachte". Im zweiten Cluster erfolgte ein Dreischritt von *Rückblick*, *Bewusstmachung* und *Planung*, gefolgt von *Bewusstmachung* und *Noticing* (5–9). Dies geschieht zu den Dimensionen von Heterogenität, unter Bezug zur Schule und eigenen „Berührungsängsten" zu Menschen mit Behinderung. Thematisch ging es im letzten Cluster (10 und 13–17) um das ePortfolio, erst als Instrument für die Schule und dann um die eigenen Erfahrungen bei der Bearbeitung. Nora begann das Cluster mit einer *Bewusstmachung*, gefolgt von einem *Rückblick* zum Portfolio als Bewertungsinstrument. Unterbrochen von zwei Artefakten (11 und 12) startet wieder ein Dreischritt aus *Rückblick*, *Bewusstmachung* und *Planung* zur eigenen Portfolioarbeit, anschließend zwei Sequenzen zur *Bewusstmachung* des Lernweges.
Auf der zweiten, vertikalen Analyseebene erkennt Nora einen relevanten Moment (*Noticing*, Sequenz 9) zum Umgang mit Heterogenität in der Schule („Auch wenn es manchmal schwer sein kann, alle Kinder immer gleichmäßig zu fördern und zu fordern, ist es doch extrem wichtig."). Im *Rückblick* setzte sie sich hauptsächlich mit ihrem Vorwissen zu Heterogenität auseinander und merkte an, dass der Bezug zwischen Schule und Seminar sehr eng gewesen sei (1, 3, 5 und 13). Außerdem wurde das ePortfolio-Konzept positiv gesehen.
Zu der Station *Bewusstmachung* (2, 4, 8, 10, 14, 16 und 17) konnten sowohl die Reflexionstiefe mit Analysen und Bewertungen codiert werden, als auch zwei Abstraktionsebenen (Mikro- und Meso-Ebene). Aussagen zur inhaltlichen Breite wurden nur in Bezug auf das ePortfolio erfasst, zum Themenbereich Heterogenität konnten in den Prozessen der *Bewusstmachung* keine in-

haltliche Breite codiert werden. Zu Beginn wird sich Nora darüber bewusst, dass Heterogenität umfassender ist, als sie bisher annahm. Auch die Notwendigkeit von Professionalität als Lehrerin wird ihr deutlich, indem auf Sprache, Vorurteile, Unsicherheiten und Berührungsängste geachtet werden sollte. Ein negativer Blick auf Heterogenität wird als Schwierigkeit angesehen. Durch das ePortfolio habe sie sich intensiver mit den Themen auseinandergesetzt als bei einer Hausarbeit. Das Portfolio wurde als „eine hilfreiche Stütze, die Inhalte zu wiederholen" gesehen. Die *Handlungsalternativen* bezog sie auf den eigenen Umgang mit Menschen mit Behinderung und die Einschätzung, sie sei „eher der Typ für ein selbstgebasteltes Portfolio auf Papier" (7 und 15).

Reflexionszyklus im Fall Lan Thi

Die Abschlussreflexion von Lan Thi hat 4797 Zeichen, keine Zwischenüberschriften und enthält eine Abbildung (Wortwolke „diversity"). In Bezug auf den Reflexionszyklus ließen sich im Text 19 Stationen identifizieren. Jede Aussage konnte eindeutig einem Bereich des Zyklus zugeordnet werden (mit Ausnahme des *Ereignisses*, das nicht vorkommt). Dabei entfielen jeweils vier Stationen auf das *Noticing* (Erkennen) und den *Rückblick*, sieben auf die *Bewusstmachung* und drei auf die Station *Planung*. Die 19 Stationen konnten in vier thematische Cluster zusammengefasst werden (s. Abbildung 21).

Auf der horizontalen Analyseebene bestand das erste Cluster (1–4 und 6–8) von Lan Thi aus Wechseln zwischen *Rückblick* und *Bewusstmachung*, mit einer Ausnahme des *Noticings*. Das Thema dieses Clusters war Heterogenität im Seminarzusammenhang und als gesamtgesellschaftliches Phänomen. Die Studentin wechselte zwischen *Planung* und *Noticing* im zweiten Cluster (9–11) und brachte das Thema Schule, Lehrkräfte und Heterogenität ein („Schule als ein Ort für Heterogenität"). Das dritte Cluster (12–17) springt erst zwischen *Rückblick* und *Bewusstmachung* und weist dann einen Dreischritt aus *Noticing*, *Bewusstmachung* und *Planung* auf. Inhaltlich ging es um ihre eigene Arbeit mit dem ePortfolio, den Lernzuwachs und das Portfolio als Unterrichtsmethode. Das Fazit begann mit dem *Noticing* und endete mit einer *Bewusstmachung*, wobei nochmals allgemeine Aussagen zu Heterogenität und Gesellschaft getroffen wurden (Cluster 4, Station 18 und 19).

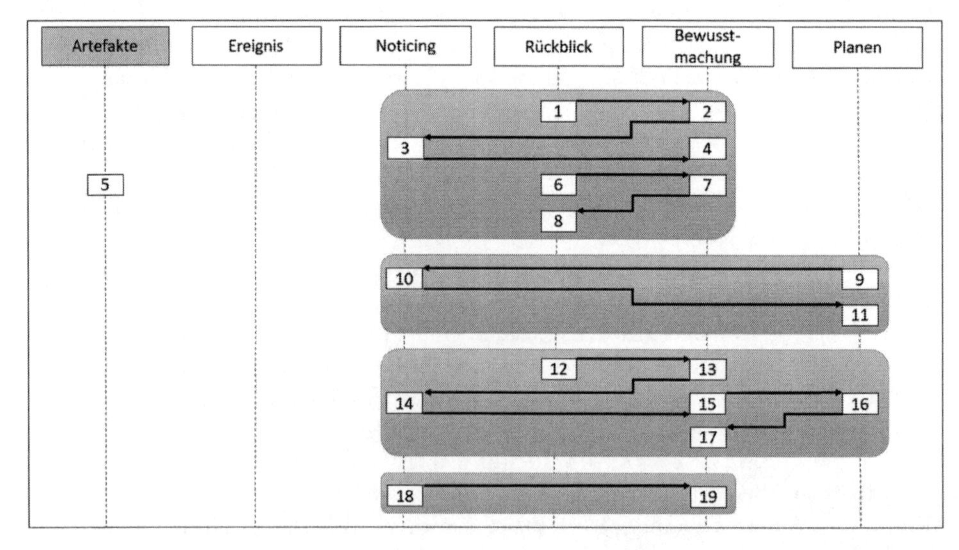

Abb. 21: Stationsmodell von Lan Thi

Auf der zweiten, vertikalen Analyseebene erkannte Lan Thi vier relevante Momente (*Noticing*) und bezog sich dabei auf Heterogenität als Abbild der Gesellschaft, Schule als Ort für Heterogenität und die Notwenigkeit, Heterogenität als Norm anzuerkennen (3, 10, 14 und 18). Sie blickte auf mehrere Themen zurück (*Rückblick*), wie den Gesamtzusammenhang des Seminars, auf Ungleichheiten und „Gleichbehandlung", aber auch Portfolio als Möglichkeit für den Umgang mit Heterogenität sowie den eigenen Umgang mit Heterogenität, der als „sehr bedacht" beschrieben wird (1, 6, 8, und 12).
In den Stationen 2, 4, 7, 13, 15, 17 und 19 zur *Bewusstmachung* konnten sowohl die Reflexionstiefe mit Analysen und Bewertungen codiert werden als auch die drei Abstraktionsebenen. Zu Beginn wurde sie sich über das Seminarthema und den Bezug zur Schule bewusst, es folgte die Erarbeitung eines Zusammenhangs zwischen Gesellschaft, Gleichbehandlung und Heterogenität. Die Verschiedenheit von Menschen und ihre eigene Fehlbarkeit („dass wir in unseren soziokulturellen Normen nicht immer gerecht oder entsprechend handeln.") war ebenso ein Thema, wie die Erkenntnis, dass die Arbeit in Gruppe O Vorteile (eigenes Interesse) und „Herausforderungen" mit sich brachte. Sie reflektierte auch ihren konkreten Wissenszuwachs durch das Seminar: Zum Thema Heterogenität habe sie „nicht unbedingt etwas Neues gelernt", nur „genaueres Wissen über bestimmte Themenfelder (...) Daten und Fakten", aber im Umgang mit Heterogenität habe sie „durchaus viel gelernt". Im Abschluss der Reflexion machte sie sich bewusst, dass das Ziel einer „Sensibilisierung" für das Thema durch das Seminar und ePortfolio gelungen sei.
Planungsvorschläge sind in den Stationen 9, 11 und 16 enthalten und beziehen sich auf Fachwissen zu Heterogenität und deren Reflexion durch Lehrkräfte, Berücksichtigung von Heterogenität bei der Unterrichtsplanung und das Ablegen von Vorurteilen sowie das Vorhaben Portfolioarbeit in der Schule durchzuführen.

Reflexionszyklus im Fall Svenja

Die Abschlussreflexion von Svenja umfasst 5943 Zeichen mit drei Zwischenüberschriften. Der Text zur zweiten Fragestellung nach der ePortfolioarbeit war umfangreicher und in der Einleitung wurde die Struktur für Reflexionsaufgaben aus dem Seminar (Gegenstand, Frage, Ziel) selbständig entwickelt.
Es konnten 26 Stationen codiert werden, die sich auf den Reflexionszyklus übertragen lassen: ein *Artefakt* (Figur, die ihre Spiegelung im Wasser betrachtet), jeweils vier *Ereignisse* und Momente des Erkennens (*Noticing*), neun *Rückblicke*, sechs Prozesse der *Bewusstmachung* und zwei *Planungsalternativen*. Aus den codierten Stationen konnten sechs thematische Cluster gebildet werden (s. Abbildung 22).
Auf der ersten, horizontalen Analyseebene berichtete Svenja im ersten Cluster (1 und 3–4), dass sie in diesem Semester gleich drei Seminare zum Thema Heterogenität besuchte. Diese *Ereignisse* führten zu der Erkenntnis (*Noticing*), dass „(ich) mir drei Tage hintereinander immer wieder das gleiche (anhörte), was wirklich ernüchternd war". Im zweiten Cluster (5–10) wurde der Reflexionszyklus zwei Mal fast vollständig durchlaufen, es fehlte jeweils der Schritt zur *Planung* und ein Zwischenschritt. Dabei wurden inhaltliche Überschneidungen aus den Seminaren beschrieben und was ihr in Bezug auf den Umgang mit Heterogenität bewusst geworden sei („Mir ist nun mehr als bewusst, dass sich Kinder in ihrem Geschlecht, ihrer Herkunft und anderen Aspekten unterscheiden."). Die folgenden Stationen 11–14 (Cluster 3) thematisierten das Verhältnis von Arbeits- und Zeitaufwand für die ePortfolioarbeit. Nach einem Moment des *Noticings* gab es einen *Bewusstmachungsprozess*, gefolgt von zwei *Rückbli-*

cken, davon einer zu den digitalen Lerneinheiten und einer zum ePortfolio. Das vierte thematische Cluster (17–15) war ein umgekehrter Dreischritt aus *Bewusstmachung*, *Rückblick* und *Noticing* zu den Reflexionsaufgaben des ePortfolios und ihrer Arbeitsweise. Im fünften Cluster (19–21) unterbreitetet Svenja zum ersten Mal einen *Planungsvorschlag*. Dieser erfolgte aus einem *Rückblick* und *Bewusstmachungsprozess*. Inhaltlich ging es dabei um das Element Peerfeedback, das als „besonders hilfreich" angesehen wurde. Das letzte thematische Cluster (22–26) enthielt neben vier unterschiedlichen *Rückblicken* einen *Planungsvorschlag*, der sich auf den Zeitaufwand der ePortfolioarbeit bezog. Allgemein entsprach dieses Cluster einer Rückschau auf das Seminar und die ePortfolioarbeit.

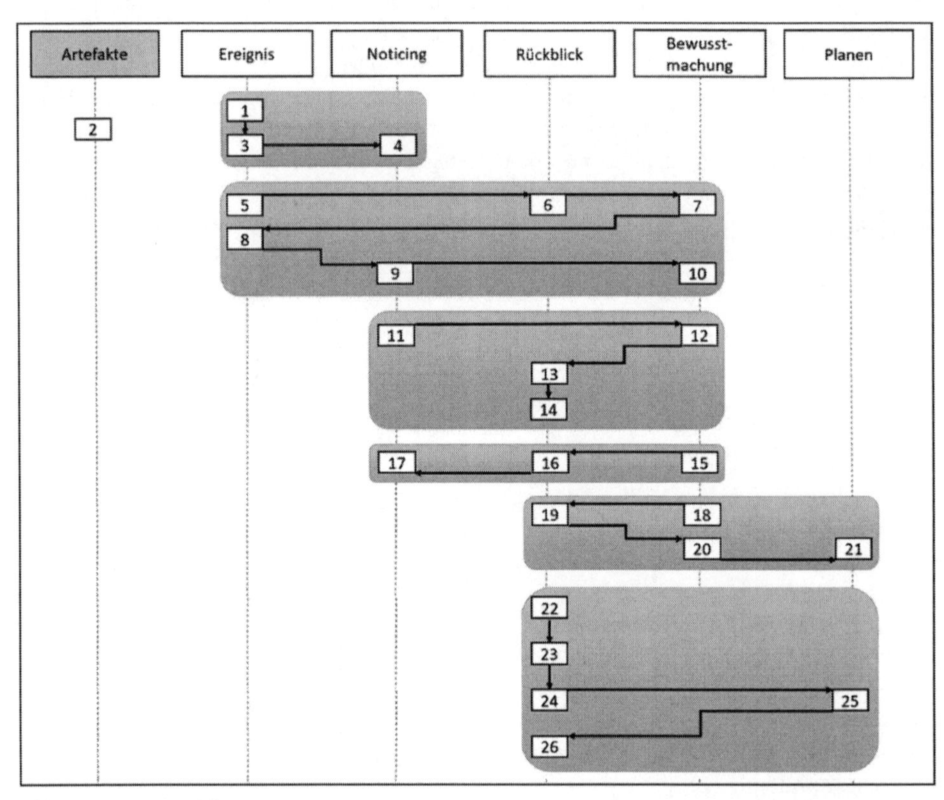

Abb. 22: Stationsmodell von Svenja

Die Analyse auf der zweiten, vertikalen Ebene hat ergeben, dass Svenja nur zu Beginn ihres Textes *Ereignisse* benennt (Sequenz 1, 3, 5 und 8) und sich dabei ausschließlich auf die Wiederholung der Inhalte durch drei parallele Seminare bezog. Die Erkenntnisse des *Noticing* zum Thema Umgang mit Heterogenität wurden negativ als „wirklich ernüchternd" und „kein Patentrezept" beschrieben. Die Aussagen zum ePortfolio sind hingegen positiver formuliert, nämlich als eine Möglichkeit zur selbständigen, tiefgehenden Beschäftigung mit passenden Bearbeitungsfristen (4, 9, 11 und 17). Die zahlreichen *Rückblicke* (6, 13, 14, 16, 19, 22–24 und 26) bezogen sich überwiegend auf den Arbeitsprozess des ePortfolios und die digitalen Elemente der Veranstal-

tung wie die VIGOR-Lernplattform, die digitalen Lerneinheiten und die Arbeit mit Mahara. Der einzige inhaltliche Rückblick erfolgte in Station 23, wo ein „deutlicher Wissenszuwachs über Heterogenität" resümiert wurde (im Vergleich zu den anderen Veranstaltungen).
Bei der Station *Bewusstmachung* konnten bei den Abstraktionsebenen nur die Mikro- und Meso-Ebenen codiert werden, zum Instrument Portfolio hingegen waren alle drei Ebenen vertreten. Bei der Reflexionstiefe konnten zu beiden Themenbereichen Analysen und Bewertungen gefunden werden. Prozesse der *Bewusstmachung* (7, 10, 12, 15, 18 und 20) erfolgten in Bezug auf die Unterschiedlichkeit von Kindern und das Lehramtsstudium, welches nicht ausreichend Zeit für Praxisphasen lässt. Darüber hinaus gelangte sie zu der Einsicht, dass die digitalen Elemente des Seminars ihr Interesse förderten. Die ePortfolioarbeit in Gruppe S war für Svenja eine Herausforderung, dabei wurde die eigene Auswahl der Fragestellung (wie in Gruppe O) als Überforderung eingeschätzt, ergänzend das Peerfeedback als Hilfe und Motivation für Überarbeitungen.
Auch einer der beiden *Handlungsvorschläge* (21 und 25) bezog sich auf das PeerFeedback, welches früher im Seminar stattfinden sollte, um „den Fortschritt besser zu erkennen". Im zweiten Vorschlag hätte die Studentin gerne „etwas mehr Zeit gehabt" um das ePortfolio fertigzustellen.

Reflexionszyklus im Fall Katharina

Die Abschlussreflexion von Katharina hat 6005 Zeichen, keine Zwischenüberschriften und nennt nicht die Aufgabenstellung. Vier Textblöcke sind durch Fettsetzung von Schlagwörtern (Mahara als Programm, Ansichten erstellen, Arbeit in Gruppe O, Heterogenität) hervorgehoben. Inhaltlich beschäftigten sich die ersten drei Abschnitte mit ePortfolioarbeit und der letzte Textblock mit Heterogenität.
Im Text konnten 28 Stationen codiert werden, die sich auf den Reflexionszyklus beziehen. Es wurden drei *Ereignisse* codiert, sowie sechs Momente des Erkennens (*Noticing*), acht Rückblicke, sieben Prozesse der *Bewusstmachung* und vier *Planungen* vorgestellt. Aus den codierten Sequenzen konnten fünf thematische Cluster gebildet werden (s. Abbildung 23).
Die horizontale Analyseebene begann mit einem *Rückblick* auf die Arbeitsanforderungen der Lehrveranstaltung, gefolgt von einer *Erkenntnis* über die Zufriedenheit mit dem Endprodukt. Es folgten fünf Stationen, die den Reflexionszyklus vollständig durchlaufen und sich thematisch mit dem ePortfolio-Management-System Mahara und seinen technischen Anforderungen beschäftigten (Cluster 1, Station 1–7). Katharina beschrieb im zweiten Cluster (8–18) ihre Arbeitsweise mit dem ePortfolio („Obwohl ich Spaß hatte, muss ich mir jedoch eingestehen, dass meine Motivation an manchen Tagen sehr gering war.") und springt zwischen *Noticing, Rückblicken* und der *Bewusstmachung* mehrfach hin und her. *Planungen* wurden daraus nicht abgeleitet. Katharina zog im dritten Cluster (19–22) ein Fazit zu ihrer eigenen ePortfolioarbeit und machte Vorschläge für die Arbeit in der Schule. Nach dem *Ereignis* folgten zwei *Rückblicke* (einer zum Thema Heterogenität und einer auf ePortfolioarbeit im Allgemeinen) und der *Planungsvorschlag* paper-based Portfolios in der Schule einzusetzen, da sich Portfolios sehr stark „von normalen Hefteinträgen" unterscheiden. Im vierten thematischen Cluster geht es um die Dimensionen von Heterogenität (23–25), wobei auf die Stationen *Bewusstmachung, Noticing* und *Planung* gegangen wurden. Das letzte Cluster (24–28) ist als persönliches Fazit angelegt und enthielt zusätzliche Handlungsvorschläge zur weiteren Professionalisierung. Es hatte die gleiche Struktur wie das vorherige Cluster mit den Stationen *Bewusstmachung, Noticing* und *Planung*.

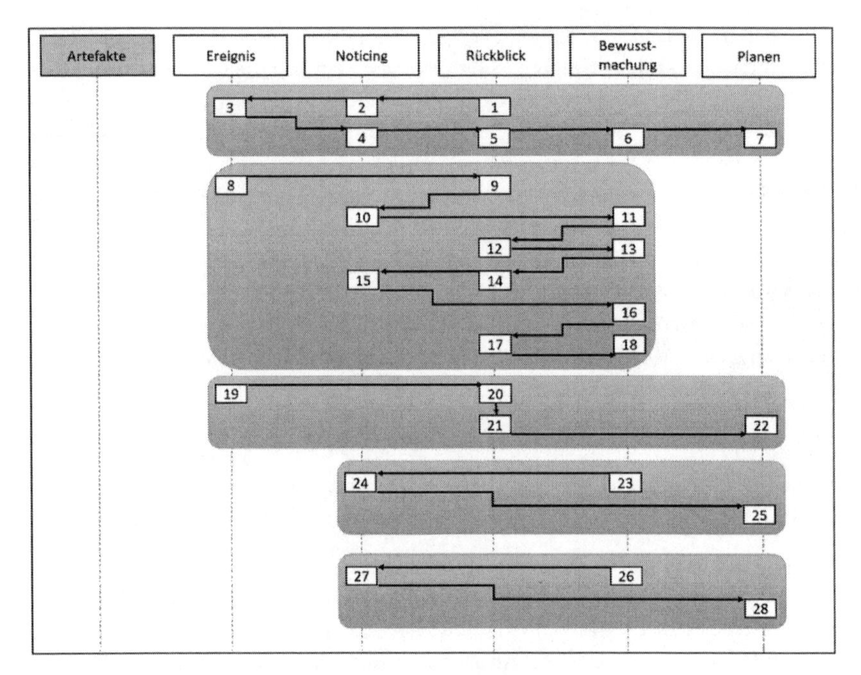

Abb. 23: Stationsmodell von Katharina

Auf der zweiten Analyseebene (vertikal) wurde ersichtlich, dass die *Ereignisse* (als Ankündigung für die nachfolgenden Abschnitte) auf die Textstruktur bezogen sind (3, 8 und 19). Im *Noticing* drückte sich die Zufriedenheit mit der eigenen Leistung aus („gut gemacht", „sehr zufrieden"), aber auch der allgemeine Arbeitsaufwand von ePortfolioarbeit („eine Menge Arbeit reingesteckt"), sowie die verschiedenen Aufwachsbedingungen von Kindern und die Vielfalt im Unterricht (2, 4, 10, 15, 24 und 27). Alle *Rückblicke* (1, 5, 9, 12, 14, 17, 20 und 21) bezogen sich auf die ePortfolioarbeit. Beginnend mit der ersten Einschätzung, dass Katharina die Anforderungen des Seminars „niemals schaffe", über genaue „Handgriffe", die bei der Arbeit mit Mahara erlernt werden mussten, hin zu der „Verkündung, dass ich noch nie zuvor in meinem Leben ein Portfolio erstellt habe". Es wurde im Rückblick auch eine „textlastige" Bearbeitung der Reflexionsaufgaben gesehen, ebenso wie das Potential für den Umgang mit Heterogenität. Prozesse der *Bewusstmachung* begannen relativ spät im Text mit Station 6, wo die Plattform Mahara als positiv bewertet wird. Als Abstraktionsebenen wurden nur Mikro- und Meso- Ebene codiert, die Reflexionstiefe ist zwischen Analysen und Bewertungen ausgeglichen. Nur in einem Fall (Station 6) folgte auf eine *Bewusstmachung* auch ein *Handlungsvorschlag*. Bei den anderen Stationen folgt entweder ein *Rückblick* oder einer Erkenntnis (*Noticing)*. Neben den Arbeitsprozessen bei der Layoutgestaltung von Ansichten in Mahara wurde sich Katharina auch darüber bewusst, dass Merkmalszuschreibungen nicht beeinflusst werden können und Heterogenität im Unterricht „nicht als Last, sondern als Chance" angesehen werden sollte (6, 11, 13, 16, 18, 23 und 26).
Die Planungsvorschläge (7, 22, 25 und 28) bezogen sich auf die eingeschränkten Möglichkeiten in Mahara das Layout zu gestalten und dem Einsatz von Portfolios in der Schule („super cool"). Zum Thema Heterogenität nahm sich Katharina vor, ein Vorbild für ihre Schülerinnen und Schüler zu sein (in Bezug auf Gleichberechtigung und Diskriminierung) und sich regelmäßig fortzubilden, damit sie für Chancengleichheit sorgen kann.

Reflexionszyklus im Fall Celine

Die Abschlussreflexion der Studentin Celine war mit 17 948 Zeichen die umfangreichste in der Auswahl und enthielt acht Abbildungen („Hände", „Überblick zum Seminar"-PP-Folie, „Herkunftseffekte"-PP-Folie, „Screenshot Inklusion"-Video Seminar, „Wortwolke"-digitale Lerneinheit, „Reflexionszyklus"-PP-Folie, „Struktur Essay", „viele kleine Hände"), wovon viele aus dem Seminarkontext stammten. Zu Beginn war sehr prominent die Struktur aus dem Seminar mit Gegenstand, Frage und Ziel positioniert. Der Text gliederte sich in zahlreiche Abschnitte, im ersten Teil zum Thema Heterogenität, im zweiten Teil zu der ePortfolioarbeit.

Durch den großen Umfang des Textes und den Wechseln der Themengebiete, ergaben sich 58 Stationen. Davon sind fünf Artefakte, sechs *Ereignisse,* sieben im *Noticing,* 12 zur *Rückschau,* 18 *Bewusstmachungsprozesse* und zehn *Handlungsalternativen.* Mit diesen Stationen ließen sich sieben thematische Cluster bilden (s. Abbildung 24).

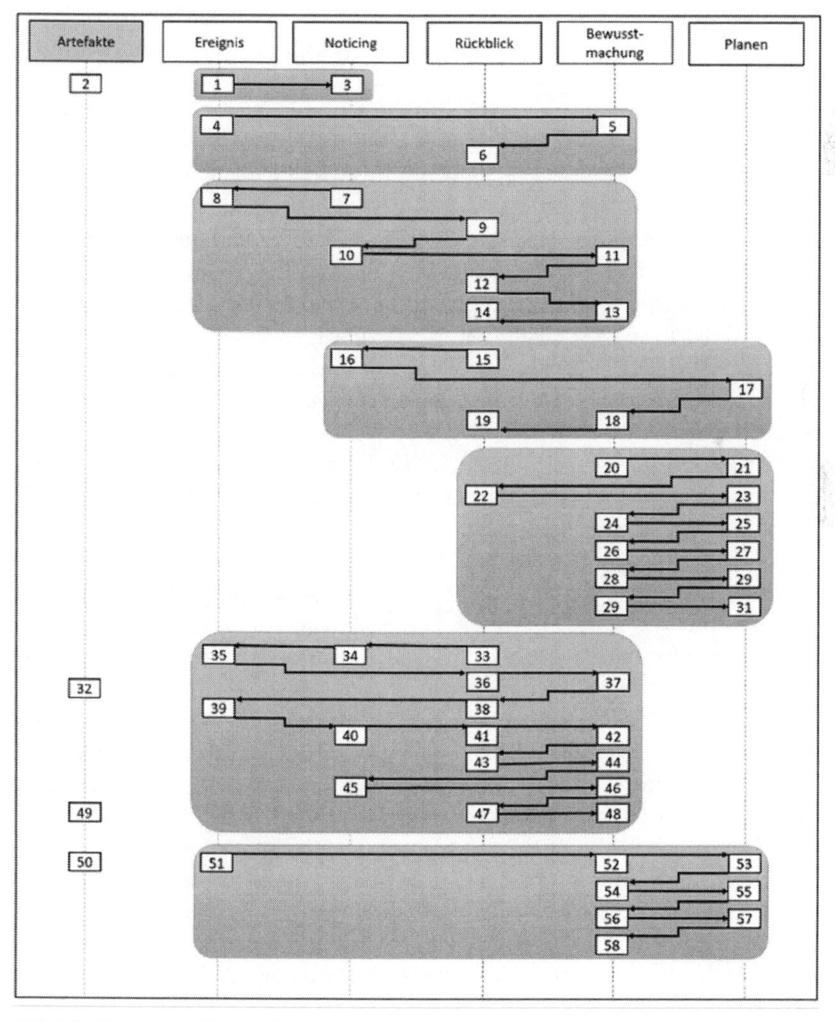

Abb. 24: Stationsmodell von Celine

In der horizontalen Analyseebene war das erste thematische Cluster (1 und 3 – Station 2 ist ein passendes Artefakt) ein allgemeines Statement zum Thema Heterogenität und bestand aus *Ereignis* und *Noticing*. Im nächsten Cluster (4–6) wurde wieder ein *Ereignis* beschrieben, dann erfolgten *Bewusstmachung* und *Rückblick* auf die Inhalte des Seminars. Im dritten Cluster (7–14) wird ausführlich die Dimension sozio-ökonomischer Hintergrund betrachtet, dabei wurden alle Stationen angesprochen, mit Ausnahme der *Planung*. Auf einen *Rückblick* und *Noticing* folgte im vierten Cluster (15–19) ein rückwärtiger Dreischritt aus *Planung, Bewusstmachung* und *Rückblick*. Inhaltlich ging es dabei um Inklusion und den Zusammenhang zu kognitiver Leistungsfähigkeit. Durch einen kontinuierlichen Wechsel zwischen *Bewusstmachung* und *Planungsvorschlägen*, mit einem *Rückblick* (20–31), liefert Celine Handlungsvorschläge für die Elternarbeit und den Umgang mit Inklusion (Cluster 5). Das Thema des sechsten Clusters (33–48) war die Portfolioarbeit. Die Studentin bezog Stellung zu ihrer Arbeitsweise, Vorerfahrungen und Mahara. Es gab Dreischritte vorwärts und rückwärts (*Rückblick, Noticing* und *Ereignis* sowie *Ereignis, Rückblick* und *Bewusstmachung*) sowie den einzigen Vierschritt aus *Ereignis, Noticing, Rückblick* und *Bewusstmachung. Planungsvorschläge* machte Celine nicht, es blieb bei einem Wechsel zwischen *Rückblicken* und *Bewusstmachungsprozessen*. Im letzten Cluster (51–58) fasste sie ihre Einsichten aus dem Seminar und der ePortfolioarbeit zusammen und wechselte zwischen Prozessen der *Bewusstmachung* und zahlreichen *Handlungsalternativen* hin und her.
In der zweiten, vertikalen Analyseebene gabt es neben den Artefakten in den Stationen 2, 32, 49 und 50 noch weitere Abbildungen, die aber anderen Stationen des Zyklus (z.B. Sequenz 6 als *Rückblick*) zugeordnet sind. Vorgaben der ePortfolioarbeit, Methoden und Inhalte aus dem Seminar, sowie das Vorgehen in dieser Abschlussreflexion wurden als *Ereignisse* (1, 4, 8, 35, 39 und 51) benannt. Erkenntnisse zum Thema Heterogenität und zur ePortfolioarbeit waren Teil des *Noticings* (3, 7, 10, 16, 34, 40 und 45). Celine stellt gleich zu Beginn fest „Die Welt ist verschieden. Wir sind verschieden. Und als zukünftige Lehrkräfte wissen wir, dass dies nirgendwo so deutlich wird, wie in einem Klassenraum.". Als besonders „prägnant" bezeichnete sie in diesem Zusammenhang die Auseinandersetzung mit dem sozioökonomischen Status und Inklusion. In zahlreichen Rückblicken (6, 9, 12, 14, 15, 19, 22, 33, 36, 38, 41, 43 und 47) setzte sie sich ausführlich mit den oben genannten Inhalten auseinander und greift diese nochmals auf. Celine hatte Vorerfahrungen mit ePortfolioarbeit im Studium und beschrieb die Anforderungen dieser Arbeit ausführlich als *Rückblicke*. Auch den Bearbeitungsleitfaden der Gruppe S nahm sie auf und erklärt, welche Schritte gegangen wurden. Sie bezog auch Wissen aus anderen Seminaren ein, wie die „Funnel-Structure" eines Essays. Die Rückblicke endeten mit dem Hinweis, dass „Leerläufe" im Arbeitsprozess hilfreich gewesen seien. Im letzten Cluster sind keine Sequenzen dieser Station zugeordnet.
Auch die Prozesse der *Bewusstmachung* (5, 11, 13, 18, 20, 24, 26, 28, 30, 37, 42, 44, 46, 48, 52, 54, 56 und 58) waren sehr umfangreich und werden hier als Zusammenfassung wiedergegeben. Codiert wurden bei der Reflexionstiefe sowohl Analysen als auch Bewertungen. Auffällig erscheint, dass auf den Abstraktionsebenen zum Thema Heterogenität besonders die Meso- und Makro-Ebenen angesprochen wurden und für die Portfolioarbeit die Mirko-Ebene einbezogen wurde. Die Studentin entwickelte ein „Bewusstsein für die Vielfalt" in Gesellschaft wie Schule und fokussierte sich in dieser Abschlussreflexion besonders auf zwei Themen: Unter Rückgriff auf Texte von Ditton und Maaz (2011) sowie das Modell der primären und sekundäre Herkunftseffekte nach Boudon (1974) arbeitete sie heraus, dass Kindern „nicht nur die praktische, sondern oft auch die emotionale Unterstützung der Eltern fehlt, um sich selbst zu ermutigen, höhere Bildungsabschlüsse zu erlangen". Zum Thema Inklusion resümierte Celine, dass Lehrkräfte der Inklusion auf

Grund von „mangelnder Fachkompetenz" kritisch gegenüberstünden. Gleichzeitig relativierte sie ihre Aussagen: „Ich bin mir bewusst, dass hier idealistisch gedacht wird und ich kann keine Belege für eine gelingende Umsetzung in Schulen liefern, allerdings helfen mir diese Prinzipien, um meinen eigenen Unterricht zu gestalten und zu leiten.". In den *Bewusstmachungsprozessen* zur Portfolioarbeit sah sie sich mit vielen Freiheiten konfrontiert, die zu „Orientierungslosigkeit" führten. Die Recherche stellte eine Herausforderung dar und die Bearbeitungen wurden als „sowohl inhaltlich als auch technisch sehr anspruchsvoll" beschrieben. Außerdem entwickelte sie „ein hohes Identifikationspotential" und „Stolz" auf die erstellten Ansichten. Zum Abschluss plädierte sie nochmals dafür, an Konzepten zur Inklusion zu arbeiten, damit Fortschritt in Schulen möglich werde. Als notwendig sah sie dabei einen „gemeinsamen Willen zur Veränderung und die Orientierung an einem gemeinsam aufgestellten Ziel".

Die *Planungen* (17, 21, 23, 25, 27, 29, 31, 53, 55 und 57) bezogen sich zu Beginn und am Ende der Abschlussreflexion auf die Umsetzung von Inklusion. Zum einen sollten Eltern entlastet (Sie sollten „keine Hilfe im Verständnisprozess leisten" müssen.), zum anderen Förderangebote mit besserer Passung entwickelt werden. Für ihren späteren Beruf möchte Celine, dass Kinder ihre Stärken finden, z.B. durch Portfolioarbeit. Gleichzeitig sollten Weiterbildungsangebote geschaffen werden, um mangelnde Fachkompetenz bei den Lehrkräften auszugleichen und die Zusammenarbeit zwischen verschiedenen Akteuren voranzutreiben. Zur Portfolioarbeit wurden keine Handlungsvorschläge unterbreitet.

Reflexionszyklus im Fall Paola

Die Abschlussreflexion von Paola umfasst 8775 Zeichen und ist durch zwei Zwischenüberschriften gegliedert. Artefakte wurden nicht eingebunden. Die Codierungen zu den Stationen des Reflexionszyklus hat 38 Stationen ergeben, die sich in neun thematische Cluster einordnen lassen. Insgesamt wurden fünf *Ereignisse* benannt, drei relevante Momente erkannt (*Noticing*), jeweils 13 *Rückblicke* und Prozesse der *Bewusstmachung* beschrieben und vier *Handlungsvorschläge* unterbreitet (s. Abbildung 25).

In der horizontalen Analyseebene wechselte das erste thematische Cluster (1–3) zwischen *Rückblick* und *Ereignis*. Es handelte sich um eine allgemeine Rückschau auf das Seminar. Im zweiten Cluster (4–9) springen die Aussagen zwischen *Rückblick* und *Bewusstmachung* zum Thema digitale Lerneinheiten und deren Bearbeitung durch Paola. Die Stationen 10 bis 14 (drittes Cluster) enthielten zum ersten Mal einen Dreischritt aus *Ereignis*, *Rückblick* und *Bewusstmachung*. Thematisch ging es dabei um die Methodik der Lehrveranstaltung. Das vierte Cluster (16–17) beschreibt die Arbeitsweise von Paola mit dem ePortfolio und springt zwischen *Bewusstmachung* und *Noticing*. Auch das fünfte Cluster enthält nur drei Stationen (18–20) und hatte das (Peer) Feedback zum Thema, wo nach zwei *Bewusstmachungen* (Dozenten-Feedback und Peerfeedback) der erste *Handlungsvorschlag* erfolgt. Das sechste thematische Cluster (21–26) enthielt zwei Dreischritte aus *Ereignis*, *Rückblick* und *Bewusstmachung*, einer davon rückwärts. Paola betrachtete dabei intensiv die Arbeit mit der Plattform Mahara. Auch das siebte Cluster (27–32) bestand aus zwei Dreischritten (*Noticing*, *Rückblick* und *Bewusstmachung* sowie *Ereignis*, *Rückblick* und *Planung*) zum Thema Arbeits- und Zeitaufwand beim Erstellen des ePortfolios. Das achte Cluster (33–35) hatte ebenfalls einen Dreischritt aus *Noticing*, *Rückblick* und *Planung* zu den Vorgaben für die Arbeit mit dem Reflexionszyklus. Das letzte Cluster (36–38) gab Impulse für ihre weitere Professionalisierung durch einen Dreischritt aus *Rückblick*, *Bewusstmachung* und *Planung*.

Die Analyse der einzelnen Stationen des Reflexionszyklus (vertikal) zeigte, dass die Arbeit auf den Lernplattformen Vigor und Mahara als *Ereignisse* (2, 12, 21, 25 und 30) betrachtet wurden.

Im *Noticing* (16, 27 und 33) drückte Paola verschiedene für sie relevante Momente zur Portfolioarbeit aus: Selbstbestimmtes Lernen kann durch Portfolioarbeit verwirklicht werden und ist als „kontinuierlicher Prozess" zu verstehen, der „relevante Themen aktiv behandelt". Außerdem riefen die Vorgaben zur Gestaltung von Reflexionsaufgaben Irritation hervor (Begriffe „Gegenstand" und „Ziel"). Die *Rückschau* war mit 13 Stationen umfangreich (1, 3, 4, 6, 8, 10, 13, 22, 24, 28, 31, 34 und 36) und bezog sich auf die digitalen Lerneinheiten, deren Bearbeitungsmöglichkeiten und enthaltene Videos. Paola blickte auch auf die Reflexionsaufgaben und den benötigten Rechercheaufwand zurück sowie auf die Beispiellösungen, welche zur Klärung beigetragen haben, und fragte nach der Sinnhaftigkeit von Layoutgestaltungen, da im bisherigen Studium „keine gestalterischen Umsetzungen im Vordergrund" standen. Zusätzlich waren auch Methoden aus dem Seminar (z.B. Podiumsdiskussion) ein Thema, sowie das Zeitmanagement während des Semesters und nach dem Semesterende.

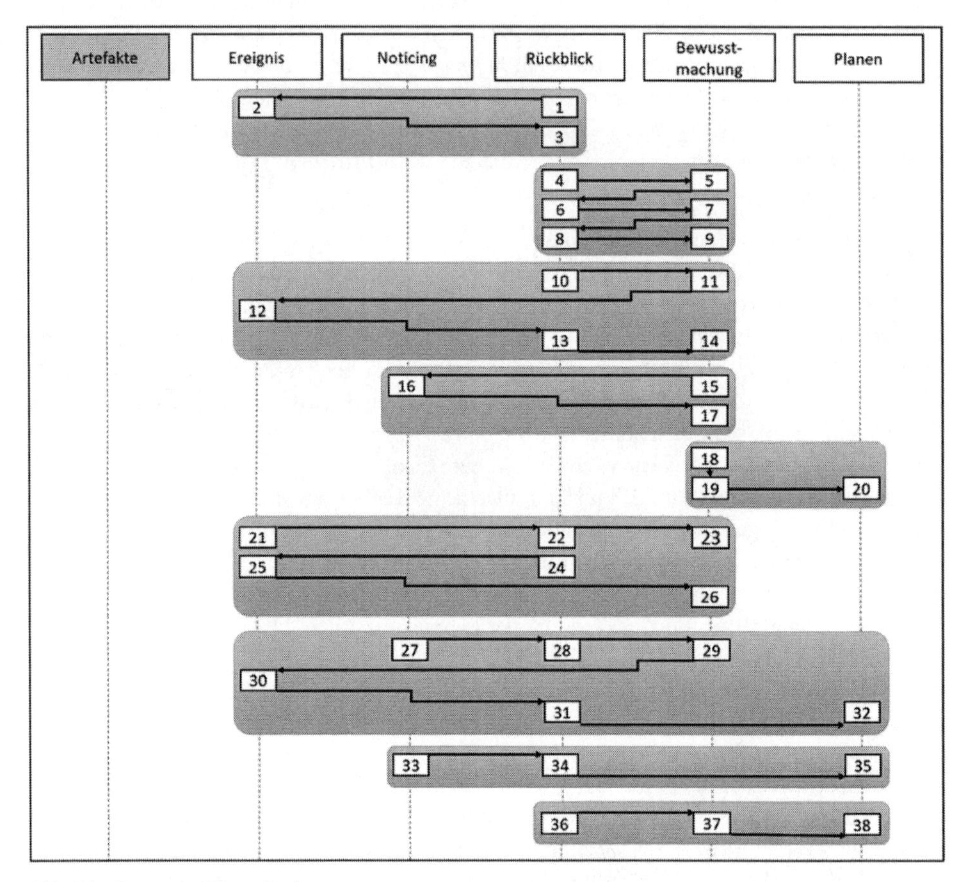

Abb. 26: Stationsmodell von Paola

Die *Bewusstmachungsprozesse* (5, 7, 9, 11, 14, 15, 17–19, 23, 26, 29 und 37) bezogen sich überwiegend auf die Portfolioarbeit. Bei den Abstraktionsebenen konnte bei dem Thema Heterogenität nur die Mikro- und Meso-Ebene codiert werden, zum Thema ePortfolio hingegen alle

drei Ebenen. Bei der Reflexionstiefe überwogen zum ersten Thema die Analysen, im zweiten Themenbereich waren auch Bewertungen vorhanden.
Insgesamt formulierte Paola nur wenige Aussagen zur Heterogenität wie z.B., dass „Denken in Klischees und Kategorien die Sicht auf das Wesentliche vernebelt" und durch die digitalen Lerneinheiten „Halbwissen" korrigiert werden konnte. Durch den Austausch im Seminar zu den Lerneinheiten fühlte sie sich nicht „allein gelassen" und freute sich über Methoden wie die Podiumsdiskussion, bei der sie gelernt habe, „wie man diese als Lehrkraft am besten unterstützen kann". Das Peerfeedback wurde als zu anonym wahrgenommen, obwohl es hilfreich sei, um nachzuvollziehen, wie gegenseitige Bewertung wirkt. Das Dozent*innenfeedback war motivierend, „wobei ich im Sinne des Portfoliogedankens in erster Linie meine persönlichen Interessen verfolgen sollte". Paola resümierte zur Arbeitsweise in Gruppe O, dass sich die Freiheit im ersten Moment sehr gut anhörte, jedoch in der Umsetzung „gar nicht so einfach ist". Trotzdem habe die selbstgewählte Fragestellung „großes Interesse und hohe Motivation" geweckt. Außerdem wurde sich Paola über ihre Arbeitsprozesse bewusst, denn sie strukturierte sich besser und überwand ihren Perfektionismus „weitestgehend". Den Mehrwert des Programms Mahara erkannte sie nach einem Gespräch mit einer Freundin, die Mahara an einer anderen Hochschule nutzte: „Eine aktive Nutzung der Plattform kann den Austausch von Informationen fördern." Eigene Arbeiten könnten so sichtbar bleiben, aktualisiert und geteilt werden. Die Arbeit am ePortfolio sah Paola als Form der Wissensspeicherung und Vernetzung von Wissen und ein Vorteil sei, dass man Fragen nachgehen könne, die sie als angehende Grundschullehrerein persönlich interessieren.
Die *Planungs- und Handlungsvorschläge* (20, 32, 35 und 38) bezogen sich alle auf die ePortfolioarbeit. Da das Peerfeedback zu anonym war, wird eine vorherige Kennenlernrunde vorgeschlagen. Außerdem alternative Bezeichnungen für die Begriffe „Gegenstand" und „Ziel" („Impuls" und „Vorgehensweise") und das Abwägen von fünf Reflexionsaufgaben gegenüber nur einer Aufgabe. Dies beinhalte weniger Arbeit, aber auch weniger Wissen. Außerdem kann sie sich vorstellen, das ePortfolio aktuell zu halten und zum Austausch zu nutzen.

Reflexionszyklus im Fall Lina

Die Abschlussreflexion von Lina entsprach 5240 Zeichen und enthielt sechs Abbildungen („Spiegelbild", „Lernkurve", „Logo Mahara", „Buntes Puzzle", „Schule ist Vielfalt" und „viele bunte Menschen") sowie ein herausgestelltes Zitat zum Thema Heterogenität. Der Text war durch Zwischenüberschriften in drei Teile gegliedert.
In Bezug auf den Reflexionszyklus ließen sich im Text 28 Stationen identifizieren. Neben sechs Artefakten wurden jeweils zwei Stationen dem *Ereignis* und *Noticing* zugeordnet, sechs dem *Rückblick*, sieben der *Bewusstmachung* und fünf der Planung. Aus den Codierungen konnten fünf thematische Cluster gebildet werden (s. Abbildung 26).
Die erste, horizontale Analyse des Reflexionsmusters zeigte, dass Lina den Reflexionszyklus im ersten thematischen Cluster (2, 4–12) fast vollständig durchlief und dann, nach Nennung eines weiteren *Ereignisses*, zwischen *Rückblicken* und *Bewusstmachung* wechselte. Thematisch wurde der eigene Umgang mit Heterogenität betrachtet im Zusammenhang mit den Inhalten des Seminars. Beim Dreischritt aus *Rückblick*, *Bewusstmachung* und *Planung* ging es um die Bearbeitung der Reflexionsaufgaben aus der ePortfolioarbeit (Cluster 2, 14–16). Im dritten thematischen Cluster (18–23) durchlief Lina zu Beginn wieder den Dreischritt, sowohl vorwärts als auch rückwärts und endet mit einem Sprung von *Noticing* zur *Planung*. Inhalte waren die konkrete Arbeit mit dem ePortfolio und den Vorgaben. Das letzte Cluster (24 und 25) stellte nochmals kurz ein *Noticing* dar, schließt mit *Planungsvorschlägen* und beinhaltet ein Fazit zu den Seminarthemen.

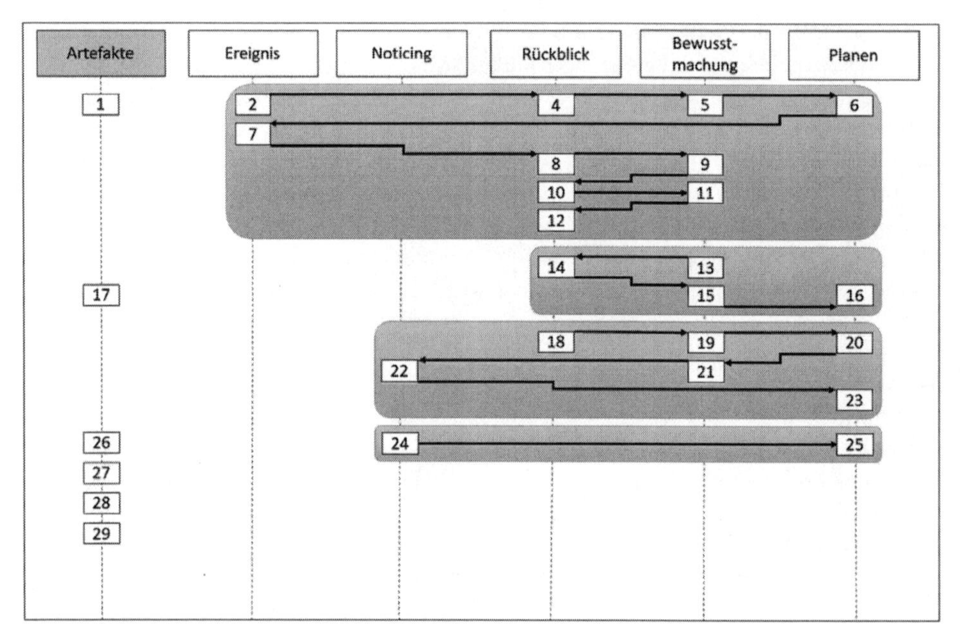

Abb. 27: Stationsmodell von Lina

Im zweiten, vertikalen Analyseschritt zeigte sich für die Station *Noticing* (22 und 24), dass Lina sich sowohl auf den Inhalt Heterogenität (Aktualität des Themas und Sorge um Chancengleichheit) bezog, als auch auf das ePortfolio (und die Erkenntnis, dass dieses „nochmal von Hilfe" sein wird). Sie blickte auf mehrere Themen zurück (*Rückblick* 4, 8, 10, 12, 14, 18), wie das Vorwissen zum Seminar, die konkrete Arbeit mit den online Lernpaketen („hatte auch noch Spaß dabei"), den Rechercheprozess für die Bearbeitung der Reflexionsaufgaben und die Passung zwischen dem Thema Heterogenität und dem ePortfolio („tolle Möglichkeit" der Auseinandersetzung). Bei der Station *Bewusstmachung* (5, 9, 11, 13, 15, 19, 21) wurden in der Reflexionstiefe mehr Analysen als Bewertungen codiert, bei der Abstraktionsebene die Makro-Ebene zur Professionalisierung nur einmal, Mikro- und Meso-Ebene hingegen deutlich häufiger. Zu Beginn wurde sich Lina über ausgewählte Seminarthemen (Offener Unterricht und Kooperatives Lernen) bewusst, ergänzt durch eine Wiederholung von Vorwissen zu den Dimensionen von Heterogenität. Insgesamt beschrieb sie ihren Arbeitsprozess als motiviert und strukturiert mit dem Versuch, sich auf einzelne Fragestellungen zu fokussieren. Bei der Portfolioarbeit schätzte sie die Auswahlmöglichkeit zwischen verschiedenen Aufgaben, sieht allerdings die Gefahr „abzuschweifen". Das ePortfolio war für sie eine „tolle Abwechslung", an der sie mit Spaß arbeitete.
Planungs- und Handlungsvorschläge bezog Lina auf die Inhalte Offener Unterricht und Kooperatives Lernen und die Möglichkeit, diese in einer wissenschaftlichen Hausarbeit zu vertiefen. Außerdem forderte sie einen „produktiven Umgang" mit der existierenden Heterogenität (6 und 25). Die Stationen 16, 20 und 23 enthielten *Planungsvorschläge* zur Portfolioarbeit wie ein frühzeitiger Beginn der Literaturrecherche, eine Obergrenze für den Umfang von Reflexionsaufgaben sowie eine Druckfunktion für das ePortfolio, um es „in den Händen halten zu können".

8.2.2 Fallvergleiche zum Reflexionszyklus

Nach dieser ausführlichen Darstellung der Einzelfälle und deren Nutzung des Reflexionszyklus, werden in einem nächsten Schritt Fallvergleiche zwischen den Studierenden aus der 6-Felder-Tafel zur Fallvignette vorgenommen. Verglichen werden die vier Paarungen (s. Tabelle 24, vgl. auch Tabelle 18 in Kapitel 8.1):

Tab. 24: Übersicht Fallvergleiche zum Reflexionszyklus

Gruppe O	Gruppe S	Reflexionstiefe	inhaltliche Breite
Christian	Nora	weniger	Veränderung
Lan Thi	Svenja	weniger	gleich
Katharina	Celine	gleich	Veränderung
Paola	Lina	mehr	Veränderung

Diese Auswahl wurde getroffen, um die Nutzung des Reflexionszyklus unter Berücksichtigung der beiden Bearbeitungsformen darzustellen, obwohl in der Reflexionstiefe und inhaltlichen Breite der Fallvignette eine vergleichbare Leistung erbracht wurde.

Vergleich der Fälle Christian und Nora

Beide ePortfolios wurden mit 12 Punkten bewertet und hatten einen sehr unterschiedlichen Umfang: Christian schrieb 8300 Zeichen und Nora mit 2600 Zeichen die kürzeste Abschlussreflexion. Das ePortfolio von Christian war umfangreich und behandelte die Themen *Bildungsbenachteiligung, Aufwachsbedigungen von Kindern, Theodor W. Adornos „Erziehung nach Auschwitz", Inklusion* und *kognitive Leistungsfähigkeit*. Damit bearbeitete er das Thema Heterogenität umfangreich und ging mit dem Eintrag zu Adorno auch inhaltlich über das Seminar hinaus. Nora bearbeitete in ihrem ePortfolio die Aufgaben 2 (*Analyse Video zum sozio-ökonomischen Hintergrund*), 4 (*Bildungsungleichheit*), 7 (*Analyse Peerfeedback*), 9 (*Portfolio in der Schule*) und 10 (*Kooperatives Lernen*) und wählte damit ebenfalls wissenschaftlich-theoretische Inhalte zur Heterogenität als auch methodisch-didaktische Inhalte aus.
In Christians Abschlussreflexion fehlte grundsätzlich eine konsequentere Nutzung des Zyklus, was den kurzen inhaltlichen Ausführungen in den einzelnen Abschnitten geschuldet sein könnte, denn seine Texte zu den einzelnen Zwischenüberschriften waren teilweise sehr kurz. Dies hatte zur Folge, dass bei fünf von sechs thematischen Clustern nur eine bzw. drei Stationen zugeordnet wurden. Insgesamt hat Christian den Reflexionszyklus nicht vollständig durchlaufen, aber ein Dreischritt (*Noticing, Bewusstmachung und Planung*) war auffindbar. Auch Nora durchlief die Stationen des Reflexionszyklus nur unvollständig. Insgesamt fehlte die Station Ereignis, aber es wurden zwei Dreischritte aus *Rückblick, Bewusstmachung und Planung* gebildet.
Im direkten Vergleich zur Nutzung des Reflexionszyklus kann zu Christian und Nora gesagt werden, dass sie beide nur Dreischritte gegangen sind und (trotz des großen Unterschieds im Umfang der Abschlussreflexionen) zu den einzelnen thematischen Clustern zu wenig Text verfasst haben, sodass der Zyklus immer wieder unterbrochen wurde. Bezogen auf die inhaltliche Breite zum Thema Heterogenität lieferte Christian vertiefte Einsichten zu sich und seinen Standpunkten, aber auch die gesellschaftliche Perspektive spielte bei ihm eine Rolle. Nora hingegen thematisierte mehr die Mikro-Ebene und bezog sich auf ihren eigenen Lern- und Erkenntnisfortschritt. Beide sahen die ePortfolioarbeit positiv, wobei Nora die digitale Kompo-

nente eher ablehnte, aber als Einzige einen Bezug zur Schule herstellte. Beide arbeiteten deutlich ihren persönlichen Umgang mit dem ePortfolio heraus.

Vergleich der Fälle Lan Thi und Svenja

Lan This ePortfolio wurde mit 13 Punkten bewertet und war mit 4800 Zeichen in der Abschlussreflexion das zweitkürzeste im Sample. Bei Svenja waren es 6000 Zeichen, sie erhielt 12 Punkte auf das ePortfolio. Lan Thi beschäftigte sich mit *Medienbildung*, *Gender*, dem *kultur-ethnischen Hintergrund*, *kognitiver Leistungsfähigkeit* und dem *Mehrwert der Portfolioarbeit* als Reflexionsthemen in ihrem ePortfolio. Svenja bearbeitete die Aufgaben 1 *(veränderte Kindheit)*, 3 (*Behinderungsbegriff*), 4 (*Bildungsungleichheit*), 7 (*Analyse Peerfeedback*), 8 (*offener Unterricht)*. Beide wählten sowohl Themen aus dem theoretisch-wissenschaftlichen als auch dem didaktisch-methodischen Bereich. Ein Ungleichgewicht lässt sich an dieser Stelle nicht erkennen. Im Fall der Studentin Lan Thi wurden nicht alle Stationen des Reflexionszyklus genutzt, denn sie kommt ohne die Nennung eines *Ereignisses* aus. Ein Dreischritt aus *Rückblick*, *Bewusstmachung* und *Planung* lässt sich finden, wobei es um ihren eigenen Lernzuwachs im Seminar und das Portfolio als Unterrichtsmethode geht. Die Arbeit in der offenen Gruppe O erlebte Lan Thi als positive, interessensgeleitete Arbeitsform mit (unspezifischen) Hindernissen und erkannte die Arbeit mit dem ePortfolio als Didaktischen Doppeldecker (Wahl 2013): „Das ePortfolio war somit Medium und Lerngegenstand zugleich". Auch Svenja durchläuft in keinem Cluster den Reflexionszyklus vollständig, aber auch hier gibt es Dreischritte (vorwärts und rückwärts). Insgesamt vollzieht sie zu viele Rückblicke und kann daraus keinen *Planungsschritt* ableiten. Anders als bei Lan Thi bleibt das ePortfolio für Svenja eine „interessante Erfahrung", die mit „Spaß" verbunden war, ohne Konsequenzen für eine Weiterarbeit im Studium oder in der Schule. Auch eine gesellschaftliche Position, wie Lan Thi, nimmt sie nicht ein.
Im direkten Vergleich zur Nutzung des Reflexionszyklus kann zu Lan Thi und Svenja gesagt werden, dass beide nur Dreischritte durchlaufen und keine systematische Nutzung zu erkennen ist. Beiden ist außerdem gemein, dass sie dem praktisch-didaktischen Wissen zu Heterogenität mehr Bedeutung beimessen und zu viel akademisch theoretisches Wissen eher zu Unzufriedenheit führt. Svenjas Betrachtung zum ePortfolio nimmt viel Raum in ihrem Text ein, die abgeleiteten Konsequenzen bleiben aber oberflächlicher als bei Lan Thi, was sich durch die ganze Abschlussreflexion zieht.

Vergleich der Fälle Katharina und Celine

Beide ePortfolios wurden mit 14 Punkten bewertet, die Abschlussreflexion von Katharina umfasste ca. 6000 Zeichen, was einem durchschnittlichen Umfang entsprach, Celine hingegen schrieb mit 17 900 Zeichen den umfangreichsten Text im Sample. Dieser Umstand macht u.a. deutlich, dass die Bewertung der ePortfolios auf viele unterschiedliche Kriterien gestützt war. Ihre Reflexionseinträge verfasste Katharina zu den Themen *Dimension sozio-ökonomischer Status*, *Gender*, *Behinderung*, *Migrationshintergrund* und *Hochbegabung*. Damit deckte sie alle fünf Dimensionen von Heterogenität ab, die im Seminar behandelt wurden, aber nicht die didaktisch-methodischen Aspekte aus dem zweiten Teil des Semesters. Celine hingegen bearbeitete die Aufgaben 2 (Analyse Video zum *sozio-ökonomischen Hintergrund*), 3 (*Behinderungsbegriff*), 6 (Podiumsdiskussion *Inklusion*), 7 (Analyse *Peerfeedback*) und 10 (*Kooperatives Lernen*). Damit traf sie eine breitere Auswahl aus den gestellten Aufgaben und deckte sowohl didaktisch-methodische wie auch theoretisch-wissenschaftliche Themen zur Heterogenität ab.
Gleich zu Beginn durchlief Katharina in ihrer Abschlussreflexion alle Stationen des Reflexionszyklus und bildete eine Argumentationskette zur Arbeit mit Mahara. Darüber hinaus konnten

in keinem weiteren Cluster mehr als zwei aufeinander folgende Stationen aufgefunden werden. Besonders im zweiten Cluster verharrte sie bei der *Bewusstmachung* und ging nicht den nächsten *Planungsschritt*, obwohl sie ausführlich ihre Arbeitsweise beschrieb. Katharina setzte sich dabei mehrfach mit ihrem akademischen Selbstkonzept auseinander.
Auch Celine zeigte eine ausgeprägte Nutzung des Reflexionszyklus, der fast vollständig (Vierschritt in Cluster 6) durchlaufen wird. Außerdem gab es identische Reflexionsmuster in den häufigen Wechseln zwischen *Rückblicken* und *Bewusstmachung*, ohne dass *Planungsvorschläge* ausgeführt wurden. Sie legte einen Fokus in ihrer Abschlussreflexion auf die Themen Chancengleichheit (sozio-ökonomischer Status und Schullaufbahn) und Inklusion.
Im direkten Vergleich zur Nutzung des Reflexionszyklus kann zu Katharina und Celine gesagt werden, dass beide eine ausführliche Nutzung des Zyklus zeigen (Katharina durchläuft ihn vollständig, Celine mit einem Vierschritt). Beiden ist außerdem gemeinsam, dass sie ein identisches Reflexionsmuster mit häufigen Wechseln zwischen *Rückblicken* und *Bewusstmachung*, ohne *Planungsvorschläge*, zeigten. Inhaltlich setzen sie sich beide stärker mit der ePortfolioarbeit auseinander als mit dem Thema der Heterogenität. Einigkeit herrschte in der Ansicht, dass Fortbildungen zur Professionalisierung von Lehrkräften beitragen und auch im Lehrberuf wahrgenommen werden sollten.

Vergleich der Fälle Paola und Lina
Das ePortfolio von Paola wurde mit 14 Punkten bewertet, das von Lina mit 13 Punkten. Die Abschlussreflexion umfasste bei Paola 8775 Zeichen und war die zweit umfangreichste. Lina schrieb 5240 Zeichen. Ihre Reflexionseinträge erstellte Paola zu den Themen *Bildungsbenachteiligung, Digitalisierung, Gender, Inklusion* und *Offener Unterricht*. Damit deckte sie sowohl die wissenschaftlich-theoretischen Inhalte zu Heterogenität ab als auch die methodisch-didaktischen. Ein ähnliches Bild ergab sich bei Lina, die sich für die Aufgaben 2 (Analyse Video zum *sozio-ökonomischen Hintergrund*), 4 (*Bildungsungleichheit*), 7 (*Analyse Peerfeedback*), 9 (*Portfolio in der Schule*) und 10 (*Kooperatives Lernen*) entschied und damit ebenfalls beide Bereiche abdeckte.
Sowohl Paola als auch Lina durchliefen in ihrer Abschlussreflexion den Reflexionszyklus nicht vollständig, vollzogen aber mehrfache Dreischritte. Bei Paola bezogen sie sich inhaltlich alle auf die ePortfolioarbeit oder die methodisch-didaktische Gestaltung des Seminars, bei Lina war es uneinheitlich. In beiden Texten gab es im ersten Drittel Wechsel zwischen *Rückblicken* und *Bewusstmachungen*, ohne dass es zur Planung kam. Außerdem lieferten beide Studentinnen im letzten Teil ihrer Reflexion vermehrt Handlungsvorschläge. Ein Unterschied lag im Einbezug von Artefakten, die Paola nicht nutzte, Lina hingegen zahlreich, was aber den Inhalt ihrer Reflexion nicht weiter beeinflusste
Im direkten Vergleich zur Nutzung des Reflexionszyklus kann zu Lina und Paola gesagt werden, dass beide eine unvollständige Nutzung des Zyklus zeigen, der nur aus Dreischritten besteht, mit einem ähnlichen Reflexionsmuster in vielen Clustern. Inhaltlich setzen sie sich beide stärker mit der ePortfolioarbeit auseinander. Das Thema Heterogenität wurde eher aus einer didaktisch-methodischen Perspektive betrachtet. Wohingegen von beiden eine Reflexion zur ePortfolioarbeit verfasst wurde, die sich mit den Stärken und Schwächen der jeweiligen Bearbeitungsform beschäftigte.

Resümee 8.2
Zur Beantwortung der *zweiten Forschungsfrage*, wie sich die *Nutzung des Reflexionszyklus*, unter Berücksichtigung der beiden Bearbeitungsformen, in ausgewählten Abschlussreflexionen des ePortfolios unterscheidet, kann gesagt werden, dass durch die Codierungen mit den angeleg-

ten Kategoriensystemen die Strukturen und Dynamiken in der Nutzung offengelegt werden konnten. Die Analyse hat gezeigt, dass die Studierenden innerhalb der Reflexionstexte unterschiedliche Themen ansprechen, die sich in thematische Cluster bündeln lassen. Innerhalb eines jeden Clusters kann der Zyklus, unabhängig vom vorigen oder nachfolgenden, erneut ablaufen. Daraus ergibt sich, dass in einem thematischen Cluster verschiedene Stationen in unterschiedlicher Reihenfolge angesprochen werden. Diese Dynamik und Komplexität lässt sich in den entwickelten Stationsmodellen grafisch darstellen. Ein möglicher Zusammenhang zwischen der Bearbeitung der Fallvignette und dem Reflexionszyklus wird in Kapitel 9.2 herausgearbeitet.

8.3 Ergebnisse zur Bearbeitungsform des ePortfolios

Zur Beantwortung der *dritten Forschungsfrage* wurden die Abschlussreflexion der acht ausgewählten Studierenden hinsichtlich ihrer *Beurteilungen zur ePortfolioarbeit* analysiert und kodiert. Die Beschreibung der Ergebnisse zur Abschlussreflexion ergab einige Doppelungen mit den bisherigen Ausführungen zum fallbezogenen Reflexionszyklus. Aus diesem Grund befindet sich die Ergebnisdarstellung zur Abschlussreflexion im den Anhängen 11 und 12. Die Antworten aus der Zwischenbefragung werden folgend in Kapitel 8.3.1 vorgestellt. Eine Zusammenführung der Befunde aus beiden Datenquellen zur dritten Fragestellung findet sich abschließend in Kapitel 8.3.2.

8.3.1 Bearbeitungsform in der Zwischenbefragung

Der Fragebogen zur Zwischenbefragung wurde zum zweiten Messzeitpunkt nach der Hälfte des Semesters eingesetzt und gliederte sich in vier Teile:
Teil A: Vorgehen bei der Erstellung von Reflexionseinträgen im ePortfolio
Teil B: Vergleich der Arbeitsweisen
Teil C: Feedback zum Seminar
Teil D: Selbsteingeschätzter Lernzuwachs

Die Befragung bestand aus offenen Freitext-Antworten und geschlossenen, skalierten Antwortmöglichkeiten. Die Ergebnisse der Studierenden werden nachfolgend als Einzelfallbeschreibung zusammenfassend vorgestellt.

Fälle der offen-adaptiven Gruppe

Fall Katharina
Zum Zeitpunkt der Zwischenbefragung hatte Katharina zwei Reflexionseinträge erstellt, die vorgeschlagene Aufgabe 2 und eine weitere zum *Thema Gender*. Die Aufgabe 2 zum *sozioökonomischen* Status wurde auf Grund der Aktualität des Themas gewählt („Es sollte dringend eine Lösung gefunden werden!"), bei der Aufgabe zum Gendermarketing wollte sie ergründen, warum es dieses Phänomen überhaupt gibt. Das bereitgestellte Material der Gruppe O zu Gegenstand, Frage und Ziel hatte sie zwei Mal angesehen und einmal damit gearbeitet. Eine Frage finden und ein Ziel bestimmen empfand sie als schwer, einen Gegenstand finden sogar als sehr schwer. Die technische Erstellung mit Mahara und das Sammeln und Auswählen von Artefakten wurde hingegen als leicht angesehen.
Für die Arbeitsweise in Gruppe O (Teil B) sah sie die freie Themenwahl als Vorteil an und dass es keine Zeitvorgaben gab, „wobei das teilweise auch Nachteile hat, stellt die Erstellung des Portfolios hinter andere Aufträge für die Uni". Ein Nachteil war für sie, dass der Portfolio-Kopf (Ge-

genstand, Frage und Ziel) sehr schwer zu finden und zu formulieren war. Katharina wünschte sich aus diesem Grund mehr konkrete Aufgaben wie in Gruppe S, hatte sich diese aber nicht angesehen.
Sie hatte auch keine Verbesserungsvorschläge (Teil C) für die Arbeit mit Mahara oder die Betreuung, denn die technischen Anfangsschwierigkeiten wurden „souverän" behoben. Bei einer Wiederholung der Lehrveranstaltung sollten wieder verschiedene Medien wie Filme, Bilder und Diagramme einbezogen werden.
Die Einschätzungen zum Lernzuwachs (Teil D) unterschieden sich in den Bereichen Seminar und ePortfolio nur in einem Punkt: zum Führen eines ePortfolios sah sie den Zuwachs durch das Seminar hoch, durch das ePortfolio sehr hoch. Ein hoher Lernzuwachs wurde insgesamt durch Seminar und ePortfolio gesehen, wie auch in den Bereichen Dimensionen von Heterogenität und eLearning. Ein geringer Anstieg wurde bei der Portfolioarbeit in der Schule gesehen.

Fall Paola

Zum Zeitpunkt der Zwischenbefragung hatte Paola einen Reflexionseintrag zum Thema *Veränderte Kindheit* erstellt. Während ihrer Praktika erlebte sie drei unterschiedlich gut ausgestattete Schulen, deswegen motivierte sie das Video zur digitalen Schule aus der Lerneinheit „danach zu forschen, wie realistisch dieser Gedanke ist und ob es vielleicht schon Schulen in virtueller Form gibt.". Das bereitgestellte Material der Gruppe O zu Gegenstand, Frage und Ziel hatte sie 2,5 Mal angesehen und einmal damit gearbeitet. Einen Gegenstand zu finden und das Ziel zu bestimmen schätzte sie als leicht ein, eine passende Frage zu formulieren hingegen als schwer. Die Schritte, Artefakte zu sammeln und auszuwählen, die technische Erstellung von Ansichten, sowie die ausgewählte Frage zu beantworten, wurden als leicht eingeschätzt.
Für die Arbeitsweise in Gruppe O (Teil B) sah sie den Vorteil, ihren eigenen Interessen nachgehen zu können und: „Ich muss mich nicht direkt an dem bearbeiteten Themenbereich halten, sondern kann einzelne Elemente aufgreifen, aus denen ich meine Aufgabe konstruiere, die vielleicht gar nicht dem behandelten Themenbereich zugehörig ist." Nachteilig empfand sie den fehlenden Zeitrahmen und die zeitaufwändigere Bearbeitung, da die „Formulierung der Aufgabe teilweise recht schwierig ist; es ist alles möglich und somit ist das Festlegen sehr schwierig." Außerdem sah sie auch einen Konflikt zwischen der persönlichen Relevanz eines Themas und einer angemessenen Fragestellung für das ePortfolio. Sie wünschte sich keine festgelegten Aufgaben wie in Gruppe S, und hatte sich diese auch nicht angesehen. Zur Frage nach festen Abgabeterminen machte sie die Anmerkung: „nein, sonst wäre keine Zeit für eine intensive Auseinandersetzung neben der Bearbeitung der Lernpakete (= sehr zeitaufwändig)".
Im Teil C, dem Feedback zum Seminar, erwähnte sie erneut die Online-Lerneinheiten, die wegen des großen Arbeitsaufwands in die Benotung eingehen sollten und weniger Zeit für die Bearbeitung der Reflexionsaufgaben lassen. Paola wünschte sich außerdem mehr Zeit für persönliche Absprachen zum Peerfeedback. Bei den Verbesserungsvorschlägen zur Betreuung wies sie darauf hin, dass ihr noch eine Rückmeldung des Tutors fehlt. Bei einer Wiederholung des Seminarkonzepts sollten die offenen Aufgaben und die Besprechungen der Lerneinheiten im Plenum beibehalten werden.
Den Lernzuwachs (Teil D) schätzte sie sowohl durch das Seminar als auch das ePortfolio insgesamt als hoch ein, dies galt auch für das Führen eines ePortfolios. Hoch war der Lernzuwachs durch das Seminar auch bei den Dimensionen von Heterogenität, aber eher gering zu Selbstreflexion, Portfolio in der Schule und eLearning. Durch das ePortfolio sah sie einen hohen Lernzuwachs bei der Reflexion von Unterricht und einen sehr hohen im eLearning.

Fall Lan Thi

Zum Zeitpunkt der Zwischenbefragung hatte Lan Thi zwei Reflexionseinträge erstellt (*Thema Gender und kultur-ethnischer Hintergrund*). An beiden Themen hatte sie Interesse und konnte zur Dimension Gender Vorwissen und passende Quellen nutzen. Das bereitgestellte Material der Gruppe O (Gegenstand, Frage und Ziel) hatte sie sich zwei Mal angesehen, aber nicht aktiv damit gearbeitet. Einen Gegenstand und eine Frage zu finden, war für sie schwer, wohingegen das Sammeln und Auswählen von Artefakten sowie die Beantwortung der Frage als leicht eingeschätzt wurde.
Für die Arbeitsweise in Gruppe O sah sie zwei Vorteile (Teil B): die Offenheit in der Fragengestaltung und die Verwendung von bekannten Quellen („Erarbeitung eines Eintrags daran"). Eher nachteilig sah Lan Thi die passende Auswahl von Thema, Frage und geeigneten Artefakten. Außerdem musste der Eintrag auf eine explizite Frage eingegrenzt werden, damit der Umfang angemessen blieb. Auch die Quellenarbeit war herausfordernd, denn nicht immer konnten passende wissenschaftliche Quellen gefunden werden. Sie wünschte sich mehr konkrete Aufgabenstellungen, hat sich diese bei Gruppe S aber nicht angesehen. Feste Abgabetermine im Semester lehnte sie ab.
Lan Thi gab als Feedback zum Seminar (Teil C), dass die Lernplattform Vigor nicht übersichtlich genug gewesen sei, denn die Themenbereiche waren nicht eindeutig gekennzeichnet und Forumsbeiträge nicht sofort aufzufinden. Ein Nachteil von Mahara erscheint ihr, dass Layoutveränderungen „sehr umständlich" waren und Beispielaufgaben fehlten, um den Umfang einer Ansicht oder Gestaltung zu sehen. Positiv erwähnte sie die digitalen Lerneinheiten, die als „didaktisch gut strukturiert, aufgebaut und sehr informativ" beschrieben wurden. Auch der Bezug zwischen Schule, Lehrerberuf und Heterogenität hat ihr gut gefallen.
Bei drei Aspekten schätzte Lan Thi den Lernzuwachs sowohl durch das Seminar als auch das ePortfolio als hoch ein (*Dimensionen von Heterogenität, Konzepte zum Umgang und Reflexion von Heterogenität*). Einen geringen Lernzuwachs durch das ePortfolio sah sie beim Einsatz in der Schule, bei der Selbstreflexion und Reflexion von Unterricht.

Fall Christian

Zum Zeitpunkt der Zwischenbefragung hatte er zwei Reflexionseinträge erstellt (vorgeschlagene Aufgabe 1 und eine zum *Thema Inklusion*). Die vorgeschlagene Aufgabe sah er als „eine gute Möglichkeit die Arbeit mit Mahara zu üben". Inhaltlich haben ihn beide Themen interessiert („Inklusion ist ein weites Feld mit einem nachhaltigen Grundgedanken. Sie steht für Werte, die ich für verteidigungswürdig halte.) bzw. die Form der Darstellung motivierte („Zudem hat mich die Art der Darstellung von Kindheit i.d. Lerneinheit motiviert mich mit dem Thema weiter auseinanderzusetzen."). Das Material der Gruppe O mit Informationen zu den Reflexionseinträgen hat er sich zwei Mal angesehen und auch einmal damit gearbeitet. Die besondere Anforderung der Arbeitsweise in Gruppe O (Gegenstand, Frage finden und Ziel bestimmen) fand er weder schwer noch leicht. Als sehr leicht bzw. leicht empfand er auch die übrigen Aspekte (technische Erstellung auf Mahara, Sammeln und Auswählen von Artefakten und Fazit schreiben).
Vorteile in seiner Arbeitsweise (Teil B) sah er bei der „Möglichkeit Themen des Seminars anders/frei zu gewichten" außerdem konnten einfach Verbindungen zu anderen Inhalten hergestellt werden. Als nachteilig empfand er, dass ein höheres Maß an Disziplin notwendig war und eine „stärkere Auseinandersetzung und Eingrenzung eines Gegenstands und dessen Bearbeitung". Er wünschte sich keine strukturierteren Aufgaben wie in Gruppe S, hat sich diese aber angesehen. Auch feste Abgabetermine lehnte er ab.

Als Feedback zum Seminar äußerte er den Wunsch nach mehr bzw. regelmäßigem Feedback durch Dozentin oder Peers und schlug vor, schon in der Kursbeschreibung die Nutzung der Plattform Mahara anzukündigen, damit man sich schon vorher informieren kann. Positiv am Seminar sah er die Struktur, Diskussionsanlässe und die Dozentin. Die Bearbeitung des letzten Teils D wurde nach der Hälfte abgebrochen. Einen hohen bzw. sehr hohen Lernzuwachs sah er durch das Seminar im Allgemeinen, zum Einsatz von Portfolio in der Schule und zum Führen eines ePortfolios.

Fälle der geschlossen-angeleiteten Gruppe

Fall Celine

Zum Zeitpunkt der Zwischenerhebung hatte die Studentin drei Reflexionsaufgaben bearbeitet (Aufgaben 2, 3 und 6), diese Auswahl traf sie nach dem Ausschlussprinzip: „Ich habe die Anforderungen der anderen Aufgaben nicht verstanden. Ich wusste nicht genau, was wichtig ist und wie ich vorgehen soll". Sie hielt diese drei Aufgaben für praktisch machbar und hatte außerdem Interesse an den *Themen Inklusion* und *Behinderungsbegriff*. Gleichzeitig schätzte Celine es als leicht ein, sich an die vorgegebenen Aufgabenstellungen zu halten. Auch die einzelnen Arbeitsschritte (u.a. Erstellung von Ansichten, Sammeln von Artefakten, Fazit schreiben usw.) bewertete sie als leicht.
Im zweiten Teil der Befragung (Teil B) antwortete sie auf die offene Frage, welche Vor- oder Nachteile sie in Bezug auf die Arbeitsweise in Gruppe S sieht, dass eine angemessene Frage vorgegeben sei und nicht überlegt werden müsse, ob der Umfang der Frage passt, und man verliere keine Zeit mit der Suche. Als nachteilig empfand Celine, dass nicht alle Aufgaben den gleichen Arbeitsumfang hatten: „Meinem Gefühl nach hatten die Aufgaben unterschiedliche Aufwands- und Schwierigkeitsgrade. Und dann hat man nicht mehr die Wahl." Außerdem sieht sie eventuelle Nachteile zur Gruppe O: „Es könnte ggf. unfair sein, wenn Gruppe S eben schwierige Aufgaben bekommt und Gruppe O sich die Aufgaben so zurechtstutzt, dass sie die Antworten aus dem Ärmel schütteln können." Trotzdem wünschte sie sich keine offeneren Aufgabenstellungen, aber feste Abgabetermine.
Als Feedback zum Seminar (Teil C) sah Celine Verbesserungsmöglichkeiten für die Veröffentlichung der Reflexionsaufgaben, da diese unregelmäßig im Semester angeboten wurden. Außerdem bemängelte sie den benötigten Zeitaufwand für die Bearbeitung: „Ich brauche extrem lange für 1 Portfolio-Aufgabe. Ich arbeite 1 ganze Woche daran. Lese Texte und designe Bilder (...)". Zusätzlich war sie verunsichert, ob die Antworten den Erwartungen entsprachen („bin mir unsicher, ob das die gewünschte Antwort ist? (Vllt. ist das auch meine Persönlichkeit)"). Außerdem hatten die Layout-Funktionen von Mahara Grenzen, sodass sie lieber mit Word oder PowerPoint gearbeitet hätte. Bei einer Wiederholung des Seminars sollten die Seminargestaltung, Präsentationen und die „ruhige Art" der Dozentin beibehalten werden.
Im vierten Teil sah Celine einen geringen oder sehr geringen Lernzuwachs durch das Seminar zu den Themen Portfolioeinsatz in der Schule, Selbstreflexion, Reflexion von Unterricht und e-Learning. Einen hohen Lernzuwachs sah sie bei den Themen Dimensionen von Heterogenität, Führen eines ePortfolios und Reflexion von Heterogenität. Der Lernzuwachs durch das Führen eines ePortfolios wurde bei den Themen Konzepte zum Umgang mit Heterogenität, Portfolioeinsatz in der Schule, Reflexion von Unterricht und Reflexion von Heterogenität als gering eingeschätzt. Einen hohen Lernzuwachs sah sie insgesamt durch die ePortfolioarbeit und in Bezug auf das Führen eines ePortfolios. Die restlichen Aussagen wurden mit weder noch bewertet.

Fall Lina
Zum Zeitpunkt der Zwischenbefragung hatte Lina zwei Reflexionsaufgaben (2 und 4) bearbeitet und wählte beide auf Grund von eigenem Interesse bzw. Vorwissen aus. Es falle ihr sehr leicht, sich an die vorgegeben Aufgabenstellung zu halten und die technischen Funktionen von Mahara zu nutzen, auch das Sammeln von Artefakten und die Zielerreichung gab sie als leichten Arbeitsschritt an. Die gezielte Auswahl der Artefakte wurde hingegen als schwer angesehen.
Im zweiten Teil der Befragung beschrieb Lina als Vorteil von Gruppe S: „Es ist klar, was zu tun ist & man hat eine Entscheidung weniger, was gut ist für Personen, die schwierig Entscheidungen treffen können." Nachteilig sei, dass eigene Ideen nicht als Hauptthema einbezogen werden können. Allerdings wünschte sie sich weder offenere Aufgabenstellungen wie Gruppe O, noch feste Abgabetermine.
Als Feedback zum Seminarkonzept (Teil C) gab sie an, sich zu Beginn des Seminars eine *„Schritt-für-Schritt"* Anleitung zu wünschen (vermutlich für Mahara). Bei einer Wiederholung des Seminars sollten besonders die digitalen Lerneinheiten wieder angeboten werden, da diese zum Denken anregen, „was gut ist."
Die Einschätzung zum individuellen Lernzuwachs durch Seminar oder ePortfolio fiel fast gleich aus, nur in den Fragen nach den Dimensionen von Heterogenität und Reflexion von Unterricht wurde der Seminarbesuch mit hoch eingeschätzt, das ePortfolio hingegen mit mittlerem Lernzuwachs. Einen sehr hohen Lernzuwachs sah Lina beim Führen eines ePortfolios, ein hoher Lernzuwachs bei den Themen Selbstreflexion, eLearning und insgesamt.

Fall Svenja
Zum Zeitpunkt der Zwischenbefragung hatte sie schon fünf Reflexionsaufgaben bearbeitet (Aufgaben 1, 3, 4, 6 und 7). In ihrer Begründung für die Entscheidung gab sie an, dass sie Aufgabe 5 (Mind-Map) nicht bearbeiten konnte, da sie nicht anwesend war. Mit weder noch beantwortete sie die Frage, ob sie sich gut an die vorgegebene Fragestellung halten könne. Nur die technische Gestaltung von Ansichten in Mahara wurde mit leicht beantwortet. Die übrigen Schritte (Artefakte sammeln, Auswählen, Fazit schreiben und Ziel erreichen) wurden als schwere Phasen angesehen.
Im Teil B nannte Svenja zahlreiche Vorteile der Arbeitsweise von Gruppe S, wie die schon ausformulierten Aufgabenstellungen, die aber noch „ergänzbar" durch andere Artefakte seien. Außerdem ergänzten sich die Aufgaben und Inhalte der Seminarsitzungen, sodass diese vertieft werden konnten. Als nachteilig sah Svenja die engen Aufgabenstellungen („muss richtig verstanden werden") und das durch die enge Kopplung von Aufgaben und Seminar bei Abwesenheit die Aufgaben nicht bearbeitet werden konnten. Sie wünschte sich keine offeneren Aufgabenstellungen wie in Gruppe O. Zu den festen Abgabefristen äußert sie sich mit einer Pro- und Contra-Liste: „man hat eine Deadline, an die man sich halten muss" versus „man muss die Aufgaben auch unfertig hochladen" und mögliche Überschneidungen mit anderen Seminaren.
Als Feedback zum Seminar gab Svenja an, dass es hilfreich gewesen wäre „die Technik" von Mahara gemeinsam im Seminar anzuwenden bzw. insgesamt besser einzuführen und „Portfolioaufgaben in regelmäßigen Abständen stellen". Die Layout-Möglichkeiten wurden kritisiert und als unhandlich angesehen. Bei einer Wiederholung des Seminars sollte die insgesamt „gute Betreuung" beibehalten werden, sowie die digitalen Lerneinheiten.

Svenja sah nur einen geringen Lernzuwachs (Teil D) zur Reflexion von Unterricht und Heterogenität, sowohl durch das Seminar als auch durch das ePortfolio. Dahingegen habe sie viel zum Führen eines ePortfolios gelernt, ebenso wie der Lernzuwachs insgesamt. Zum Einsatz von Portfolios in der Schule wurde die Nutzbarkeit durch das Seminar als sehr hoch eingeschätzt.

Fall Nora

Zum Zeitpunkt der Zwischenbefragung hatte sie zwei Aufgaben bearbeitet (2 und 4), die sie spontan auswählte, da ihr dazu Ideen einfielen „wie es am Ende sein soll". Sie gab an, dass es ihr leicht falle sich an die vorgegebenen Aufgabenstellungen zu halten. Einfach waren auch das Sammeln und Auswählen von Artefakten, das Schreiben eines Fazits und die Ziele zu erreichen. Als schwer schätzte sie die technische Erstellung von Ansichten auf Mahara ein.

Als Vorteile der Arbeitsweise in Gruppe S (Teil B) sah sie die Entlastung, sich selbst Aufgaben zu überlegen, allerdings „wenn die Fragen nicht so zusagen ist es schwer dazu etwas zu schreiben". Sie wünschte sich mehr selbst wählbare Aufgaben wie Gruppe O und keine festen Abgabetermine.

Feedback gab sie (Teil C) zu dem Arbeitsumfang der digitalen Lerneinheiten die „manchmal ein bisschen viel" seien. Außerdem wünschte sie sich Beispiele von ePortfolios und mehr Erklärungen zur Funktionsweise von Mahara und den Layout-Möglichkeiten. Die parallele Gestaltung von ePortfolio und Seminar fand sie „zeitlich schwer zu schaffen", äußerte sich aber positiv über die Themenauswahl und Struktur der Lehrveranstaltung.

Ihren Lernzuwachs schätzte sie zu drei Themen als hoch ein (Seminar insgesamt, Dimensionen von Heterogenität und Reflexion von Heterogenität), alle bezogen auf den Seminarbesuch. Einen geringen Lernzuwachs sah sie bei den Themen Führen eines ePortfolios, Selbstreflexion und Portfolio in der Schule (auch alle bezogen auf den Seminarbesuch). Die Antworten zu dem Bereich ePortfolioarbeit waren auffällig, denn die letzten fünf Fragen wurden alle mit einem mittleren Lernzuwachs beantwortet. Zu drei Themen (Dimensionen von Heterogenität, Konzepte zum Umgang mit Heterogenität und Portfolio in der Schule) wurde ein geringer Lernzuwachs gesehen.

8.3.2 Zusammenführung der Ergebnisse

Es folgt die Zusammenführung der beiden Datenquellen zu einer kurzen Fallbeschreibung für die Beantwortung der dritten Forschungsfrage.

Fälle der offen-adaptiven Gruppe

Fall Katharina

Katharina gab an, zu beiden Messzeitpunkten ihre Themenstellungen nach Interesse und Aktualität auszuwählen. Bei der Zwischenerhebung sah sie noch keine Probleme bei der Nutzung von Mahara und schätze den Umgang als leicht ein. Dies gilt auch für die Nutzung von Artefakten, die erst als leicht eingeschätzt wurden und dann als aufwändiger Prozess. In der Abschlussreflexion beschrieb sie größere Probleme und den hohen Zeitaufwand zum Erlernen der Mahara-Funktionen. Insgesamt war der Zeit- und Arbeitsaufwand nur Thema des letzten Messzeitpunkts.

Auch die Aussagen zu den Anforderungen der Reflexionseinträge waren widersprüchlich, denn in der Zwischenbefragung bewertete sie das Finden eines Gegenstands als sehr schwer, in der Abschlussreflexion hingegen als unproblematisch (erfolgreiche, schnelle Suche). Bei der Beantwortung der Frage und des Ziels war sie sich in beiden Dokumenten einig, dass es ihr Schwierigkeiten bereitet und sie zusätzlich unsicher war, ob die Anforderungen erfüllt wurden.

Fall Lan Thi

Die Studentin Lan Thi gab in ihrer Abschlussreflexion nicht viel Auskunft zu der ePortfolioarbeit, trotzdem wurden zwei Bereiche angesprochen, die auch schon in der Zwischenbefragung ein Thema waren: Ihre Reflexionseinträge wählte sie nicht nur nach Interesse aus, sondern auch so, dass Vorwissen oder passende Quellen einbezogen werden konnten. Bei der Aufgabengestaltung war es für sie schwer bzw. eine Herausforderung, den Gegenstand und die Frage zu formulieren und damit das Thema zu bestimmen.
In der Zwischenbefragung äußerte sie sich auch noch zur Arbeitsweise mit Mahara (war umständlich), zur Unübersichtlichkeit von Vigor, der Unsicherheit, wann Aufgabenstellungen erfüllt waren sowie über die guten digitalen Lerneinheiten.

Fall Paola

Paola gab in beiden Dokumenten an, die Themen ihrer Reflexionseinträge nach (persönlicher) Relevanz für den späteren Beruf ausgewählt zu haben. Vorteile der Arbeit in Gruppe O wurden jeweils in der Freiheit gesehen, eigene Inhalte aufzugreifen und so selbstbestimmt zu arbeiten. Die Einschätzung zur Arbeit mit dem „Portfolio-Kopf" veränderte sich in Bezug auf den Gegenstand zwischen den beiden Dokumenten: zu Beginn war das Finden eines Gegenstands leicht, später bereitete es Schwierigkeiten. Ein Ziel zu bestimmen blieb unproblematisch und eine Frage zu formulieren war weiterhin schwer. In der Abschlussreflexion unterbreitete sie deswegen alternative Formulierungen, fand die offene Aufgabenstellung aber gut (in beiden Dokumenten).
Schon in der Zwischenerhebung beklagte sie einen fehlenden Zeitrahmen für die Bearbeitung, war aber zugleich gegen feste Abgabetermine, auf Grund von guten, aber aufwändigen digitalen Lerneinheiten. Auch in der Abschlussreflexion greift sie diesen Gedanken wieder auf: Ihr sei bewusst, dass idealerweise eine prozesshafte Bearbeitung vorgesehen war, aber sie in der Realität am Semesterende nacharbeiten musste. Darin sah sie den positiven Effekt der Wiederholung. Geschuldet sei dieses Vorgehen der zeitaufwändigen Arbeitsweise (z.B. Recherche, Leineinheiten), was sie auch schon beim vorherigen Messzeitpunkt kritisierte. In beiden Dokumenten äußerte sie sich außerdem zum Peerfeedback, für das sie sich mehr Zeit für persönliche Absprachen wünschte und es in der Abschlussreflexion als positiv, aber anonym bezeichnete.

Fall Christian

Christian wollte sich gezielt mit den Funktionen von Mahara auseinandersetzen und diese einüben (Vorschlag: schon vor Seminarbeginn damit auseinandersetzen). In der Abschlussreflexion sprach er dann von einem spielerischen Erstellen von Ansichten und betonte die Wechselwirkungen von Layout und Inhalt. Die Auswahl der Themen erfolgte nach Interesse (Zwischenbefragung). Die einzelnen Arbeitsschritte wurden von ihm in beiden Dokumenten als leicht empfunden, ebenso wie die Herausforderung, sich zu strukturieren und Themen einzugrenzen.
Schon in der Zwischenbefragung machte er deutlich, wie positiv er Feedback von Peers oder der Dozentin sah. In der Abschlussreflexionen betonte er diese hilfreiche Funktion nochmal in besonderem Maße (Motivation durch Öffentlichkeit, Besucherperspektive einnehmen und gezielte Überarbeitungen, Anregung zur kritischen Auseinandersetzung).

Fälle der geschlossen-angeleiteten Gruppe

Fall Celine

In beiden Dokumenten (Abschlussreflexion und Zwischenbefragung) wurde die Unsicherheit über den Arbeitsprozess bei der Erstellung von Reflexionsaufgaben deutlich. In der Zwischenbefragung gab sie an, nach dem Ausschlussprinzip ihre drei Aufgaben ausgewählt zu haben, denn die anderen Aufgabenstellungen erschienen ihr „so global“ und im vorgegebenen Zeitrahmen nicht realisierbar. Zusätzlich erwähnt sie explizit, dass die Erstellung einer Ansicht eine Woche in Anspruch genommen habe. Die Zeitintensität der Bearbeitungen wurde auch in der Abschlussreflexion an verschiedenen Stellen bedeutsam und für sie persönlich sehr relevant bzw. prägend. Auch die Einschätzung der offenen, fast grenzenlosen Aufgabenstellungen teilte sie am dritten Messzeitpunkt (Konflikt zwischen Grenzen und Orientierungslosigkeit).

Besonders in den Freitext-Antworten aus der Zwischenbefragung äußerte sie sich kritisch zu den Aufgabenstellungen, denn einige erschienen ihr unverständlich und mit unterschiedlichem Arbeitsaufwand. Gleichzeitig brachte sie die Befürchtung zum Ausdruck, dass die Studierenden in Gruppe O sich leichtere Aufgaben erstellen würden. Dieser Punkt wurde nicht weiter in der Abschlussreflexion vertieft.

In beiden Dokumenten kam außerdem zum Ausdruck, dass Celine sich über die Arbeitsschritte zu Beginn nicht sicher war bzw. ob ihre Bearbeitungen den „gewünschten Antworten“ entsprachen. Bei diesem Konflikt brachte sie in der Abschlussreflexion ihr Vorwissen aus einem „Writing-Skill-Kurs“ ein, außerdem war die Einsicht hilfreich, dass Überarbeitungen nicht zu Perfektionismus führen sollten, sondern zu unterschiedlich intensiven Auseinandersetzungen. Zu den Arbeitsschritten entwickelte sie im Laufe der Zeit eine eigene Vorgehensweise, um gut strukturierte Layouts zu gestalten.

Fall Lina

Die Studentin Lina benötigte Kreativität bei der Gestaltung ihrer Ansichten, dabei konnte sie ihren Interessen nachgehen, Wissen strukturieren und hatte auch Spaß dabei. Ihr fiel es nicht leicht den Textumfang festzulegen und sich zu fokussieren. Die Auswahl aus zehn Aufgaben gefiel ihr gut und insgesamt war das ePortfolio eine Abwechslung zur klassischen Hausarbeit. Ein Aspekt, der besonders in der Abschlussreflexion zum Thema wurde, war die Fokussierung auf die Frage der Aufgabenstellung. Ausgangspunkt war das Problem, einen angemessenen Textumfang zu finden und nicht abzuschweifen. In der Zwischenbefragung schätzte sie es noch als leicht ein, sich an die vorgegeben Aufgabenstellung zu halten.

Fall Svenja

Svenja kritisierte schon in der Zwischenbefragung, dass die Funktionen von Mahara gemeinsam im Seminar (besser) eingeführt werden sollten und wiederholte diesen Standpunkt auch in der Abschlussreflexion (Funktionen müssten erlernt werden und Layoutgestaltung lenkte von Inhalten ab). Weiterhin kritisierte sie in beiden Dokumenten die Zeitpunkte der Abgabetermine bzw. dass die Reflexionsaufgaben nicht regelmäßig veröffentlicht wurden. Zu ihrer Arbeitsweise in Gruppe S äußerte sie sich zu beiden Messzeitpunkten positiv.

In der Abschlussreflexion gab sie außerdem an, die Aufgaben nach Interesse ausgewählt zu haben, zum zweiten Messzeitpunkt waren es pragmatische Gründe. Auch die Einschätzung, dass die verschiedenen Arbeitsschritte zur Erstellung eines ePortfolio-Eintrags schwer erschienen, bestätigt sie in beiden Dokumenten, dies gilt sowohl für die Recherche als auch das Beantworten der Fragen.

In der Abschlussreflexion äußerte sie sich außerdem zum hilfreichen Peerfeedback und zum Dozentenfeedback, das motivierend wirkte. Diese Betreuung wurde auch schon beim zweiten Messzeitpunkt positiv angemerkt.

Fall Nora

Die Studentin Nora machte nur in der Zwischenbefragung eine Angabe darüber, wie sie ihre Aufgaben auswählte: sie brauchte eine konkrete Vorstellung davon, wie die Ansicht aussehen könnte. Gegenstand, Frage und Ziel zu bearbeiten, bereiteten ihr keine Probleme, aber die Funktionen von Mahara waren eine Herausforderung (Wunsch nach mehr Erklärungen und Beispielen), obwohl sie die Plattform als gut geeignet für ePortfolioarbeit ansah (Abschlussreflexion). Über die Arbeitsweise in Gruppe S machte sie nur zum zweiten Messzeitpunkt eine Aussage: die Vorgabe von Aufgaben sah sie als Entlastung, wünschte sich aber trotzdem mehr offene Aufgaben, da die Fragen auch einschränken könnten.
In beiden Dokumenten äußerte sie sich zur prozessbegleitenden Arbeitsweise des ePortfolios, was problematisch gesehen wurde, da so keine vertiefte Beschäftigung mit den Themen möglich sei. Aus diesem Grund sieht sie das ePortfolio auch als Möglichkeit zur Wiederholung von Inhalten an (Abschlussreflexion).

Resümee 8.3

Zur Beantwortung der dritten Forschungsfrage, wie die Studierenden die jeweilige Strukturierung der ePortfolioarbeit beurteilen, kann vorläufig gesagt werden, dass sich die offen-adaptive Gruppe intensiver und ausführlicher mit ihrer Arbeitsweise auseinandersetzte. Außerdem war für sie das Feedback ein wichtiger Bestandteil. Trotz der geschlossen-angeleiteten Strukturierung waren auch die Studierenden der Gruppe S verunsichert über die Aufgabenerfüllung. Noch größere Probleme hatte die Gruppe O mit dem Portfolio-Kopf, den sie als wenig hilfreich empfanden.

9 Diskussion und Interpretation der Ergebnisse

Ausgehend von der Frage, wie viel Strukturierung bei der ePortfolioarbeit zu besseren Ergebnissen in der Reflexionskompetenz führt, wurden in der vorliegenden empirischen Untersuchung zwei verschiedene Formate (offen-adaptiv und geschlossen-angeleitet) erprobt. Dazu wurden zwei unterschiedlich strukturierte Arbeitsweisen entwickelt, die den Empfehlungen der bisherigen Forschungslage entsprechen. Zur Bestimmung der Reflexionskompetenz (Reflexionstiefe, inhaltliche Breite und Reflexionszyklus) wurden drei Instrumente entwickelt, die Aufschluss über die auftretenden Unterschiede geben sollten und in zwei Seminargruppen zum Einsatz kamen.
In diesem Kapitel werden die Forschungsergebnisse zu den einzelnen Bereichen zusammengeführt, um zum einen Aussagen über die Reflexionskompetenz der Arbeitsgruppen offen-adaptiv (O) und geschlossen-angeleitet (S) zu machen (Kapitel 9.1 und 9.2), zum anderen Rückschlüsse zur Arbeitsweise mit dem ePortfolio zu ziehen und damit zur benötigten Strukturierung der ePortfolioarbeit (Kapitel 9.3).

9.1 Reflexionskompetenz auf Gruppenebene

Die ersten beiden Forschungsfragen nehmen jeweils die Unterschiede in der *Reflexionstiefe*, der *inhaltlichen Breite* und der *Nutzung des Reflexionszyklus* zwischen den beiden Formen der Strukturierung der ePortfolioarbeit in den Blick und fragen auch nach Möglichkeiten der Systematisierung der Reflexionskompetenz. Durch die vorherige, umfassende Recherche und Zusammenschau der bisherigen Forschungslage, konnte die *Annahme* formuliert werden, dass *die offen-adaptive Gruppe bessere Ergebnisse in der Reflexionskompetenz (Reflexionstiefe, inhaltliche Breite und Reflexionszyklus) zeigen würde, da es durch die stetige Verringerung der Vorgaben zu keinem „Expertise-Umkehr-Effekt" (Nückles at al. 2009; Kalyuga et al. 2003) kommen sollte.*

Reflexionstiefe
Die *Reflexionstiefe* wurde durch die Prä-Post-Bearbeitung der Fallvignette in der Gesamtstichprobe (34 Fälle) bestimmt, die in der entwickelten 6-Felder-Tafel mit mehr, weniger oder gleicher Tiefe für jeden Fall erfasst wurde. Entgegen der aufgestellten Annahme zeigte die offen-adaptive Gruppe O insgesamt keine Veränderung in der Reflexionstiefe, anders in Gruppe S, bei der sich die Tiefe um 17% reduzierte. Die Reduktion in der geschlossen-angeleiteten Gruppe zeigte sich u.a. in weniger vollständigen Bearbeitungen und insgesamt weniger Codierungen pro Einzelfall. Zu beachten ist in diesem Zusammenhang, dass trotzdem jeweils etwas mehr als die Hälfte der Studierenden (57% in Gruppe O und 53% in Gruppe S) die gleiche oder eine bessere Reflexionstiefe erreichten. Besonders das Benennen von Handlungsvorschlägen gelang umfangreich. Es ist zu vermuten, dass es den Studierenden leichter fällt, einen Handlungsvorschlag für die beschriebene Situation zu unterbreiten, ohne dass damit eine Aussage über die Qualität des alternativen Planungsvorschlags getroffen wird; bzw. dieser auf andere Ausführungen zurückbezogen wird, damit steigt wieder die Gefahr für „Reflexionskurzschlüsse" (Denner & Gesenhues 2013, S. 112). Größere Probleme hatten beide Gruppen ebenfalls mit neutralen Beschreibungen und dem Fällen von begründeten Urteilen.
Vor dem Hintergrund der zahlreichen Handlungsvorschläge bleibt zu überlegen, ob die Ebene 4 „Planen" tatsächlich eine anspruchsvollere Leistung bzw. Qualitätsstufe im Reflexionszy-

klus darstellt, als das begründete Urteilen (Ebene 3) und neutrale Beschreiben (Ebene 1). Das angelegte Modell zur reflexiven Praxis von Bräuer (2014) wurde u.a. ausgewählt, weil es sehr übersichtlich erscheint und sowohl die Ebene *Beschreibung* als auch die *Handlungsalternativen* aufnimmt. Diese Auswahl hat sich durch die Codierungen in den Reflexionstexten bestätigt, allerdings sollte die Ebene 4 nur in Kombination mit Planungsvorschlägen, die einen Rückbezug zum vorherigen Reflexionstext aufweisen, als anspruchsvollste Qualitätsstufe angenommen werden. Ähnlich wie bei Gutzwiller-Helfenfinger und Kollegen (2017) zeigten die Studierenden in ihren Bearbeitungen wenig Bezüge zu theoretisch-wissenschaftlichem Wissen. Gleichzeitig kann nicht bestätigt werden, dass sie vermehrt niedrigere Reflexionsebenen angesprochen hätten, da die neutrale Beschreibung in der vorliegenden empirischen Untersuchung eine Herausforderung zu sein scheint.

Es bleibt zu überlegen, ob bei einem wiederholten Einsatz der Fallvignette und den damit verbundenen Prompts die Teilschritte konkreter eingeübt und angeleitet werden sollten, beispielsweise was es bedeutet eine neutrale Beschreibung anzufertigen, begründete Urteile zu fällen und rückbezügliche Handlungsvorschläge zu unterbreiten, ähnlich wie bei Picard und Imhof (2010).

Außerdem war die große Varianz zwischen den geschriebenen Zeichen innerhalb der Bearbeitungen auffällig. Unabhängig von der Gruppenzugehörigkeit lieferten die vier Studierenden mit der größten Reduktion (prä-post) in der Zeichenanzahl weniger Reflexionstiefe, die fünf Studierenden mit dem meisten Zuwachs an Zeichen hingegen mehr Reflexionstiefe. Wenig überraschend kann vermutet werden, dass durch eine Erhöhung des Umfangs der Reflexionstexte auch die Anzahl der Qualitätsstufen steigt, da mehr Argumente entfaltet werden können. Daraus kann gefolgert werden, dass auch bei der Bearbeitung der Fallvignette eine Mindestanzahl an Zeichen gefordert werden sollte. Jedoch sollte dabei bedacht werden, dass die vorliegenden Ergebnisse auch gezeigt haben, dass sich mit einer erhöhten Zeichenanzahl nicht systematisch die inhaltliche Breite erhöht.

Inhaltliche Breite

Die *inhaltliche Breite* der Reflexion konnte auf den vier Ebenen der Reflexionstiefe betrachtet werden und hat in den vorliegenden Analysen ergeben, dass die Studierenden der offen-adaptiven Gruppe bei der neutralen Beschreibung von inhaltlichen Aspekten (Ebene 1) der Fallvignette einen Zuwachs der Codierungen um 33% erzielen konnten. Die geschlossen-angeleitete Gruppe hingegen verzeichnete eine Abnahme um 31%. Diese Reduktion lässt sich durch insgesamt weniger bearbeitete Ebenen in den Post-Texten erklären und bedeutet, dass deutlich weniger Aspekte erkannt wurden.

In der Prä-Bearbeitung war die inhaltliche Ausrichtung in beiden Gruppen ähnlich, was sich allerdings in der zweiten Bearbeitung der Fallvignette veränderte. In Gruppe O wurde das Thema *Leistungsfähigkeit (A.1)* zu beiden Zeitpunkten sehr häufig erkannt, ähnlich wie die *Zusammenarbeit mit der Förderschullehrkraft (B.3)*. Eine Steigerung erfuhren in der zweiten Bearbeitung die Themenbereiche *inklusives Setting (B.1)* und die *Zusammenarbeit mit Akteuren wie Eltern und Schulleitung (C.1 und C.2)*.

Bei den Häufigkeiten der benannten Inhalte gab es in Gruppe S kaum Verschiebungen, aber durch die Reduktion der Codierungen um fast ein Drittel (31%) kann insgesamt von einer Abnahme der inhaltlichen Breite gesprochen werden. Zu beiden Zeitpunkten wurden ebenfalls die Kategorien *A.1, B.3, C.1* und *C.2* am häufigsten erkannt. Die Kategorie *Unruhe (E.)* wurde in der zweiten Bearbeitung deutlich weniger benannt und die Kategorie *sozialer Status (A.4)* überhaupt nicht mehr.

Die Fallvignette wurde mit 13 inhaltlichen Aspekte angelegt, wobei der Aspekt *sozialer Status (A.4)* nicht vorgesehen war, aber trotzdem von Studierenden genannt wurde, fast immer im Zusammenhang mit anderen Merkmalen von Heterogenität. Dies könnte darauf hindeuten, dass den Studierenden die Abgrenzung der Merkmalskategorien zu Beginn nicht hinreichend bekannt gewesen war, denn mit der Aussage *„Kinder mit Migrationshintergrund"* verbanden einige automatisch einen geringeren sozialen Status, was in der Literatur so nicht definiert wird (Sturm 2016). Die Erwartung, dass Inhalte aus dem Seminar bzw. aus den ePortfolioaufgaben in der Post-Bearbeitung häufiger erkannt werden, bestätigte sich nicht. Zwar wurden Aspekte zu Inklusion häufiger genannt, aber auch die Zusammenarbeit mit Eltern und Schulleitung, was nicht explizit Thema des Seminars war.
Ähnlich wie in der Pilotierung wurde der *Gender-Aspekt* kaum bzw. nicht als Teil der Situation gesehen. Dies kann entweder mit der Formulierung in der Fallvignette zusammenhängen, die diesbezüglich nicht offensichtlich genug war, oder aber mit einer Überlagerung durch die anderen Dimensionen, die expliziter angesprochen wurden, wie etwa die Leistungsfähigkeit und der kulturell-ethnische Hintergrund, was mit den herausgearbeiteten Diskussionssträngen von Budde (2012) übereinstimmt.
Es bleibt außerdem zu berücksichtigen, dass die inhaltlichen Aspekte nicht nur in neutralen Beschreibungen codiert wurde, sondern auch in Analysen der Ebene 2. Dies war notwendig, da es häufig nicht gelang diese Aspekte neutral zu erfassen, sie aber trotzdem erkannt und gleich interpretiert wurden. Ohne dieses Vorgehen bei der Codierung hätten in beiden Gruppen deutlich weniger Aspekte bestimmt werden können, obwohl sie von den Studierenden erkannt und bearbeitet wurden.

Auf der zweiten Ebene „Analysieren" zeigten beide Gruppen eine Reduktion der Gründe um 20% (Gruppe O) bzw. 24% (Gruppe S). In der offen-adaptiven Gruppe wurden die *unterschiedlichen Lernvoraussetzungen (G.1)* der Kinder in beiden Bearbeitungen als hauptursächlich angesehen. Erfreulicherweise reduzierte sich die relativ häufige, undifferenzierte Aussage, dass das *heterogene Setting im Allgemeinen (K.2)* ein Grund für die beschriebene Situation sei, um die Hälfte. Stattdessen wurden konkretere Begründungen aus den Kategorien *G* und *H* angeführt.
Die Studierenden der geschlossen-angeleiteten Gruppe nannten ebenfalls die *Leistung* und das *Wissen* der Kinder in der Prä-Bearbeitung als häufigsten Grund, der aber in der zweiten Bearbeitung zugunsten anderer Begründungen abnahm. Leider gewann in diesem Zusammenhang auch die unspezifische Aussage, es sei *allgemein eine heterogene Situation (K.2)* noch mehr an Bedeutung.
Über die Veränderung der inhaltlichen Breite der beiden Gruppen kann folglich gesagt werden, dass die offen-adaptive Gruppe konkretere Argumente lieferte, obwohl sich die Anzahl der Gründe deutlich reduzierte. In der Gruppe S ergab sich ein anders Bild, denn hier wurden mehr unspezifische Aussagen zur Situation gemacht, was enttäuschte, da sie durch die Lehrveranstaltung und die ePortfolioarbeit ausreichend Anregungen für Begründungen zum Thema Heterogenität erhalten hatten (z.B. Wischer 2013; Trautmann & Wischer 2011).
Es zeigte sich auch, dass eine Differenzierung in Subkategorien bei der Kategorie *Unterrichtsplanung (J)* nicht notwendig gewesen wäre. Eine Ausdifferenzierung, wie beispielsweise bei Klieme und Kollegen (2010) lieferte letztlich keine neuen Erkenntnisse zur inhaltlichen Breite auf dieser Ebene.

In Bezug zur dritten Ebene „Bewerten" zeigte die offen-adaptive Gruppe 9% weniger Urteile in der inhaltlichen Breite, in der geschlossen-angeleiteten Gruppe waren es hingegen 20% weniger.

In der Gruppe S wurden zu beiden Messzeitpunkten am häufigsten *verallgemeinernde Urteile* zur Situation gefällt. In Gruppe O verschoben sich die Urteile zugunsten der *Aufgabe „Unterrichten"* und wurden somit konkreter auf die beschriebene Situation bezogen. Folglich sahen die Studierenden in der Gestaltung von Unterricht die größten Herausforderungen.
Urteile zur *Aufgabe „Klassenführung"* wurden in beiden Gruppen nur in der ersten Bearbeitung genannt und abschließend nicht mehr. Sie scheint für die Studierenden in der Fallvignette weniger Einfluss auf die beschriebene Situation zu nehmen, ähnliche wie die *Aufgabe „Beurteilen und Beraten"*, die ebenfalls nur zum ersten Zeitpunkt gesehen wurde. Dies korrespondiert nicht mit den Aussagen von Budde (2012) sowie Trautmann und Wischer (2011), die der Unterrichtsgestaltung einen besonders großen Stellenwert in heterogenen Lerngruppen einräumen.
Erstaunlicherweise bezogen die Studierenden beider Gruppen das *inklusive Setting (U.5)* kaum in ihre Urteile mit ein, obwohl es in den Analysen noch ein Thema war. Dies lässt die Vermutung zu, dass die inklusive Situation für sie zwar eine weitere Herausforderung darstellt, aber für die Bewertung keine besondere Relevanz hat. Vielmehr scheint die allgemeine Klassenführung nicht stimmig zu sein bzw. wird diese Situation als „typisch" erkannt und beschrieben.

Die inhaltliche Breite auf Ebene 4 „Planen" nahm in Gruppe O um 16% zu, wobei die Themenbereiche aus der ersten Bearbeitung (*Differenzierung* und *Zusammenarbeit mit der Förderschullehrkraft*) auch weiterhin eine große Bedeutung hatten. Für die Gruppe S gab es, trotz einer Reduktion um mehr als 20% der Handlungsvorschläge, kaum inhaltliche Verschiebungen, einzig die Häufigkeit der Nennungen hatte abgenommen. Es wurden besonders Vorschläge für eine veränderte didaktisch-methodische Gestaltung gemacht (*Individualisierung*, *Offener Unterricht* und *Kooperatives Lernen*).
Interessanterweise wurden bei den Handlungsvorschlägen wieder Aspekte zum inklusiven Setting aufgenommen (mehrheitlich von der offen-adaptiven Gruppe), obwohl dies in den Urteilen vernachlässigt wurde. Außerdem wurde in beiden Gruppen deutlich, dass mit dem Urteil, die Klassenführung sei nicht angemessen, veränderte Unterrichtsmethoden verbunden werden. Wenngleich sich hinter diesem theoretischen Konzept noch viele weitere Merkmale verbergen, wie z.B. Regeln und Routinen, wurden diese aber kaum als Planungsvorschläge genannt. Es kann als ein weiterer Beleg für die wenig differenzierte Diskussion um Handlungsvorschläge ohne theoretische Bezüge angesehen werden. Eine erwartete Zunahme bei den Handlungsvorschlägen zur Portfolioarbeit trat in beiden Gruppen nicht ein.
Obwohl zunächst zahlreiche verallgemeinernde Urteile zur Professionalität der Lehrerin aufgestellt wurden, halbierten sich die Handlungsvorschläge zur Professionalisierung der Lehrerin in der zweiten Bearbeitung und waren weniger relevant. Dieser Umstand überrascht, da eine unangemessene Klassenführung bzw. Unterrichtsplanung durchaus als Mangel in der Professionalisierung bzw. Wissen (Baumert & Kunter 2013; Kunter et al. 2011) angesehen werden kann.

Reflexionszyklus
Die bisherigen Ausführungen bezogen sich auf das gesamte Sample von 34 Fällen, was für die Systematisierung von Reflexionstiefe und inhaltlichen Breite notwendig war. Die Analysen zum *Reflexionszyklus in den Abschlussreflexionen* (zweite Forschungsfrage) erfolgten hingegen für acht ausgewählte Fälle. Dabei sollte untersucht werden, in welcher Reihenfolge die Stationen des Zyklus (*Ereignis* benennen, *Noticing*, *Rückblick*, *Bewusstmachung* und *Planungen*) durchlaufen werden, wie sich diese Nutzung unterscheidet und ob die Strukturierungsform der ePortfolioarbeit dabei eine Rolle spielt. Aus diesen Codierungen konnten Stationen ermittelt werden, die in thematischen Clustern zusammengefasst wurden. Die beiden Analyseebenen dieses Re-

flexionsmusters lagen horizontal innerhalb der Cluster und vertikal in Bezug auf die Stationen des Zyklus.
Über die entwickelten *Stationsmodelle* konnte für jeden der acht Fälle die komplexe und dynamische Nutzung des Reflexionszyklus grafisch veranschaulicht werden. Dabei wurde in der offen-adaptiven Gruppe der Zyklus nur von Katharina vollständig durchlaufen, die anderen drei Fälle zeigten Dreischritte im Reflexionszyklus. Inhaltlich wurde in drei der vier Reflexionen das Thema Heterogenität weniger intensiv bearbeitet als die ePortfolioarbeit selbst. Dies lässt den Schluss zu, dass sie sich durch die offen-adaptive Arbeitsweise intensiver mit dem ePortfolio auseinandersetzen mussten und dieser Lernprozess (im Rückblick) dominanter war als das Thema der Heterogenität.
In der geschlossenen-angeleiteten Gruppe erreichte Celine einen Vierschritt, die restlichen nur Dreischritte. Alle vier Studentinnen beschäftigen sich unterschiedlich ausführlich mit den Themen Heterogenität und ePortfolio. Celine stellte detaillierte Verbindungen zwischen Heterogenität und dem ePortfolio her, ähnlich wie Nora, wohingegen für Lina das Thema Heterogenität untergeordnet war. Svenja sah für sich persönlich insgesamt wenig Lernzuwachs. Im Vergleich zu den Studierenden der Gruppe O lässt sich hier kein eindeutiges Bild zeichnen, es hat den Anschein, als habe jeder Reflexionstext eine individuelle Schwerpunktsetzung.
Dieses Ergebnis lässt die Schlussfolgerung zu, dass die persönliche Bedeutung des Reflexionsmoments, wie in der Station des *Noticings* im Reflexionszyklus vorgesehen, doch eine wichtigere Rolle spielte als vorher angenommen. In die Überlegungen zur Konzeption des Reflexionszyklus wurden deswegen folgerichtig das *gedankliche Stolpern*, ähnlich wie im Konzept der professionellen Wahrnehmung von Unterricht (Sherin 2002; Stürmer et al. 2013), aufgenommen, zusammen mit der Bereitschaft (Leonhard 2008) sowie Motivation, sich mit Veränderung im weiteren Handeln auseinanderzusetzen. Es scheint, als wäre die persönliche Betroffenheit der Studierenden beim Thema ePortfolio (durch die eigenen Tätigkeiten) größer gewesen als zum Thema Heterogenität, das wissenschaftlich-theoretisch betrachtet wurde.
Darüber hinaus kann die Annahme, dass in einem Reflexionstext der Zyklus in seinen Stationen systematisch durchlaufen wird, nicht bestätigt werden. Vielmehr hat die Visualisierung über die Stationsmodelle gezeigt, dass zwischen der Nutzung des Zyklus und dem Thema offensichtlich eine Abhängigkeit besteht. Mit jedem neue Themenkomplex (Cluster) kann der Reflexionszyklus theoretisch wieder mit der Benennung eines Ereignisses beginnen. Im Datenmaterial hat sich allerdings gezeigt, dass alle vier Stationen als Startpunkt für den Zyklus gewählt wurden.
Außerdem lassen die gefundenen Muster in den Abschlussreflexionen (Wechsel zwischen *Rückblicken* und *Bewusstmachung* ohne *Planung* oder zwischen *Bewusstmachung* und *Planung* ohne weitere Stationen) die Annahme zu, dass nicht immer der vollständige Zyklus gegangen werden muss, um Reflexionen durchzuführen. Es bleibt zu überlegen, welche Veränderungen im theoretischen Modell notwendig sind, um die realen eher sprunghaften, unsystematischen, individuellen und dynamischen Reflexionsprozesse eindeutig abzubilden.

Resümee 9.1

In Bezug auf die *ersten beiden Forschungsfragen* und die formulierte *Annahme*, dass die Studierenden mit der offen-adaptiven Bearbeitungsform bessere Ergebnisse in der Reflexionskompetenz zeigen, kann festgehalten werden, dass dies nur für Teilbereiche zutrifft.
Bei der *Reflexionstiefe* bestätigte die offen-adaptive Gruppe ihr gutes Ausgangsniveau, verbesserte sich aber nicht. Bei der *inhaltlichen Breite* zeigte sich ein uneinheitliches Bild: Es wurden mehr inhaltliche Aspekte erkannt, mehr Handlungsvorschläge gemacht sowie konkretere

Gründe analysiert, dafür aber insgesamt weniger Gründe und Urteile benannt. Es kann hier nur von einer geringen Steigerung der inhaltlichen Breite gesprochen werden, wenn man die konkreten inhaltlichen Argumente (Kategorien) berücksichtigt. Mit Blick auf die Nutzung des *Reflexionszyklus* lassen sich auch hier, im Vergleich zur geschlossen-angeleiteten Gruppe, keine besseren Ergebnisse finden. Auffällig war hingegen die starke inhaltliche Beschäftigung mit der ePortfolioarbeit in allen Abschlussreflexionen der offen-adaptiven Gruppe, die zu Teilen das Thema Heterogenität überlagerten. Über beide Gruppen hinweg konnten in den acht Einzelfällen individuelle Reflexionsmuster herausgearbeitet werden, die mit Hilfe von Stationsmodellen die sprunghaften, unsystematischen und dynamischen Reflexionsprozesse grafisch darstellen.
Mit Blick auf den Expertise-Umkehr-Effekt (Nückles at al. 2009; Kalyuga et al. 2003) lässt sich für die vorliegende Studie mit Grundschulstudierenden sagen, dass die geschlossen-angeleitete Gruppe sowohl in der Reflexionstiefe, als auch in der inhaltlichen Breite deutlich schlechtere Ergebnisse zeigte. Im Hinblick auf die Nutzung des Reflexionszyklus lässt sich allerdings kein eindeutig schlechteres Ergebnis abbilden. Es kann aber zumindest in Ansätzen von einem Expertise-Umkehr-Effekt gesprochen werden. Mehr Aufschluss darüber kann die fallvergleichende Analyse zur Reflexionskompetenz liefern, die im nächsten Kapitel diskutiert wird.

9.2 Reflexionskompetenz im Fallvergleich

Für die Analyse der Ergebnisse im direkten Fallvergleich wurden die acht Studierenden nach ihren Leistungen in der Prä-Post-Bearbeitung der Fallvignette ausgewählt. Dieses Vorgehen wird auch für das folgende Kapitel gewählt. Es geschieht, unter der Annahme, *dass bei gleichen Leistungen in der Reflexionstiefe und der inhaltlichen Breite die Studierenden der offen-adaptiven Gruppe bessere Ergebnisse in der Nutzung des Reflexionszyklus zeigen würden, da sie, wie Ergebnisse aus diversen empirischen Studien zu Portfolio und Prompts vermuten lassen, besser ihren individuellen Interessen nachgehen können und dies positiv in den Abschlussreflexionen verarbeiten.* Zusätzlich kann die Interpretation und Diskussion dieser Fallvergleiche erste Hinweise zur Beantwortung der dritten Forschungsfrage *nach Unterschieden in der Beurteilung der jeweiligen Strukturierung in der Bearbeitungsform des ePortfolios liefern.* Aus diesem Grund werden die Ergebnisse zu den Fallvergleichen in Bezug auf Reflexionskompetenz gebündelt, Annahmen verworfen oder bestätigt und relevante Erkenntnisse zur Bearbeitungsform dargestellt. Die vollständige Beantwortung und Diskussion der Forschungsfrage 3 findet dann in Kapitel 9.3 statt.

Katharina und Celine

Die Studentinnen Katharina (Gruppe O) und Celine (Gruppe S) zeigten eine gleiche *Reflexionstiefe* und eine Veränderung der *inhaltlichen Breite* in der Prä-Post-Bearbeitung der Fallvignette. In Bezug auf die Tiefe fehlte in allen vier Reflexionstexten jeweils eine Ebene. Diese variierten zwischen Beschreibungen und Urteilen, ergaben im Gesamtzusammenhang aber die gleiche Reflexionstiefe. Bei Katharina veränderte sich die Argumentationsstruktur, ihre erste Bearbeitung war inhaltlich aber auch schon sehr gut. Auch im Fall von Celine kamen neue Aspekte hinzu, die sich hauptsächlich auf den Unterricht und andere Akteure bezogen.
Katharina war zum Erhebungszeitpunkt 23 Jahre alt, studierte im fünften Fachsemester und gab an, bisher die beiden Schulpraktischen Studien (SPS) absolviert zu haben und keine Unterrichtstätigkeit an einer Schule auszuüben. Celine war 25 Jahre, im sechsten Semester und brachte hingegen Vorerfahrungen zur ePortfolioarbeit sowie Reflexion aus der Mathematik mit, außerdem hatte sie ebenfalls die Praktika absolviert und arbeitete seit 2014 als Vertretungslehrerin an einer Schule. Celine konnte folglich nicht nur auf Erfahrungen aus anderen Seminarkontexten zurückgreifen,

sondern auch auf Erlebnisse aus dem schulischen Kontext in der Rolle als Lehrerin. Es kann davon ausgegangen werden, dass sie dieses Vorwissen in die ePortfolioarbeit eingebracht hat und auch deswegen gute Ergebnisse erzielte, wie die Studien von Klenowski (2002) zeigten.
Über die Nutzung des *Reflexionszyklus*, als Teil von Reflexionskompetenz, kann zu Katharina gesagt werden, dass sie als Einzige aus dem Sample den vollständigen Reflexionszyklus durchlief und mit vielen Rückblicken und Bewusstmachungen zu der ePortfolioarbeit arbeitete. Die Analysen der thematischen Cluster lassen einen Zusammenhang vermuten, zwischen einer unbewussten Auseinandersetzung mit dem akademischen Selbstkonzept und den vielen umgangssprachlichen Formulierungen zur Beschreibung ihrer Emotionen bei der ePortfolioarbeit. Sie machten deutlich, dass ihr Reflexionsgegenstand die ePortfolioarbeit war, denn gerade dazu gelang ihr ein vollständiger Reflexionszyklus.
Celine gelang ein Vierschritt im Reflexionszyklus und auch das Muster von Wechseln zwischen Rückblicken und Bewusstmachungen zeigte sich. Es wurde deutlich, dass Celine sich intensiv mit den Seminarthemen beschäftigte, was u.a. durch die umfangreiche Bearbeitung der Reflexionsaufgaben und dem erneuten Aufgreifen der Aufgaben in der Abschlussreflexion zum Ausdruck kommt. Es kann vermutet werden, dass die intensive inhaltliche Auseinandersetzung im Seminar einen Einfluss auf die veränderte Argumentationsstruktur bei der inhaltlichen Breite der Fallvignette hatte.
Obwohl Katharina schon in einem höheren Fachsemester war, zeigte sie Defizite im theoretisch-wissenschaftlichen Umgang mit Heterogenität, dafür aber eine sehr gute Nutzung des Zyklus in Bezug auf die ePortfolioarbeit. Celine zeigte im gesamten Portfolio ihr breites Interesse an der Heterogenitätsthematik und ihren Lernfortschritt in der inhaltlichen Breite für beide Themen.
In Bezug auf die *Arbeitsweise* in der offen-adaptiven Gruppe veränderte sich Katharinas Einschätzung zur Arbeit mit Mahara und wurde von ihr in der Abschlussreflexion als problematisch und zeitaufwändig beschrieben. Die Arbeit mit dem Portfolio-Kopf war für sie herausfordernd und führte zu Schwierigkeiten. Die Freiheiten in dieser Arbeitsweise führten bei ihr zu fehlenden Begrenzungen.
Für die Arbeitsweise in der geschlossen-angeleiteten Gruppe lässt sich aus Celines Antworten ableiten, dass es ihr, trotz der beschriebenen Widerstände zu den Aufgabenstellungen und den Anforderungen der Bearbeitung, gelang, gute Arbeitswege zu finden. Zu Beginn verspürte sie eine Überforderung, obwohl sie auf zahlreiche Erfahrungen zurückgreifen konnte.
Im direkten Fallvergleich zeigt sich, dass beide Studentinnen mit Unsicherheiten und fehlenden Begrenzungen bei der ePortfolioarbeit konfrontiert waren, die sich auch schon in den Studien von Streblow (2013) sowie Ziegelbauer und Kollegen (2013) zeigten, obwohl eine von ihnen bereits zahlreiche Vorerfahrungen hatte. Interessant erscheint auch, dass beide große Freiheiten mit ihrer jeweiligen Strukturierungsform verspürten und sich stärker mit dem Thema ePortfolio auseinandersetzten.
In Bezug zu der *Annahme*, dass die Studierenden der offen-adaptiven Gruppe bessere Ergebnisse in der Reflexionskompetenz zeigen und ihren individuellen Interessen besser nachgehen können, kann nach diesem Fallvergleich gesagt werden, dass Katharina den Zyklus tatsächlich besser nutzte, aber nur themenbezogen. Da sich beide positiv darüber äußerten, dass ihre Interessen bei der Auswahl der Themen berücksichtigt wurden, trifft dieser Teil der Annahme hier nicht zu.

Paola und Lina

Paola (Gruppe O) und Lina (Gruppe S) zeigten mehr *Reflexionstiefe* und eine veränderte *inhaltliche Breite* in der Prä-Post-Bearbeitung der Fallvignette. Bei der Tiefe fehlte in beiden Fällen in der zweiten Bearbeitung jeweils nur eine Ebene: Paola fehlte eine

neutrale Beschreibung, Lina ein Urteil. Auch bei der inhaltlichen Breite zeigten die Studentinnen unterschiedliche Entwicklungen: Während bei Paola mehr Gründe und neue Handlungsalternativen angeführt wurden, hat Lina einen neuen Themenkomplex (Professionalisierung) eingebracht und dazu immer wieder Bezüge hergestellt.
Paola war mit 33 Jahren eine der älteren Studentinnen und schon im 12. Hochschulsemester, da sie vorher eine Ausbildung als Veranstaltungskauffrau und einen Bachelor in Kommunikationsdesign absolvierte. Grundschullehramt studierte sie im siebten Fachsemester. Lina hingegen war 22 Jahre alt, studierte vor dem Lehramt schon ein Semester Innenarchitektur, deswegen war sie im sechsten Hochschulsemester und fünften Fachsemester. Beide brachten Vorwissen und Vorerfahrungen aus anderen Lehrveranstaltungen ein: Paola aus der Mathematik (Reflexion und Portfolio) und Lina aus drei AGD/BW-Veranstaltungen (Heterogenität, Portfolio und Reflexion). Beide gaben an, schon in einer Schule als Lehrkraft zu unterrichten. Auch in diesen beiden Fällen kann davon ausgegangen werden, dass ihnen die ePortfolioarbeit besser gelingt, da sie entsprechende Vorerfahrungen einbringen können (Klenowski 2002).
Über die Nutzung des *Reflexionszyklus* kann zu Paola gesagt werden, dass sie nicht mehr als Dreischritte zeigte, obwohl neun thematische Cluster gefunden wurden. Das bedeutet, dass der große Textumfang in diesem Fall nicht dazu führte sich mit einigen Themen intensiver zu beschäftigen, sondern viele Einzelthemen anzusprechen und den Zyklus nie vollständig zu durchlaufen. Dies wird auch daran deutlich, dass erst im letzten Drittel Handlungsvorschläge unterbreitet wurden. Zu den von Denner und Gesenhues (2013, S. 112) beschriebenen Reflexions-Kurzschlüssen ist es trotzdem nicht gekommen. Die Abstraktionsebene der Professionalisierung wurde im Reflexionszyklus selten bis kaum erreicht, eine Verortung der Themen in einem größeren Kontext fehlte. Folglich kann kein Zusammenhang zwischen der veränderten inhaltlichen Breite in der Fallvignette mit deutlich mehr Aspekten und der Abschlussreflexion hergestellt werden. Es ist auch fraglich, ob es hier gelungen ist, wissenschaftlich fundiertes Theoriewissen aufzubauen, wie es für die Phase der Lehrkräftebildung vorgesehen ist (u.a. Schüpbach, 2007; Frey & Jung, 2011).
Zum Fall von Lina kann zusammenfassend über die Nutzung des Reflexionszyklus gesagt werden, dass auch hier nur Dreischritte zur Anwendung kamen und im Gegensatz zu Paloa auch nur wenige thematische Cluster gebildet wurden (4 Cluster). Inhaltlich lässt sich ein starker Zusammenhang beim Thema Kooperatives Lernen herstellen, der in beiden Bearbeitungen der Fallvignette aufgegriffen wurde, sowohl in der Abschlussreflexion als auch in einer Reflexionsaufgabe im ePortfolio. Die darüber hinaus sehr gute inhaltliche Auseinandersetzung zum Thema Heterogenität in der Fallvignette setzte sich nicht in der Abschlussreflexion fort, dort überwogen Gedanken zur Didaktik und wie sie dieses Element zur Weiterarbeit motivierte.
Über die *Arbeitsweise* in der offen-adaptiven Gruppe kann für den Fall Paola gesagt werden, dass sie besonders mit dem „Portfolio-Kopf" haderte und schlussendlich eigene Formulierungsvorschläge machte. Hier zeigt sich, dass der Versuch einer möglichst konkreten und gut strukturierten Form der Aufgabenstellung (u.a. Hübner 2007; Graham 2008; Schäfer 2012) für die Reflexionseinträge nicht zum Lernerfolg beigetragen hat. Paola als fortgeschrittene Lernerin hätte mehr Flexibilität in der Gestaltung ihrer Einträge benötigt. Berücksichtigt werden sollte allerdings, dass bei ihr keine prozessbegleitende Bearbeitung stattfand, sondern viel Nacharbeit am Semesterende. Es ist nicht verwunderlich, dass sie deswegen in der ePortfolioarbeit eher den positiven Effekt einer Wiederholung der Inhalte sah und weniger die Reflexion für ihre eigene Professionalisierung. Trotz positiver Rückmeldungen und Feedback, machte sie sich Gedanken um die korrekte Aufgabenerfüllung, erlebte aber gleichzeitig Selbstbestimmung und Motivati-

on, wie Streblow (2013) sowie Ziegelbauer und Kollegen (2013) auch aus ihren Forschungen berichten.
Zur Arbeitsweise in der geschlossen-angeleiteten Gruppe lässt sich zusammenfassen, dass Lina die Beschränkung auf zehn Aufgabenstellungen als Wahlfreiheit wahrnahm, innerhalb derer sie ihren Vorlieben nachgehen konnte. Schwierigkeiten bereiteten allerdings der Textumfang und die Fokussierung auf das Thema. Keine Erklärung lieferte sie für den Wechsel der Einschätzung, wie schwer es sei, sich an die Aufgabenstellung zu halten, obwohl schon zwei Aufgaben bearbeitet wurden.
In Bezug zu der *Annahme*, dass die Studierenden der offen-adaptiven Gruppe bessere Ergebnisse in der Reflexionskompetenz zeigen und ihren individuellen Interessen besser nachgehen können, kann nach diesem Fallvergleich gesagt werden, dass beide den Zyklus in ähnlicher Weise nutzen und sich, trotz großem Unterschied im Textumfang, keine anderen Reflexionsmuster zeigten. Diese Annahme bestätigte sich hier nicht. Auch die Vermutung, dass bei der offen-adaptiven Arbeitsweise besser den eigenen Interessen nachgegangen werden kann, bestätigte sich nur zum Teil, denn beide Studentinnen erlebten das Spannungsfeld zwischen Freiheit und Sicherheit bei der Bearbeitung der Aufgaben.

Christian und Nora

Christian (Gruppe O) und Nora (Gruppe S) zeigten weiniger Reflexionstiefe und eine veränderte inhaltliche Breite in der Prä-Post-Bearbeitung der Fallvignette. Das Benennen von möglichen Gründen gelang noch gut, im Fall des Studenten Christian gelang es auch Planungsalternativen vorzuschlagen. Allerdings hatten beide keine neutralen Beschreibungen verfasst und keine Urteile gefällt. Die inhaltliche Veränderung begründet sich bei Christian auf einer veränderten Argumentation, bei Nora auf weniger Aspekten, was mit der geringen Reflexionstiefe im Zusammenhang steht. Die Einordung von Christian zu „weniger Reflexionstiefe" erfolgte auf Grund von fehlenden Ebenen in der Post-Bearbeitung der Fallvignette. Mit einem zusätzlichen Hinweis auf dem letzten Bearbeitungsblatt („Es tut mir leid, ich kann heute nicht!") macht er deutlich, dass er die Bearbeitung auf Grund gegebener Umstände abgebrochen hat und eventuell noch mehr zum Fall geschrieben hätte.
Mit 37 Jahren war Christian der älteste Teilnehmer im Sample und gab ein vorheriges Jura-Studium an. Im Grundschullehramt war er im fünften Fachsemester eingeschrieben. Nora war zum Erhebungszeitpunkt 22 Jahre alt und im fünften Fachsemester. Beide arbeiteten bereits an einer Schule, Christian schon seit 2014, Nora erst seit 2017. Vorwissen zur Heterogenität konnte Christian in einem BW-Seminar erlangen, Nora machte dazu keine Angaben. Durch den großen Altersunterschied und die Vorerfahrungen von Christian, kann davon ausgegangen werden, dass er dieses Vorwissen in die Reflexionen einbringt und ein hohes Niveau in der Reflexionskompetenz zeigt. Außerdem sollte er als fortgeschrittener Lerner besser mit der Portfolioarbeit umgehen können (Klenowski 2002) und weniger Frustration zeigen (Hübner et al. 2007).
Über die Nutzung des Reflexionszyklus kann zu Christian gesagt werden, dass er in seiner Abschlussreflexion häufig die thematischen Cluster wechselte und nicht mehr als Dreischritte im Zyklus schaffte, trotz der großen Komplexität. Dieser Umstand ist vermutlich der Kürze der einzelnen Cluster geschuldet, obwohl der gesamte Textumfang hoch war. Christian fiel besonders durch seine eloquente, wissenschaftliche Sprache auf, auch in den Reflexionseinträgen. Insgesamt gelang es Christian jedoch nicht, seine intensive Auseinandersetzung mit dem Thema Heterogenität in den Einträgen seines ePortfolios auf die Bearbeitung der Fallvignette und die Nutzung des Reflexionszyklus zu übertragen.

In Bezug auf die Nutzung des Reflexionszyklus kann zu Nora gesagt werden, dass bedingt durch ihre sehr kurze Abschlussreflexion nur drei thematische Cluster enthalten waren, die aber Dreischritte enthielten. In Anbetracht des geringen Umfangs der Abschlussreflexion, bildeten sowohl die Dreischritte als auch die thematischen Cluster eine angemessene Nutzung des Reflexionszyklus. Im Fall von Nora kann auch davon gesprochen werden, dass sich die Ergebnisse zur Reflexionstiefe und der weniger komplexen Bearbeitung der Abschlussreflexion bestätigten: Ihren Lernzuwachs sah sie auch hier besonders auf der Mikro-Ebene der Abstraktion, benannte keine Ereignisse und erkannte nur eine Sequenz im Noticing.
Zur Arbeitsweise in der offen-adaptiven Gruppe O äußerte Christian sich positiv. Für ihn transportierte das ePortfolio vorranging Inhalte, sodass er keine Auskunft über die weitere Verwendung in der Schule gab. Christians Ausführungen lassen die Aussage zu, dass für ihn zum einen das „Kosten-Nutzen-Verhältnis" angemessen war (u.a. Koch-Priewe 2013; Ziegelbauer 2016, Pineker 2013) und er zum anderen einen besonderen Mehrwert in der Arbeit mit Feedback erkannte (u.a. Bolle & Denner 2013; Meentzen 2010).
Zur geschlossen-angeleiteten Arbeitsform kann gesagt werden, dass Nora insgesamt wenige Auskünfte über ihre Arbeitsweise gab. Die Vorgabe von Aufgaben empfand sie allerdings als Entlastung, gleichzeitig entstand der Wunsch nach offeneren Aufgabenstellungen. Auf Grund der wenigen Auskünfte über die Arbeitsweise und die produktorientierte „Abarbeitung" der Aufgaben, kann im Fall Nora angenommen werden, dass für sie, wie bei Pineker und Störtländer (2013) thematisiert, eher die Pflichterfüllung im Vordergrund stand und weniger die reflexive, prozessbegleitende Auseinandersetzung. Es bleibt unklar, welche zusätzlichen Maßnahmen Nora in ihrem Prozess unterstützt hätten, sich mit dem ePortfolio mehr zu identifizieren. Auf Grund ihrer fehlenden Vorerfahrungen kann vermutet werden, dass die offen-adaptive Bearbeitungsform ihr noch weniger Anbindung an das Seminar geboten hätte.
In Bezug zu der Annahme, dass die Studierenden der offen-adaptiven Gruppe bessere Ergebnisse in der Reflexionskompetenz zeigen und ihren individuellen Interessen besser nachgehen können, kann nach diesem Fallvergleich gesagt werden, dass es Christian mit der offen-adaptiven Arbeitsweise gelungen ist, die gegebenen Freiheiten für sich zu nutzen und Unsicherheiten zu überwinden. Die Arbeit mit dem Reflexionszyklus wurde der Komplexität seiner Texte nicht gerecht und enttäuschte an dieser Stelle. Bei Nora wird eher der Eindruck eines „Abarbeitens" wie bei einer Hausarbeit erweckt, was auch in der Kürze ihrer Ausführungen zum Ausdruck kommt.

Lan Thi und Svenja

Lan Thi (Gruppe O) und Svenja (Gruppe S) zeigten bei Prä-Post-Bearbeitung der Fallvignette weniger *Reflexionstiefe* und eine gleiche *inhaltliche Breite*. In beiden Fällen waren die ersten Bearbeitungen auf allen Ebenen vollständig und in der zweiten Erhebung fehlten jeweils Urteile. Vor diesem Hintergrund hätten beide maximal die gleiche Tiefe erreichen können, was bei der weiteren Diskussion beachtet werden sollte. Inhaltlich änderten sich die Argumentationen bei beiden Studentinnen kaum: Im Fall von Lan Thi war es besonders die Zusammenarbeit mit verschiedenen Akteuren und das Handeln der Lehrerin. Bei Svenja stand ebenfalls die Teamarbeit im Fokus, aber auch die Aspekte Inklusion und Professionalisierung.
Lan Thi war zum Erhebungszeitpunkt 23 Jahre alt und im siebten Hochschulsemester, da sie vorher Japanologie und Kunstgeschichte studiert hatte. Den Studiengang Grundschullehramt besuchte sie seit fünf Semestern. Die 22-jährige Svenja studierte Grundschullehramt im vierten Semester und arbeitet seit 2015 an einer Schule als Vertretungslehrerin. Beide brachten Vorerfahrungen zur Reflexion in das Seminar mit: Lan Thi aus einem AGD-Seminar, Svenja aus den

SPS-Vorbereitungsseminaren und zusätzlich aus einer BW-Veranstaltung zum Thema Heterogenität. Bei diesem Fallvergleich erscheinen die Ausgangsvoraussetzungen ähnlich und es können keine besseren Ergebnisse auf Grund von Vorerfahrungen erwartet werden.
Über die Nutzung des *Reflexionszyklus* kann zu Lan Thi gesagt werden, dass sie kein Ereignis benennt und nur einen Dreischritt geht. Sie selbst sah ihren Wissenszuwachs auch eher im didaktisch-methodischen Bereich und weniger beim Fachwissen zum Umgang mit Heterogenität. Gleichzeitig betonte sie Diskriminierung und Heterogenität als ein gesamtgesellschaftliches Phänomen. Insgesamt ergibt sich somit ein Bild, bei dem Lan Thi in den drei Bereichen der Reflexionskompetenz (Tiefe, Breite und Zyklus) wenig Entwicklung zeigte.
Svenja hingegen nutzte den Zyklus auf eine andere Art und Weise: Sie hatte insgesamt mehr Sequenzen und thematische Cluster. Außerdem baute sie den gesamten Text im Sinne des Reflexionszyklus auf (zu Beginn *Ereignisse*, im Mittelteil *Noticing*, *Rückblicke* und *Bewusstmachung*, im Schlussteil *Rückblicke*, *Bewusstmachung* und *Planung*). In Bezug auf die Reflexionskompetenz zeigte Svenja einen geringen Lernzuwachs in der inhaltlichen Breite zum Seminarthema Heterogenität. Dies ist u.a. in der gleichen inhaltlichen Breite zur unterrichtsbezogenen Fallvignette sichtbar, aber auch in der Selbsteinschätzung bei der Zwischenerhebung und Abschlussreflexion.
Zur offen-adaptiven *Arbeitsweise* gab Lan Thi nicht viel Auskunft, außer dass es sie vor Herausforderungen stellte, eigene Reflexionsaufgaben zu entwickeln und dies in Mahara umzusetzen. Aus den Aussagen von Lan Thi lassen sich nicht viele Rückschlüsse über die Bearbeitungsform generieren. Sie vermittelte in ihrer Abschlussreflexion den Eindruck, dass sie sich intensiver mit dem Thema Heterogenität beschäftigte und maß der ePortfolioarbeit keinen großen Stellenwert bei. Dies zeigte sich auch in ihrer Einschätzung, sie hätte wenig akademisches Wissen erlangt, sondern eher methodisch-didaktisches.
Für die Arbeit in der geschlossen-angeleiteten Gruppe kann gesagt werden, dass Svenja grundlegende Kritikpunkte zur Plattform Mahara und der Seminarstruktur mit unregelmäßigen Reflexionsaufgabenstellungen formulierte. Die Auswahl aus 10 Aufgaben war für sie trotzdem angemessen, sollte aber in regelmäßigeren Abständen erfolgen. Tatsächlich waren die Aufgabenstellungen unregelmäßig über das Semester verteilt und vorher nicht bekannt. Bei einer Wiederholung des Seminars könnte im Seminarplan vermerkt werden, zu welchen Themen ePortfolioaufgaben gestellt werden. Erfreulich war bei Svenja, dass sie das Feedback als einen wichtigen Bestandteil ansah, allerdings erschien der Arbeitsaufwand durch Mahara hoch. Beide Einschätzungen finden sich in dieser Weise auch in der Fachliteratur: Wie die Evaluation von Beutelspacher (2012) zur Plattform Mahara zeigte, sind Einführung und Begleitung notwendig, und auch das Feedback sollte angeleitet und regelmäßig stattfinden (Artmann & Herzmann 2016).
In Bezug zu der Annahme, dass die Studierenden der offen-adaptiven Gruppe bessere Ergebnisse in der Reflexionskompetenz zeigen und ihren individuellen Interessen besser nachgehen können, kann nach diesem Fallvergleich gesagt werden, dass es Lan Thi mit der offen-adaptiven Arbeitsweise nicht gelang eine besser Reflexionskompetenz zu erreichen. Hingegen wird deutlich, dass sie ihre Interessen im ePortfolio abbilden konnte und sich intensiv mit Heterogenität auseinandersetzte.

Resümee 9.2

Zusammenfassend kann nach dieser Diskussion des letzten Fallvergleichs zur aufgestellten Annahme folgendes gesagt werden: Unter Berücksichtigung der gleichen Leistung in der Fallvignette und einer ähnlichen Benotung des ePortfolios, gelangten die Studierenden der offen-adaptiven Gruppe kaum zu besseren Ergebnissen in der Nutzung des Reflexionszyklus. Entweder

ergaben sich keine Unterschiede zum Vergleichsfall oder es zeigte sich nur eine stärkere themenbezogene Nutzung. Dieser Teil der Annahme muss somit verworfen werden.
Die Analyse zu der Vermutung, dass die Studierenden der Gruppe O besser ihren individuellen Interessen nachgehen können, hat außerdem kein eindeutiges Ergebnis aufgezeigt. In den vorliegenden Fällen erlebten sich fast alle acht Studierenden selbstbestimmt und arbeiteten nach eigener Aussage interessensgeleitet.
Die vollständige Beantwortung und Diskussion der *dritten Forschungsfrage* nach Unterschieden in der Beurteilung der jeweiligen Strukturierung in der Bearbeitungsform findet am Ende des nächsten Kapitels statt.

9.3 Bearbeitungsform und Reflexionskompetenz

Zur Beantwortung der *dritten Fragestellung, wie sich ausgewählte Studierende in ihrer Beurteilung der jeweiligen Strukturierung der ePortfolioarbeit unterscheiden*, wurden sowohl die Aussagen aus den Abschlussreflexionen, als auch Angaben aus dem Fragenbogen der Zwischenerhebung ausgewertet. In diesem Zusammenhang konnte aus der Forschungslage die *Annahme* abgeleitet werden, dass *Studierende der offen-adaptiven Gruppe zu Beginn klare Vorgaben zum Aufbau von Reflexionseinträgen im ePortfolio benötigen, um das Bedürfnis nach Sicherheit zu befriedigen. Diese Vorgaben können im Sinne der Adaptivität reduziert werden, wobei weiterhin Dozierenden- und Peerfeedback notwendig ist.*
In der folgenden Interpretation werden die acht berücksichtigten Einzelfälle als Gruppe von jeweils vier Personen mit der gleichen Bearbeitungsform diskutiert.

Die vier Studierenden der *offen-adaptiven Gruppe* beschrieben die ePortfolioarbeit als spannenden, zeitaufwändigen Prozess, mit hohem Innovationspotential und Individualität. Sie konnten ihre eigenen Interessen verfolgen, hatten aber auch Motivationsprobleme. Außerdem erkannten sie die Arbeit im Seminar als didaktischen Doppeldecker (Wahl 2013). An dieser Stelle wurde das Spannungsverhältnis zwischen Sicherheit und Freiheit deutlich, was auch Geigle und Kollegen (2016) schon beobachteten. Aber auch die Ergebnisse von Streblow und Kollegen (2013) zur Motivation und Verunsicherung durch unklare Anforderungen finden sich hier wieder.
Auch eine gute (eigene) Struktur sei bei dieser Arbeitsweise notwendig, damit Vorwissen einbezogen und neues Wissen generiert werden könne. Die Recherche zur Bearbeitung der Reflexionsaufgaben wurde gleichermaßen als lang, aufwändig und herausfordernd gesehen. Es bestand die Gefahr, sich darin zu verlieren oder Ablenkungen durch eine fehlende Eingrenzung zu erliegen. Die Aussagen der Studierenden vermitteln den Eindruck, dass für sie, trotz dieser herausfordernden Arbeitsschritte, das „Kosten-Nutzen-Verhältnis" (Ziegelbauer 2016) bei der ePortfolioarbeit ausgewogen war. Ähnlich wie bei Klampfer (2013), wo Motivation und der subjektive Lernerfolg eine Passung haben mussten, scheint dies in der offen-adaptiven Gruppe möglich gewesen zu sein.
Zum Themenbereich Mahara (als Content-Management-System für die ePortfolioarbeit) äußerten die vier Studierenden übereinstimmend, dass die Funktionsweisen erlernt werden müssten und die Nutzung zeitaufwändig sei. Dieses Ergebnis stützt die Aussage, dass die Studierenden Medienkompetenz zum Umgang mit dem ePortfolio-Management-System Mahara benötigen, um alle Vorteile nutzen zu können (z.B. Weber et al. 2019). Dies ist ein Faktor der ePortfolioarbeit, der nicht unterschätzt werden sollte und z.B. durch Tutorien begleitet werden kann. Weiter schätzen sie an Mahara die Möglichkeit, relativ einfach Öffentlichkeit und Austausch herzustellen, waren sich aber uneinig über die Layoutmöglichkeiten. Diese wurden

auf der einen Seite als zu statisch wahrgenommen, auf der anderen Seite aber auch als vielfältig. Auch diese Einschätzung könnte mit der vorhandenen Medienkompetenz der Studierenden im Zusammenhang stehen, denn zur Veränderung von bestehenden Layouts bedarf es einiger Erfragung in der Arbeit mit Mahara.
Die Studierenden waren sich darin einige, dass passende Artefakte zur Gestaltung von Ansichten einbezogen werden sollten. Umso erstaunlicher ist es, dass dies in den Abschlussreflexionen kaum gelang. Die Artefakte boten häufig keinen Mehrwert und entsprachen eher einfachen bunten Abbildungen. Dieser Schritt im Ablauf der ePortfolioarbeit scheint schwieriger zu sein als im Vorfeld angenommen.
Die Struktur des Reflexions-3-Schritts aus Gegenstand, Frage und Ziel („Portfolio-Kopf") der Reflexionseinträge bereitete allen vier Studierenden Schwierigkeiten und war eine Herausforderung. Zusätzlich bestanden bis zum Ende Unsicherheiten, ob die Anforderungen durch die eigene Bearbeitungsweise erfüllt wurden, und so wurden alternative Begriffe wie *Impuls* und *Vorgehen* vorgeschlagen. Dieses Ergebnis spricht dafür, dass die gewählte Struktur der Aufgabenstellungen nicht hilfreich war und – ähnlich wie in den Studien von Gläser-Zikuda (2009) sowie Gläser-Zikuda und mit Kollegen (2010) – es so nicht gelang, den Reflexionsgegenstand stärker in den Fokus zu rücken und einzugrenzen.
Zum Peerfeedback äußerten sich zwei Studierende positiv und beschrieben es als hilfreich und motivierend. Dies bestätigt das Vorgehen in der vorliegenden Studie mit einer Kombination aus Peer- und Dozierendenfeedback, um die Portfolioarbeit in ein hochschuldidaktisches Konzept einzubetten, was den besonderen Anforderungen an Betreuung, Feedback und Einbindung in die Veranstaltung gerecht wird (u.a. Gläser-Zikuda et al. 2010; Ziegelbauer et al. 2013, Geigle et al. 2016).
Anders als vermutet, machten die Studierenden keine Angaben darüber, noch mehr Aufgaben der geschlossen-angeleiteten Gruppe sehen zu wollen. Auch in den Zwischenbefragungen gaben viele an, sich die anderen Aufgaben nicht angesehen zu haben. Dies spricht dafür, dass die Studierenden durch die ersten beiden Beispiele ausreichend Anregung erhalten hatten, um im Anschluss eigene Einträge zu formulieren, auch wenn sie Probleme mit dem vorgegeben Portfolio-Kopf hatten.

Die vier Studentinnen der *geschlossen-angeleiteten Gruppe* machten deutlich, dass sie Spaß an der ePortfolioarbeit hatten und dabei kreativ sein konnten. Im allgemeinen Arbeitsprozess wurde positiv bewertet, dass eigene Interessen verfolgt werden konnten, allerdings musste eine (eigene) Struktur bzw. Gliederung entwickelt werden. Besonders die letzte Einschätzung verwundert, in Anbetracht der Tatsache, dass die Aufgaben bekannt waren. Allerdings liefern diese Aussagen auch einen Hinweis auf die Phasen der Portfolioarbeit (z.B. Danielson & Abrutyn 1997; Häcker 2005), welche die Studierenden trotzdem vor Herausforderungen stellen. Besonders die Recherche war lang und herausfordernd, obwohl der Reflexionsgegenstand klar definiert wurde. Nach der ersten Suche im Internet musste eine Auswahl erfolgen und einige Informationen verworfen werden, denn nicht alle erwiesen sich als hilfreich. Dies macht deutlich, dass die ersten Phasen (Sammeln und Auswählen) einen ähnlich hohen Anspruch haben, wie den Reflexionstext zu verfassen.
Drei der vier Studentinnen in Gruppe S empfanden die zehn Aufgabenstellungen positiv und offen. Für alle war es ein zentraler Aspekt, sich auf die Fragestellung zu fokussieren, um nicht orientierungslos zu sein. Außerdem betonten sie die Abwechslung zur Hausarbeit. Darin könnte einer der Hauptgründe für die positive Einstellung gegenüber der ePortfolioarbeit liegen,

denn unabhängig von den beiden entwickelten Strukturierungsformen, stellt ein Portfolio einen großen Kontrast gegenüber anderen üblichen Prüfungsform dar und erlaubt es, eigene Schwerpunkte zu setzen. Dies korrespondiert wiederrum mit dem Erleben von Kompetenz, Autonomie und einer positiven Wertezuschreibung für das Portfolio (Ziegelbauer et al. 2013).

Kritisiert wurde von dieser Gruppe auch die parallele Bearbeitung während des Semesters und die Überschneidung von Abgabefristen mit anderen Terminen. Auch Leonhard (2013) machte die Beobachtung, dass der Zeitpunkt der Bearbeitung von Reflexionen eine Auswirkung auf die Qualität der Reflexionen hat. Mit größer werdender Prüfungsbelastung lasse die Qualität der Texte nach. Allerdings sollte die prozessbegleitende Arbeit am ePortfolio eigentlich verhindern, dass am Ende der Lehrveranstaltung noch große Arbeitspakete anfallen. In der Realität hat sich allerdings gezeigt, dass nicht alle Studierenden die prozessbegleitende Arbeitsweise nutzen, obwohl sie der ePortfolioarbeit im Allgemeinen drei verschiedene Funktionen zuschrieben: Wissensaneignung, Wiederholung und Prozessdokumentation.
Die Plattform Mahara hielten die Studentinnen als gut geeignet für ePortfolioarbeit, allerdings sei die Handhabung anspruchsvoll und Funktionen müssten erlernt werden. Durch die Layoutgestaltung konnten sie zwar kreativ sein, wurden aber auch vom Inhalt abgelenkt, was zeitaufwändig war. Das Thema musste fokussiert dargestellt und gegliedert werden. Die Möglichkeit, Artefakte wie z B. Videos einzubeziehen, wurde ebenso positiv gesehen, wie stetig Überarbeitungen durchzuführen. Diese Einschätzung deckte sich mit der offen-adaptiven Gruppe und führt zu der Schlussfolgerung, dass weiterhin mit der Plattform Mahara gearbeitet werden sollte, allerdings mit Unterstützung von Tutorien, die bei der fehlenden Medienkompetenz Hilfestellung geben können (Weber et al. 2019).
Im Unterschied zur Gruppe O äußerte sich nur eine Studentin zum Peerfeedback, wobei sie es als hilfreich einschätzte, aber als zu spät im Seminarablauf empfand. Dies legt die Vermutung nahe, dass die Rückmeldungen für diese Gruppe weniger Relevanz hatten, was auf die höhere Strukturierung zurückgeführt werden kann. Trotzdem sollte nicht gänzlich auf Feedback zum Portfolio verzichtet werden, wie u.a. Studien von Artmann und Herzmann (2016) zeigen.

Resümee 9.3
Nach dieser Diskussion der Ergebnisse zur Strukturierung der ePortfolioarbeit kann die *dritte Fragestellung* und *Annahme* wie folgt beantwortet werden:
Der größte Unterschied kann in der Einschätzung zur *Relevanz des Feedbacks* gesehen werden (Bräuer 2014; Klampfer 2013), denn dieses war für die offen-adaptive Gruppe ein wichtiger Bestandteil, in der anderen Gruppe wurde das Thema kaum erwähnt. Ein weiterer Unterschied waren die Schwierigkeiten der Gruppe O mit dem Portfolio-Kopf, den sie nach Vorgaben selbst gestalten mussten, der aber für sie keine Hilfe darstellte, um sich auf einen Reflexionsgegenstand zu fokussieren.
Keine Unterschiede zeigten sich in den Einschätzungen, die ePortfolioarbeit sei Interessen geleitet und positiv zu bewerten. Auch der Hinweis, dass für die Reflexionseinträge eine gute Strukturierung notwendig sei, wurde von beiden Gruppen geäußert. Dies gilt auch für die Arbeitsweise mit der Plattform Mahara, die überwiegend als zeitaufwändig angesehen wurde.
Die Annahme, dass Vorgaben bei den Reflexionseinträgen im ePortfolio im Sinne der Adaptivität reduziert werden können, hat sich bestätigt, denn die Studierenden erhielten durch die ersten beiden Beispiele ausreichend Anregung, um im Anschluss eigene Einträge zu formulieren.

10 Fazit und Ausblick

Die vorliegende Dissertation erprobte ePortfolios als Medium zur Unterstützung der Reflexionskompetenz am Beispiel des Themas *Umgang mit Heterogenität* mit Studierenden des Grundschullehramts. Wie im Theorieteil erarbeitet, ging die Arbeit davon aus, dass, ähnlich wie bei Kidwai und Kollegen (2010), ePortfolios das Potential haben, Studierende zum professionellen, theoriegeleiteten Reflektieren anzuregen und sich deren Reflexionskompetenz in der Folge verändert. Durch die bisher vorliegende Forschung zum Thema ePortfolio (s. Kapitel 6) wurde jedoch nicht deutlich, wie viel Strukturierung in einem digitalen Portfolio notwendig ist, damit qualitativ gute Reflexionen entstehen. Deswegen ging diese Arbeit der forschungsleitenden Frage nach, welche *Form der Strukturierung von ePortfolioarbeit (offen-adaptiv oder geschlossen-angeleitet) den Studierenden zu einer besseren Reflexionskompetenz (Reflexionstiefe, inhaltliche Breite und Reflexionszyklus) in Bezug auf das Thema „Heterogenität im Unterricht" verhilft.*

Um diese Frage nach der Strukturierung in der ePortfolioarbeit zu beantworten, wurden zwei Bearbeitungsweisen entwickelt, die den Empfehlungen der bisherigen Forschungslage entsprechen und entweder offen-adaptiv oder geschlossen-angeleitet vorgehen. Ausgehend von diesen Überlegungen wurde die erste von drei Forschungsfrage formuliert:

1. *Welche Unterschiede zeigen sich bei der Reflexionstiefe und inhaltlichen Breite in den Bearbeitungen der Fallvignette, unter Berücksichtigung der beiden Strukturierungen in der ePortfolioarbeit und wie lassen sich diese Unterschiede systematisieren?*

Die Analyse und Diskussion der Ergebnisse zu dieser Fragestellung ergaben, dass sich die Studierenden der offen-adaptiven Bearbeitungsform bei der Bearbeitung der Fallvignette in der Reflexionstiefe nicht veränderten, sondern ihre Ausgangsleistung wiederholten. Auch für die inhaltliche Breite kann nicht von einer generellen Verbesserung gesprochen werden, da sich Unterschiede in den Ebenen der Reflexionstiefe zeigten (mehr inhaltliche Aspekte erkannt und mehr Handlungsvorschläge benannt, dafür aber weniger Analysen und weniger Urteile gefällt). Die Studierenden der geschlossen-angeleiteten Gruppe hingegen zeigten im Prä-Post-Vergleich sowohl bei der Reflexionstiefe, als auch in der inhaltlichen Breite auf allen Ebenen schlechtere Ergebnisse. Eine Systematisierung der Tiefe und Breite war über die entwickelte 6-Felder-Tafel möglich, wo die Prä-Post-Vergleiche erfasst wurden.

Die zweite Forschungsfrage bezog sich auf einen weiteren Teilbereich der Reflexionskompetenz und lautete:

2. *Wie unterscheidet sich die Nutzung des Reflexionszyklus, unter Berücksichtigung der beiden Strukturierungen, in ausgewählten Abschlussreflexionen des ePortfolios?*

Um die komplexe und dynamische Nutzung des Zyklus visuell darzustellen, wurden sogenannte Stationsmodelle entwickelt, die abbilden, in welcher Reihenfolge die verschiedenen Stationen des Zyklus in den Abschlussreflexionen durchlaufen werden. Nach der Analyse der acht Einzelfälle kann gesagt werden, dass sich hierfür die offen-adaptive im Vergleich zur geschlossen-angeleiteten Gruppe keine besseren Ergebnisse finden lassen. Der Zyklus wurde häufig unvollständig durchlaufen. Bei der offen-adaptiven Gruppe war jedoch auffällig, dass es eine starke inhaltliche

Beschäftigung mit der ePortfolioarbeit gab, die z.T. das Thema Heterogenität überlagerten. Ein solches Bild konnte von den Reflexionstexten der anderen Gruppe nicht gezeichnet werden.
Für die empirische Untersuchung der Strukturierung der ePortfolioarbeit und deren Auswirkungen auf die Reflexionskompetenz konnten – ausgehend von der bisherigen Forschungslage – drei Annahmen abgeleitet werden, wobei die erste Annahme sich auf die ersten zwei Fragen bezieht. Sie besagt, dass *die offen-adaptive Gruppe bessere Ergebnisse in der Reflexionskompetenz (Reflexionstiefe, inhaltliche Breite und Reflexionszyklus) zeigt, da es durch die stetige Verringerung der Vorgaben zu keinem „Expertise-Umkehr-Effekt" (Nückles at al. 2009; Kalyuga et al. 2003) kommen sollte.*
Mit Blick auf den Expertise-Umkehr-Effekt, der für die dauerhafte starke Strukturierung von Arbeitsaufträgen gefunden wurde, lässt sich für die vorliegende Studie sagen, dass die geschlossen-angeleitete Gruppe sowohl in der Reflexionstiefe, als auch in der inhaltlichen Breite deutlich schlechtere Ergebnisse zeigte. Für die Nutzung des Reflexionszyklus hingegen zeigt sich dieser Befund nicht. Aus diesen Gründen kann zumindest in Teilen von einem Expertise-Umkehr-Effekt gesprochen werden, bezogen auf die Bearbeitung der Fallvignette.

Die zweite Annahme bezog sich u.a. auf Ergebnisse von Driessen und Kollegen (2005), sowie Hübner und Kollegen (2007), die jeweils ein ausgewogenes Verhältnis zwischen hoch strukturierten Aufgaben und absoluter Freiheit empfehlen, was durch ein adaptives Vorgehen reduziert werden könnte. Daraus konnte die Annahme abgeleitet werden, *dass Lernende der offen-adaptiven Gruppe besser ihren individuellen Interessen nachgehen können und dies positiv in den Abschlussreflexionen verarbeiten.* Die Analysen der Abschlussreflexionen und der Zwischenbefragung lieferten hierzu keine eindeutigen Ergebnisse, denn in den acht ausgewählten Fällen erlebten sich fast alle Studierenden selbstbestimmt und arbeiteten interessensgeleitet, unabhängig von der vorgegebenen Strukturierung.

Mit Hilfe der dritten Forschungsfrage sollte erfasst werden, wie sich die Studierenden selbst über ihre Arbeitsweise mit dem ePortfolio äußern:

3. *Wie unterscheiden sich ausgewählte Studierende in ihrer Beurteilung der jeweiligen Strukturierung der ePortfolioarbeit über die Zeit (in der Zwischenerhebung und in der Abschlussreflexion)?*

Unterschiede konnten in der Relevanz des Feedbacks nachgewiesen werden, denn Rückmeldungen wurden von den Studierenden der offen-adaptiven Gruppe als sehr wichtig und hilfreich angesehen, wohingegen es in der anderen Gruppe kaum Erwähnungen fand. Ein weiterer Unterschied waren die Schwierigkeiten der Gruppe O mit dem Portfolio-Kopf (Reflexionsgegenstand festlegen, Frage formulieren und Ziel bestimmen), dies bezog sich sowohl auf die Wortwahl als auch auf die damit verbundenen Arbeitsschritte.
In den Aussagen der Studierenden zeigten sich keine Unterschiede in der Einschätzung, dass die ePortfolioarbeit interessengeleitet und positiv war. Auch der Hinweis, dass für die Reflexionseinträge eine gute Strukturierung notwendig sei, wurde von beiden Gruppen geäußert. Dies gilt auch für die Arbeitsweise mit Mahara, die überwiegend als zeitaufwändig angesehen wurde.

Die dritte und letzte Annahme bezog sich auf Ergebnisse, dass Portfolioanfänger*innen eine Einführung sowie Begleitung und Feedback im Prozess benötigen, um effektiv zu arbeiten (u.a. Bolle & Denner 2013; Artmann & Herzmann 2016) und durch unklare Anforderungen verunsichert werden (Streblow et al. 2013). Denn die Lernenden befinden sich bei der Portfolioarbeit

in einem Spannungsverhältnis zwischen Sicherheit und Freiheit und damit auch auf der Suche nach Orientierung für die Zielsetzungen und Anforderungen (Geigle et al. 2016). Ein gewisser Grad an Strukturierung scheint deswegen notwendig (Schäfer et al. 2012). Daraus wurde die Annahme abgeleitet, *dass Studierende der offen-adaptiven Gruppe zu Beginn klare Vorgaben zum Aufbau von Reflexionseinträgen im ePortfolio benötigen, um das Bedürfnis nach Sicherheit zu befriedigen. Diese Vorgaben können im Sinne der Adaptivität reduziert werden, wobei weiterhin Dozierenden- und Peer-Feedback notwendig ist.*
Besonders der letzte Teil dieser Annahme hat sich durch die Analyse bestätigt, denn die Studierenden der offen-adaptiven Gruppe schätzten die Relevanz des Peerfeedbacks als sehr hoch ein, aber auch die Rückmeldungen der Dozentin wurden positiv gesehen. Außerdem hatten sie keine Schwierigkeiten mit dem adaptiven Ausblenden der Aufgabenstellungen. Ihr Bedürfnis nach Sicherheit schien durch die beiden Beispielaufgaben und optionale Beratungssitzungen befriedigt. Anders verhielt es sich mit der Struktur für die ePortfolioeinträge, die eher zur Verunsicherung führte. Allerdings muss die Annahme dahin korrigiert werden, als dass auch die Studierenden der geschlossen-angeleiteten Gruppe ein großes Bedürfnis nach Strukturierung hatten, um sich über die richtige Herangehensweise rückzuversichern.

Die Ergebnisse der Studie legen nahe, dass die forschungsleitende Frage nach der Strukturierung der ePortfolioarbeit so beantwortet werden kann, dass es möglich ist, Studierende in einer offen-adaptiven Arbeitsweise an der Gestaltung ihres ePortfolios schrittweise teilhaben zu lassen. Dies kann aber auch dazu führen, dass die eigentlichen fachwissenschaftlichen Inhalte durch die hohe Selbstverantwortung bei der Auswahl und Gestaltung der Einträge überlagert werden. Gleichzeitig erfordert die offen-adaptive Arbeitsweise eine gute Begleitung auf technischer (z.B. Tutorien zu Mahara) und persönlicher Ebene (Feedback von Peers und Dozierenden). Offenbar gelingt dieses Vorgehen nur, wenn transparente und klare Vorgaben zum Umfang und Aufbau von ePortfolioeinträgen gemacht werden. Das ist in der vorliegenden Studie nur zum Teil gelungen. Bei der gewählten Arbeitsform scheint es auch keine Rolle zu spielen, ob schon Erfahrungen mit der Portfolioarbeit vorliegen, denn Anfänger*innen erlangen ausreichend Anregungen und Sicherheit für die (Weiter-)Arbeit, aber auch Expert*innen können von Beginn an (innerhalb des vorgegebenen Rahmens) selbstständig arbeiten und sich als kompetent erleben (s. Kapitel 5). Unter diesen Voraussetzungen kann es auf der einen Seite gelingen, zum professionellen, theoriegeleiteten Reflektieren anzuregen (Kidwai et al. 2010) und auf der anderen Seite dem „Expertise-Umkehr-Effekt“ (Nückles at al. 2009) vorzubeugen.

Trotz dieser positiven Ergebnisse zur ePortfolioarbeit stützen die Befunde auch die kritische Aussage zur Reflexionskompetenz, dass die (theoretisch hergeleiteten) Erwartungen an Reflexion höher seien, als sich empirisch tatsächlich belegen lassen. Thomas Häcker (2019b) liefert dafür drei mögliche Erklärungen, die auch im vorliegenden Kontext bedenkenswert erscheinen: Zum einen liegen methodologisch-methodische Probleme der Erfassung von Reflexionsqualität vor, denn selbst zur hier vorgenommenen Unterscheidung in Tiefe und Breite der Reflexion besteht aktuell kein Konsens (s. Kapitel 3.3). Zum anderen sieht er einen Denkfehler hinsichtlich der Steigerbarkeit von Reflexivität, dies bezieht auch die Modelle zur Kompetenzstruktur oder -entwicklung ein. Auch dieser Gedanke lässt sich für die vorliegenden Ergebnissen nachvollziehen. Denn bei dem Ebenen-Modell zur Reflexionstiefe stellt sich die Frage, ob der Planungsvorschlag tatsächlich als qualitativ anspruchsvollster Schritt gesehen werden kann, gerade vor dem Hintergrund, dass in der vorliegenden Studie alle Teilnehmenden diese Ebene erfüllten.

Darüber hinaus gibt Häcker zu bedenken, dass die Forschenden überprüfen sollten, ob sie unrealistische bzw. ungerechtfertigte Erwartungen an die studentischen Arbeiten zur Reflexion verfolgen. In der vorliegenden Studie wurde schon bei der Konzeption der Lehrveranstaltung und der ePortfolioarbeit auf die Leistungsanforderungen und Transparenz gegenüber den Studierenden geachtet, um die Erwartungen zu verdeutlichen. Dabei zeigte sich, dass die Gestaltung des „Portfolio-Kopfes" nicht zur Vereinfachung beitrug. Überdies zeigte sich bei der Nutzung des Reflexionszyklus, dass dieser regelmäßige Ablauf von den meisten Studierenden noch nicht verinnerlicht wurde und bei einer Wiederholung der Lehrveranstaltung beispielsweise die einzelnen Stationen in den Fokus rückten, wie auch bei Gläser-Zikuda (2009) vorgeschlagen. Zusätzlich könnten die erstellten Stationsmodelle genutzt werden (s. Kapitel 8.2), um exemplarisch die Nutzung in einem Reflexionstext zu erarbeiten bzw. zu visualisieren.
Im Wintersemester 2016/17 traten außerdem eine Reihe von Problemen im Zusammenhang mit der Lernplattform und dem ePortfolio-Management-System Mahara auf, die auch zum Thema in den Abschlussreflexionen und der Zwischenerhebung gemacht wurden. Daraufhin wurde im Sommersemester 2017 der Einführung in die Arbeit mit der Lernplattform und Mahara mehr Zeit in der ersten und zweiten Seminarsitzung eingeräumt. Grundsätzlich fehlten aber Anleitungen, die die Studierenden bei den wichtigsten Begriffen und Funktionen (z.B. in kurzen Video-Clips) unterstützten. Ohne die Unterstützung der studentischen Hilfskraft bei allen technischen Anfragen der Studierenden (per Mail und persönlich) wäre der Arbeitsaufwand für ein reguläres Seminar mit mehr als 40 Teilnehmenden kaum zu bewältigen gewesen. Aus diesem Grund wurde für die folgenden Semester eine Gruppe aus Mahara-Tutoren ins Leben gerufen, die diese technischen Lücken (s. Kapitel 4.2) schießen und die Studierenden beim Erlernen der nötigen Medienkompetenz unterstützen sollten.
Zu berücksichtigen ist auch, dass es trotz sorgfältiger Anwendung von empirischen Forschungsmethoden zu einer Vermischung von Seminarleitung, Leistungsbewertung und Forschungsinteresse kommen kann. Zwar wurde den Studierenden in der Lehrveranstaltung transparent gemacht, dass dieses Seminarkonzept mit einer wissenschaftlichen Studie verbunden ist und es ihnen freigestellt war, sich zu beteiligen. Allerdings kann nicht ausgeschlossen werden, dass durch die Konstellation des ePortfolios als Prüfungsleistung und Forschungsgegenstand eine gewisse Befangenheit der Forscherin vorlag.
In diesem Zusammenhang stellt sich auch die Frage, ob die Auswahl aus zehn Aufgaben als geschlossen-strukturiertes Format im Kontrast zur offen-adaptiven Gruppe nicht zu viele Freiheiten bot, sodass die Studierenden dies (gerade im Vergleich mit klassischen Hausarbeiten) immer noch als sehr offen empfanden. Mit Blick auf eine erneute Durchführung der Lehrveranstaltung erscheint es ausreichend, mit einer offen-adaptiven Bearbeitungsform zu agieren, wobei allerdings der Portfolio-Kopf eine Überarbeitung erfahren sollte und die einzelnen Stationen des Reflexionszyklus mehr in den Mittelpunkt gerückt werden müssen (s. Kapitel 4.3). Grundsätzlich bietet sich das pädagogisch bedeutsame Thema Heterogenität im Unterricht (s. Kapitel 2.2) für eine seminarbegleitende ePortfolioarbeit an, das Ziel sollte allerdings ein studienbegleitendes ePortfolio sein, damit Lern- und Reflexionsprozesse nachvollzogen werden und als Beitrag zur Professionalisierung von angehenden Lehrkräften wirksam werden können.
Trotzdem gilt es gerade bei der ePortfolioarbeit darauf zu achten, dass die anspruchsvolle und aufwändige Arbeitsweise und die fehlende Medienkompetenz nicht die erfolgreiche Vermittlung der fachwissenschaftlichen Inhalte überlagert, sondern sich vielmehr produktiv ergänzt. Unter diesen Voraussetzungen kann der ePortfolioarbeit in der Lehrerbildung ein Innovationspotential in Bezug auf den Erwerb von Reflexionskompetenz zugesprochen werden.

Auf Grund der durchgeführten Studie kann weder der Aussage, ePortfolioarbeit befinde sich in einem „Tal der Enttäuschung“ (Hilzensauer & Schaffert 2011, S. 291), noch der Aussage, sie unterliege einer Prozessillusion mit bescheidenem Anspruch (Hascher & Sonntagbauer 2013), zugestimmt werden. Vielmehr zeigen die Befunde, dass es eine positive Einstellung gegenüber ePortfolios gibt und diese, bei guter Begleitung und Strukturierung, den Aufbau von Reflexionskompetenz unterstützen kann. Außerdem ermutigen die Ergebnisse dazu ePortfolioarbeit im Zusammenhang mit dem Erwerb von Medienkompetenz bei den Studierenden zu sehen (Weber at al. 2019; Skorsetz et al. 2020) und das interdisziplinäre Thema Digitalisierung (Kapitel 2.3) systematisch miteinzubeziehen.

Ebenso kann den Vorwürfen, Reflexion sei zu einem „Plastikwort“ verkommen (Pörksen 2011, S. 22) oder bewege sich zwischen „Mystifizierung“ und „Trivialisierung“ (Häcker 2019a, S. 84) widersprochen werden. Denn die entwickelten und eingesetzten Forschungsinstrumente (Fallvignette mit Prä-Post-Testung sowie Reflexionszyklus als Stationsmodell) haben sich als geeignet erwiesen, um empirisch die Reflexionstiefe, die inhaltliche Breite und die Nutzung des Reflexionszyklus zu diesem Themenfeld zu erfassen und sollten für weitere Studien in diesem Bereich zum Einsatz kommen. Für das Instrument Fallvignette ist geplant, eine Mastervorlage auf Grundlage von Expert*innen zu entwickeln, die einen vereinfachten Abgleich der Reflexionsbreite ermöglicht (Weber & Wehner, i. Vorb.).

Zukünftige Forschungsarbeiten müssen außerdem zeigen, wie es gelingen kann, prozessbegleitende ePortfolioarbeit zu initiieren, die ein Studium (und dort besonders die Praxisphasen) begleitet und in der nächsten Phase der Lehrkräftebildung fortgeführt werden kann. An diesem Punkt setzt das Projekt *The Next Level – Lehrkräftebildung vernetzt entwickeln* an, das im Anschluss an die erste Förderphase der *Qualitätsoffensive Lehrerbildung* als eines von 49 Einzel- und Verbundprojekte initiiert wurde. Innerhalb der zweiten Förderphase von 2019 bis 2021 ist es wieder an der Goethe-Universität Frankfurt am Main angesiedelt und hat verschiedene Teilprojekte. Am Beispiel des Studiengangs Sachunterricht wird ein studienbegleitendes ePortfolio-Konzept umgesetzt (Weber et al. 2019), das mit Hilfe von zu entwickelnden Kompetenzrastern eine Mitnahme in die nächsten zwei Phasen der Lehrkräftebildung ermöglicht und sich gleichzeitig dem Erwerb von Medienkompetenz für das Fach Sachunterricht zuwendet. Die Erkenntnisse aus der vorliegenden Arbeit fließen in diese neue Konzeptionierung ein und werden weiterentwickelt.

Verzeichnisse

Literaturverzeichnis

Adl-Amini, Katja; Hehn-Oldiges, Martina; Weber, Nadine; Meschede, Nicola; Dignath-van Ewijk, Charlotte; Burgwald, Caroline; Corvacho del Toro, Irene; Hardy, Ilonca. (2019): Professionalisierung von zukünftigen Lehrkräften im Kontext von Heterogenität unter Verwendung digitaler Lerneinheiten. In: *HLZ Bd. 2* (3), S. 233–250. DOI: 10.4119/hlz-2469.

Altrichter, Herbert; Posch, Peter (2007): *Lehrerinnen und Lehrer erforschen ihren Unterricht.* Unterrichtsentwicklung und Unterrichtsevaluation durch Aktionsforschung. 4., überarb. u. erw. Aufl. Bad Heilbrunn: Klinkhardt.

Artmann, Michaela; Herzmann, Petra (2016): Portfolioarbeit im Urteil der Studierenden - Ergebnisse einer Interviewstudie zur LehrerInnenbildung im Kölner Modellkolleg. In: Sascha Ziegelbauer und Michaela Gläser-Zikuda (Hg.): *Das Portfolio als Innovation in Schule, Hochschule und LehrerInnenbildung.* Perspektiven aus Sicht von Praxis, Forschung und Lehre. Bad Heilbrunn: Klinkhardt, S. 131–146.

Aufschnaiter, Claudia von; Fraij, Amina; Kost, Daniel (2019): Reflexion und Reflexivität in der Lehrerbildung. In: *HLZ* (2), S. 144–159. DOI: 10.4119/hlz-2439.

Ballweg, Sandra (2015): *Portfolioarbeit im Fremdsprachenunterricht.* Eine empirische Studie zu Schreibportfolios im DaF-Unterricht. Tübingen: Narr Francke Attempto (Giessener Beiträge zur Fremdsprachendidaktik).

Bandura, Albert (1978): Self-efficacy: Toward a unifying theory of behavioral change. In: *Advances in Behaviour Research and Therapy 1* (4), S. 139–161. DOI: 10.1016/0146-6402(78)90002-4.

Barrett, Helen C. (2001): *Introduction to the Electronic Portfolio.* Based on a chapter on Electronic Portfolios written by Helen Barrett for Educational Technology. Online verfügbar unter http://electronicportfolios.com/handbook/IntroEPortfolio.pdf, zuletzt geprüft am 20.03.2017.

Barsch, Sebastian; Glutsch, Nina (2016): Der reflektierende Blick auf Praxis. Empirische Befunde zum Kälner Portfoliomodell. In: Maria Boos, Astrid Krämer und Meike Kricke (Hg.): *Portfolioarbeit phasenübergreifend gestalten.* Konzepte, Ideen und Anregungen aus der LehrerInnenbildung. Münster: Waxmann (LehrerInnenbildung gestalten, 8), S. 54–68.

Bastian, Jasmin; Aufenanger, Stefan (2015): Medienbezogene Vorstellungen von (angehenden) Lehrpersonen. In: Mandy Schiefner-Rohs, Claudia Gomez Tutor und Christine Menzer (Hg.): *Lehrer. Bildung. Medien. Herausforderungen für die Entwicklung und Gestaltung von Schule.* Baltmannsweiler: Schneider Hohengehren (Grundlagen der Berufs- und Erwachsenenbildung, 82), S. 19–34.

Baumert, Jürgen; Kunter, Mareike (2013): Professionelle Kompetenz von Lehrkräften. In: *Zeitschrift für Erziehungswissenschaft*, S. 277–337.

Baumgartner, Peter; Häfele, Kornelia; Häfele, Hartmut (2002): E-Learning: Didaktische und technische Grundlagen. In: *CD Austria.* 5 – Sonderdruck, S. 4–29. Online verfügbar unter https://www.qualifizierung.com/cms/images/PDF-Dokumente/e-learning-didaktische%20und%20technische%20grundlagen.pdf, zuletzt geprüft am 05.01.2020.

Baumgartner, Peter; Himpsl-Gutermann, Klaus; Zauchner, Sabine (2006): *Einsatz von E-Portfolios an (österreichischen) Hochschulen*: Zusammenfassung. Online verfügbar unter http://peter.baumgartner.name/wp-content/uploads/2013/08/Baumgartner_etal_2009_Einsatz-von-E-Portfolios-Zusammenfassung.pdf, zuletzt geprüft am 05.01.2020.

Berndt, Constanze; Häcker, Thomas; Leonhard, Tobias (2017): Editorial. In: Constanze Berndt, Thomas H. Häcker und Tobias Leonhard (Hg.): *Reflexive Lehrerbildung revisited.* Traditionen – Zugänge – Perspektiven. Bad Heilbrunn: Klinkhardt (Studien zur Professionsforschung und Lehrerbildung), S. 9–18.

Beutelspacher, Lisa (2012): Evaluation des E-Portfolio-Systems Mahara. In: *Information. Wissenschaft & Praxis 63* (4), S. 227–231. Online verfügbar unter https://www.phil-fak.uni-duesseldorf.de/fileadmin/Redaktion/Institute/Informationswissenschaft/iwp-2012-0044_227-231.pdf, zuletzt geprüft am 05.11.2016.

Boekaerts, Monique (1997): Self-regulated learning: A new concept embraced by researchers, policy makers, educators, teachers, and students. In: *Learning and Instruction 7* (2), S. 161–186.

Bohl, Thorsten; Bönsch, Manfred; Trautmann, Matthias; Wischer, Beate (Hg.) (2012): *Didaktische Grundlagen und Forschungsergebnisse zur Binnendifferenzierung im Unterricht.* Immenhausen: Prolog-Verlag (Reihe, Band 17).

Bolle, Rainer (2012): Portfolio und Bildung. Möglichkeiten einer akademischen Lehrerbildung. In: Rainer Bolle (Hg.): *Schulpraktische Studien 2012.* Leipzig: Leipziger Univ.-Verl. (Schriftenreihe der Bundesarbeitsgemeinschaft Schulpraktische Studien, 7), S. 133–168.

Bolle, Rainer; Denner, Lieselotte (2013): Das Portfolio „Schulpraktische Studien" in der Lehrerbildung. Genese, empirische Befunde und ein bildungstheoretisch fundiertes Modell für eine theoriegeleitete Portfolioarbeit. In: Barbara Koch-Priewe, Tobias Leonhard, Anna Pineker und Jan Christoph Störtländer (Hg.): *Portfolio in der LehrerInnenbildung.* Konzepte und empirische Befunde. Bad Heilbrunn: Klinkhardt, S. 74–111.

Bolton, Gillie E.J. (2010): *Writing and professional development.* 3rd rev. ed. London: SAGE Publications Ltd.

Boos, Maria; Krämer, Astrid; Kricke, Meike (Hg.) (2016): *Portfolioarbeit phasenübergreifend gestalten.* Konzepte, Ideen und Anregungen aus der LehrerInnenbildung. 1. Auflage, neue Ausgabe. Münster: Waxmann (LehrerInnenbildung gestalten, 8).

Boudon, Raymond: *Education, opportunity and social inequality.* Changing prospects in western society. New York: John Wiley & Sons.

Brahm, Taiga; Seufert, Sabine (Hg.) (2007): *„Ne(x)t generation learning". E-Assessment und E-Portfolio: halten sie, was sie versprechen?* Themenreihe II zur Workshop-Serie. Swiss Centre for Innovations in Learning. St. Gallen: SCIL Swiss Centre for Innovations in Learning c/o Universität St. Gallen (SCIL-Arbeitsbericht, 13).

Bräuer, Gerd (2014): *Das Portfolio als Reflexionsmedium für Lehrende und Studierende.* Opladen [u.a.]: Budrich (Kompetent lehren, 6).

Bräuer, Gerd; Keller, Stefan (2013): Elektronische Portfolios als Katalysatoren für Studium und Lehre. In: Barbara Koch-Priewe, Tobias Leonhard, Anna Pineker und Jan Christoph Störtländer (Hg.): *Portfolio in der LehrerInnenbildung.* Konzepte und empirische Befunde. Bad Heilbrunn: Klinkhardt, S. 276–286.

Brockhaus (1956): *Der Große Brockhaus.* 16. Auflage in 12 Bänden und 2 Ergänzungsbänden. 16. Aufl. Wiesbaden: Brockhaus, Wiesbaden.

Brouër, Birgit (2007): Portfolios zur Unterstützung der Selbstreflexion. Eine Untersuchung zur Arbeit mit Portfolios in der Hochschullehre. In: Michaela Gläser-Zikuda und Tina Hascher (Hg.): *Lernprozesse dokumentieren, reflektieren und beurteilen.* Lerntagebuch und Portfolio in Bildungsforschung und Bildungspraxis. Bad Heilbrunn: Klinkhardt, S. 235–265.

Brouër, Birgit; Gläser-Zikuda, Michaela (2010): Förderung selbstregulativer Fähigkeiten im Kontext selbstorgansierten Lernens. In: Jürgen Seifried (Hg.): *Lehr-Lern-Forschung in der kaufmännischen Berufsbildung – Ergebnisse und Gestaltungsaufgaben.* Stuttgart: Steiner (Zeitschrift für Berufs- und Wirtschaftspädagogik : Beiheft, 23), S. 123–136.

Budde, Jürgen (2012): Problematisierende Perspektiven auf Heterogenität als ambivalentes Thema der Schul- und Unterrichtsforschung. In: *Zeitschrift für Pädagogik 58* (4), S. 522–540. Online verfügbar unter https://www.pedocs.de/volltexte/2015/10393/pdf/ZfPaed_4_2012_Budde_Problematisierende_Perspektiven.pdf, zuletzt geprüft am 21.12.2019.

Budde, Jürgen; Hummrich, Merle (2004): Reflexive Inklusion. In: *Zeitschrift Für Inklusion* (4). Online verfügbar unter www.inklusion-online.net/index.php/inklusion-online/article/view/193, zuletzt geprüft am 21.12.2019.

Chandler, Paul; Sweller, John (1991): Cognitive Load Theory and the Format of Instruction. In: *Cognition and Instruction 8* (4), S. 293–332. Online verfügbar unter https://ro.uow.edu.au/edupapers/128/, zuletzt geprüft am 05.01.2020.

Combe, Arno; Kolbe, Fritz-Ulrich (2008): Lehrerprofessionalität: Wissen, Können, Handeln. In: Werner Helsper und Jeanette Böhme (Hg.): *Handbuch der Schulforschung.* 2., durchges. und erw. Aufl. Wiesbaden: VS, Verl. für Sozialwiss (SpringerLink: Bücher), S. 833–852.

Czerwenka, Kurt; Nölle, Karin (2014): Forschung zur ersten Phase der Lehrerbildung. In: Ewald Terhart, Hedda Bennewitz und Martin Rothland (Hg.): *Handbuch der Forschung zum Lehrerberuf.* 2. überarb. und erw. Aufl. Münster: Waxmann, S. 468–488.

Danielson, Charlotte; Abrutyn, Leslye (1997): *An introduction to using portfolios in the classroom.* Alexandria: Association for Supervision and Curriculum Development.

Deci, Edward L.; Ryan, Richard M. (2008): Self-determination theory: A macrotheory of human motivation, development, and health. In: *Canadian Psychology/Psychologie canadienne 49* (3), S. 182–185. DOI: 10.1037/a0012801.

Denner, Lieselotte; Gesenhues, Daniela (2013): Professionalisierungsprozesse im Lehramtsstudium. – eine explorative Studie zu Analyse, Interpretation und Handlungsoptionen. In: Rainer Bolle (Hg.): *Professionalisierung im Lehramtsstudium: schulpraktische Kompetenzentwicklung und theoriegeleitete Reflexion.* Leipzig: Univ.-Verl.

Dewey, John (1933): *How we think*: A restatement of the relation of reflective thinking to the educative process. Boston: D.C. Heath.

Diekmann, Andreas (2010): *Empirische Sozialforschung.* Grundlagen, Methoden, Anwendungen. Reinbek bei Hamburg: Rowohlt Taschenbuch Verlag (Rowohlts Enzyklopädie).

Dirks, Una (2013): Das Genre ‚Fallvignette'. In: Wilfried Hansmann (Hg.): *Pädagogisch-soziologische Diagnosekompetenz modellieren und analysieren.* Eine formative Evaluation im Schnittfeld von Bildungs- und Professionsforschung. Unter Mitarbeit von Una Dirks und Hendrik Baumbach. Marburg: Tectum-Verl. (Marburger Schriften zur Lehrerbildung, Bd. 8), S. 107–133.

Ditton, Hartmut; Maaz, Kai (2011): Sozioökonomischer Status und soziale Ungleichheit. In: Heinz Reinders, Hartmut Ditton, Cornelia Gräsel und Burkhard Gniewosz (Hg.): *Empirische Bildungsforschung.* Gegenstandsbereiche. Wiesbaden: VS Verlag für Sozialwissenschaften/Springer Fachmedien, Wiesbaden, S. 193–208.

Driessen, Erik W.; van Tartwijk, Jan; Overeem, Karlijn; Vermunt, Jan D.; van der Vleuten, Cees P.M. (2005): Conditions for successful reflective use of portfolios in undergraduate medical education. In: *Medical education 39* (12), S. 1230–1235. DOI: 10.1111/j.1365-2929.2005.02337.x.

DUDEN (2016a): Begriff „Artefakt". Online verfügbar unter http://www.duden.de/rechtschreibung/Artefakt, zuletzt geprüft am 26.06.2016.

DUDEN (2016b): Begriff „Portfolio". Online verfügbar unter http://www.duden.de/rechtschreibung/Portfolio, zuletzt geprüft am 25.06.2016.

DUDEN (2016c): Begriff „reflektieren". Online verfügbar unter http://www.duden.de/rechtschreibung/reflektieren, zuletzt geprüft am 04.07.2016.

DUDEN (2017): Begriff „Dispostition". Online verfügbar unter http://www.duden.de/rechtschreibung/Disposition, zuletzt geprüft am 07.05.2017.

Eysel, Claudia (2006): *Interdisziplinäres Lehren und Lernen in der Lehrerbildung.* Eine empirische Studie zum Kompetenzerwerb in einer komplexen Lernumgebung. Berlin: Logos-Verl. (Studien zum Physik- und Chemielernen, Bd. 51).

Eysel, Claudia; Schallies, Michael (2004): Interdisziplinäres Lehren und Lernen. – eine Interventionsstudie. In: Anja Pitton (Hg.): *Chemie- und physikdidaktische Forschung und naturwissenschaftliche Bildung.* [Jahrestagung der GDCP in Berlin 2003; 30. Jahrestagung]. Münster: Lit-Verl. (Gesellschaft für Didaktik der Chemie und Physik, 24), S. 302–304.

Fink, Matthias (2010): *EPortfolio und selbstreflexives Lernen.* Studien zur Förderung von Reflexivität im Unterricht. Baltmannsweiler: Schneider-Verl. Hohengehren (Schul- und Unterrichtsforschung, 12).

Frey, Andreas; Jung, Claudia (Hg.) (2011): *Kompetenzmodelle, Standardmodelle und Professionsstandards in der Lehrerbildung.* Stand und Perspektiven 4.2011, SH. Landau in der Pfalz: Verl. Empirische Pädagogik.

Geigle, Martina; Jäger, Sibylle; Schied, Mirelle (2016): Portfolio im Rahmen schulpraktischer Studien in der ersten Phase der LehrerInnenbildung. In: Sascha Ziegelbauer und Michaela Gläser-Zikuda (Hg.): *Das Portfolio als Innovation in Schule, Hochschule und LehrerInnenbildung.* Perspektiven aus Sicht von Praxis, Forschung und Lehre. Bad Heilbrunn: Klinkhardt, S. 175–188.

Gervé, Friedrich; Peschel, Markus (2013): Medien im Sachunterricht. In: Gudrun Schönknecht (Hg.): *Sachunterricht in der Grundschule.* Entwickeln – gestalten – reflektieren. Frankfurt am Main: Grundschulverband (Beiträge zur Reform der Grundschule, 136), S. 58–77.

GI (2016): *Bildung in der digitalen vernetzten Welt.* Eine gemeinsame Erklärung der Teilnehmerinnen und Teilnehmer des Seminars auf Schloss Dagstuhl („Dagstuhl-Erklärung"). Leibniz-Zentrum für Informatik GmbH. Online verfügbar unter https://gi.de/fileadmin/GI/Hauptseite/Themen/Dagstuhl-Erkla__rung_2016-03-23.pdf, zuletzt geprüft am 20.06.2019.

Gibbs, Graham (1988): *Learning by doing.* A guide to teaching and learning methods. reproduced with his permission. Oxford: Oxford Centre for Staff and Learning Development. Online verfügbar unter https://thoughtsmostlyaboutlearning.files.wordpress.com/2015/12/learning-by-doing-graham-gibbs.pdf, zuletzt geprüft am 15.05.2017.

Gläser-Zikuda, Michaela (2009): Potentiale und Grenzen von Lerntagebuch und Portfolio im Bildungsbereich. In: *Empirische Pädagogik 21* (2), S. 95–100.

Gläser-Zikuda, Michaela (2011): Qualitative Auswertungsverfahren. In: Heinz Reinders, Hartmut Ditton, Cornelia Gräsel und Burkhard Gniewosz (Hg.): *Empirische Bildungsforschung.* Strukturen und Methoden. 1. Aufl. Wiesbaden: VS Verlag für Sozialwissenschaften/Springer Fachmedien Wiesbaden, S. 109–129.

Gläser-Zikuda, Michaela (Hg.) (2010): *Lerntagebuch und Portfolio aus empirischer Sicht.* Landau: Empirische Pädagogik e.V (Erziehungswissenschaft, Bd. 27).

Gläser-Zikuda, Michaela; Voigt, Christine; Rohde, Julia (2010): Förderung selbstregulierten Lernens bei Lehramtsstudierenden durch portfoliobasierte Selbstreflexion. In: Michaela Gläser-Zikuda (Hg.): *Lerntagebuch und Portfolio aus empirischer Sicht.* Landau: Empirische Pädagogik e.V (Erziehungswissenschaft, Bd. 27), S. 142–167.

Gorges, Julia; Lütje-Klose, Birgit; Zurbriggen, Carmen (2019): Editorial: Fachdidaktische und bildungswissenschaftliche Ansätze der Lehrerinnen- und Lehrerbildung für die inklusive Schule. In: *HLZ 2* (3), S. I–IV. DOI: 10.4119/UNIBI/hlz-.

Graham, Steve (2006): Strategy Instruction and the teaching of Writing. A Meta-Analysis. In: Charles MacArthur (Hg.): *Handbook of writing research.* New York: Guilford Press.

Graham, Steve; Perin, Dolores (2007): A meta-analysis of writing instruction for adolescent students. In: *Journal of Educational Psychology 99* (3), S. 445–476. DOI: 10.1037/0022-0663.99.3.445.

Groißböck, Peter (2012): Die Open-Source-ePortfolio-Software Mahara. Eine ePortfolio-Lösung mit Social Networking Tools. In: *Computer+Unterricht* (86), S. 44–45.

Gröschner, Alexander; Kunze, Ingrid (2018): Vorwort. In: Monique Meier, Kathrin Ziepprecht und Jürgen Mayer (Hg.): *Lehrerausbildung in vernetzten Lernumgebungen.* Münster: Waxmann, S. 5–6.

Gutzwiller-Helfenfinger, Eveline, Aeppli, Jürg; Lötscher, Hanni (2017): Lehramtsstudierende reflektieren eine Praxiserfahrung im Bereich „Beurteilen & Fördern". Qualität der Erfahrungsdarstellung und Multiperspektivität. In: Constanze Berndt, Thomas H. Häcker und Tobias Leonhard (Hg.): *Reflexive Lehrerbildung revisited.* Traditionen – Zugänge – Perspektiven. Bad Heilbrunn: Klinkhardt (Studien zur Professionsforschung und Lehrerbildung), S. 133–146.

Häcker, Thomas (2005): Mit der Portfoliomethode den Unterricht verändern. In: *Pädagogik 57* (3), S. 13–18.

Häcker, Thomas (2006a): *Portfolio: ein Entwicklungsinstrument für selbstbestimmtes Lernen.* Eine explorative Studie zur Arbeit mit Portfolios in der Sekundarstufe I. Baltmannsweiler: Schneider-Verl. Hohengehren (Schul- und Unterrichtsforschung, 3).

Häcker, Thomas (2006b): Vielfalt der Portfoliobegriffe. Annäherungen an ein schwer fassbares Konzept. In: Ilse Brunner (Hg.): *Das Handbuch Portfolioarbeit.* Konzepte – Anregungen – Erfahrungen aus Schule und Lehrerbildung. Seelze-Velber: Kallmeyer, S. 33–39.

Häcker, Thomas (2007): Portfolio- ein Medium im Spannungsfeld zwischen Optimierung und Gumanisierung des Lernens. In: Michaela Gläser-Zikuda und Tina Hascher (Hg.): *Lernprozesse dokumentieren, reflektieren und beurteilen.* Lerntagebuch und Portfolio in Bildungsforschung und Bildungspraxis. Bad Heilbrunn: Klinkhardt, S. 63–85.

Häcker, Thomas (2012): Portfolio. In: Klaus-Peter Horn (Hg.): *Klinkhardt Lexikon Erziehungswissenschaft.* KLE. Bad Heilbrunn: Klinkhardt (UTB, 8468), S. 22–23.

Häcker, Thomas (2019a): Reflexive Professionalisierung. Anmerkungen zu dem ambitionierten Anspruch, die Reflexionskompetenz angehender Lehrkräfte umfassend zu fördern. In: Maria Degeling, Nadine Franken, Stefan Freund, Silvia Greiten, Daniela Neuhaus und Judith Schellenbach-Zell (Hg.): *Herausforderung Kohärenz: Praxisphasen in der universitären Lehrerbildung. Bildungswissenschaftliche und fachdidaktische Perspektiven.* Bad Heilbrunn: Klinkhardt, S. 81–96. Online verfügbar unter https://www.pedocs.de/volltexte/2019/17267/pdf/Degeling_et_al_2019_Herausforderung_Kohaerenz_Haecker_Reflexive.pdf, zuletzt geprüft am 05.01.2020.

Häcker, Thomas (2019b): Vortrag auf GoL – Tagung in Gießen, 2019b. Online verfügbar unter https://www.uni-giessen.de/fbz/zentren/zfl/projekte/gol/tagungen/keynotes, zuletzt geprüft am 07.12.2019.

Häcker, Thomas; Berndt, Constanze; Walm, Maik (2016): Reflexive Lehrerinnen- und Lehrerbildung in ‚inklusiven Zeiten'. In: Bettina Amrhein (Hg.): *Diagnostik im Kontext inklusiver Bildung.* Theorien, Ambivalenzen, Akteure, Konzepte. Bad Heilbrunn: Klinkhardt, S. 261–278.

Häcker, Thomas; Lissmann, Urban (2007): Möglichkeiten und Spannungsfelder der Portfolioarbeit – Perspektiven für Forschung und Praxis. In: *Empirische Pädagogik 21* (2), S. 209–239.

Hänssig, Andreas (2010): Portfolio-Arbeit in den Schulpraktischen Studien. Ein Praxisbeispiel. In: Katharina Liebsch (Hg.): *Reflexion und Intervention.* Zur Theorie und Praxis schulpraktischer Studien. Baltmannsweiler: Schneider-Verl. Hohengehren, S. 141–180.

Hänssig, Andreas; Petras, Anneliese (2006): Arbeit mit Portfolio in Schulpraktischen Studien – Planung, Umsetzung und Ergebnisse. In: Margarete Imhof (Hg.): *Portfolio und Reflexives Schreiben in der Lehrerausbildung.* Tönning [u.a.]: Der Andere Verlag, S. 29–56.

Hascher, Tina; Sonntagbauer, Christine (2013): Portfolio in der Lehrer/innenbildung -. Bilanz, Rahmung und Ausblick. In: Barbara Koch-Priewe, Tobias Leonhard, Anna Pineker und Jan Christoph Störtländer (Hg.): *Portfolio in der LehrerInnenbildung.* Konzepte und empirische Befunde. Bad Heilbrunn: Klinkhardt, S. 287–298.

Hatton, Neville; Smith, David (1995): Reflection in teacher education: Towards definition and implementation. In: *Teaching and Teacher Education 11* (1), S. 33–49. DOI: 10.1016/0742-051X(94)00012-U.

Heinen, Richard; Kerres, Michael (2017): „Bildung in der digitalen Welt" als Herausforderung für Schule. Themenschwerpunkt „Bildung in der Digitalen Welt". In: *Zeitschrift für Erziehungswissenschaft, Bildungspolitik und pädagogische Praxis 109* (2), S. 128–145. Online verfügbar unter https://learninglab.uni-due.de/sites/default/files/DDS-Digitalsierung-190417.pdf, zuletzt geprüft am 21.12.2019.

Heinzel, Frederike; Brencher, Gabi (2008): Reflexionen von Studierenden zum Thema „Veränderte Kindheit" im Rahmen von Lerntagebüchern. In: Andreas Hartinger, Rudolf Bauer und Rudolf Hitzler (Hg.): *Veränderte Kindheit. Konsequenzen für die Lehrerbildung*; Maria Fölling-Albers zum 60. Geburtstag. Bad Heilbrunn: Klinkhardt, S. 33–49.

Helsper, Werner (2001): Praxis und Reflexion. Die Notwendigkeit einer „doppelten Professionalisierung" des Lehrens. In: *journal für Lehrerinnen- und lehrerbildung 1* (3), S. 7–15.

Helsper, Werner (2004): Pädagogische Professionalität als Gegenstand deserziehungswissenschaftlichen Diskurses. Einführung in den Thementeil. In: *Zeitschrift für Pädagogik 50* (3), S. 303–308.

Helsper, Werner (2007): Eine Antwort auf Jürgen Baumerts und Mareike Kunters Kritik am strukturtheoretischen Professionsansatz. In: *Zeitschrift für Erziehungswissenschaft 10* (4), S. 567–579.

Hillocks, George (1995): *Teaching writing as reflective practice*. New York, London: Teachers college (Language and literacy series).

Hilzensauer, Wolf (2008): Theoretische Zugänge und Methoden zur Reflexion des Lernens. Ein Diskussionsbeitrag. In: *bildungsforschung 5* (2), S. 1–18. Online verfügbar unter http://bildungsforschung.org/index.php/bildungsforschung/article/view/77, zuletzt geprüft am 15.05.2017.

Hilzensauer, Wolf; Hornung-Prähauser, Veronika (2006): *Eportfolio – Methode und Werkzeug für kompetenzbasiertes Lernen*. SRFG-Broschüre. Hg. v. Salzburg Research Forschungsgesellschaft m.b.H. Salzburg. Online verfügbar unter http://data1.blog.de/media/814/2021814_4c0f7b4c89_d.pdf, zuletzt geprüft am 12.11.2015.

Himpsl-Gutermann, Klaus (2012): *E-Portfolios in der universitären Weiterbildung*. Studierende im Spannungsfeld von Reflexivem Lernen und Digital Career Identity. Boizenburg: Verlag Werner Hülsbusch (E-Learning).

Himpsl-Gutermann, Klaus; Baumgartner, Peter (2009): Evaluation of E-Portfolio Software. In: *International Journal of Emerging Technologies in Learning (iJET) 4* (1), S. 16–22. Online verfügbar unter http://peter.baumgartner.name/wp-content/uploads/2013/08/Himpsl_Baumgartner_2009_Evaluation-of-E-Portfolio-Software.pdf, zuletzt geprüft am 13.11.2016.

Hofmann, Florian; Wolf, Nicole; Klaß, Susi; Grassmé; Gläser-Zikuda, Michaela (2016): Portfolios in der LehrerInnenbildung. Ein aktueller Überblick zur empirischen Befundlage. In: Maria Boos, Astrid Krämer und Meike Kricke (Hg.): *Portfolioarbeit phasenübergreifend gestalten*. Konzepte, Ideen und Anregungen aus der LehrerInnenbildung. Münster: Waxmann (LehrerInnenbildung gestalten, 8), S. 23–39.

Hole, Simon & Mc Entee, Grace H. (1999): Reflection is at the Heart of Practice. Supporting New Teachers. In: *Educational Leadership 56* (8), S. 34–37.

Höppner, Kristina D.C. (2013): The Past, Present and Future of an E-Portfolio System-. Developing the Open Source Software Mahara. In: Damian Miller und Benno Volk (Hg.): *E-Portfolio an der Schnittstelle von Studium und Beruf*. Münster: Waxmann (Medien in der Wissenschaft, 63), S. 409–418.

Hornung-Prähauser, Veronika; Geser, Guntram; Hilzensauer, Wolf; Schaffert, Sandra (2007): *Didaktische, organisatorische und technologische Grundalgen von E-Portfolios und Analyse internationaler Beispiele und Erfahrungen mit E-Portfolio-Implementierungen an Hochschulen*: Salzburg Research Forschungsgesellschaft.

Hübner, Sandra; Nückles, Matthias; Renkl, Alexander (2007): Lerntagebücher als Medium des selbstgesteuerten Lernens. – Wie viel instruktionale Unterstützung ist sinnvoll? In: *Empirische Pädagogik 21* (2), S. 119–137.

Inglin, Oswald (2006): Rahmenbedingungen und Modelle der Portfolioarbeit. Welche Konsequenzen ergeben sich für den Unterricht? In: Ilse Brunner (Hg.): *Das Handbuch Portfolioarbeit*. Konzepte – Anregungen – Erfahrungen aus Schule und Lehrerbildung. 3. Aufl. Seelze-Velber: Kallmeyer, S. 81–88.

Internationalen Netzwerk Portfolioarbeit (2010): *Was gehört zu guter Portfolioarbeit?* Unter Mitarbeit von Felix Winter. Online verfügbar unter http://www.portfolio-inp.ch/app/download/6370305263/gute-portfolioarbeit-inp-2010.pdf, zuletzt geprüft am 07.08.2017.

Jahncke, Heike (2015): Das Portfoliokonzept als Methode zur Beförderung von Selbstreflexionsprozessen von angehenden Lehrerinnen und Lehrern. In: *Berufs- und Wirtschafts-pädagogik – online* (28), S. 1–24.

Kalyuga, Slava; Ayres, Paul; Chandler, Paul; Sweller, John (2003): The Expertise Reversal Effect. In: *Educational Psychologist 38* (1), S. 23–31. DOI: 10.1207/S15326985EP3801_4.

Karpa, Dietrich; Kempf, Julian; Bosse, Dorit (2013): Das E-Portfolio in der Lehrerbildung aus Perspektive von Studierenden. In: *Schulpädagogik heute* (7). Online verfügbar unter http://www.schulpaedagogik-heute.de/SHHeft14/02_Forschungsberichte/02_01.pdf, zuletzt geprüft am 07.08.2017.

Kecher, Christoph; Salvanos, Alexander (2015): *UML 2.5*. Das umfassende Handbuch. 5. Aufl., rev. Ausg. Bonn: Galileo Press.

Kelle, Udo; Kluge, Susann (2010): *Vom Einzelfall zum Typus*. Fallvergleich und Fallkontrastierung in der qualitativen Sozialforschung. 2., überarb. Aufl. Wiesbaden: VS Verlag für Sozialwissenschaften (Qualitative Sozialforschung, Bd. 15).

Kerres, Michael (2008): Mediendidaktik. In: Uwe Sander (Hg.): *Handbuch Medienpädagogik*. Wiesbaden: VS, Verl. für Sozialwiss, S. 116–122.

Kerres, Michael; de Witt, Claudia (2004): Pragmatismus als theoretische Grundlage zur Konzeption von eLearning. In: Horst Otto Mayer und Dietmar Treichel (Hg.): *Handlungsorientiertes Lernen und eLearning*. de Gruyter, S. 77–100.

Kidwai, Khusro; Johnson, Glenn; Hsieh, Pei-Hsuan; Hu, Rui (2010): Promoting Reflective Thinking through E-Portfolios. In: Nicole Buzzetto-More (Hg.): *E-portfolio paradigm*. Informing, educating, assessing, and managing with e-portforlios. Santa Clara: Informing Science Press, S. 247–266.

Kiel, Ewald; Kahlert, Joachim; Haag, Ludwig (2014): Was ist ein guter Fall für die Aus- und Weiterbildung von Lehreinnen und Lehrern? In: *Beiträge zur Lehrerinnen- und Lehrerbildung 32* (1), S. 21–33.

Klampfer, Alfred (2011): *E-Portfolios als Instrument zur Professionalisierung in der Lehrer- und Lerherinnenausbildung.* Bewertung technologischer und motivationaler Faktoren der Nutzung durch Studierende. Dissertation. Technische Universität Dresden, Dresden. Online verfügbar unter http://www.qucosa.de/fileadmin/data/qucosa/documents/9871/2012_11_06_Doktorarbeit.pdf, zuletzt geprüft am 13.11.2016.

Klemm, Klaus (2013): Inklusion in Deutschland – eine bildungsstatistische Analyse. Hg. v. Bertelmann Stiftung. Gütersloh. Online verfügbar unter https://www.bertelsmann-stiftung.de/fileadmin/files/BSt/Publikationen/GrauePublikationen/GP_Inklusion_in_Deutschland.pdf, zuletzt geprüft am 20.11.2019.

Klenowski, Vallis (2000): Portfolios: Promoting teaching. In: *Assessment in Education: Principles, Policy and Practice 7*(2), S. 215–236.

Klieme, Eckhard; Artelt, Cordula; Hartig, Johannes; Jude, Nina; Köller, Olaf; Prenzel, Manfred et al. (Hg.) (2010): *PISA 2009.* Bilanz nach einem Jahrzehnt. Münster: Waxmann. Online verfügbar unter https://www.pedocs.de/volltexte/2011/3526/pdf/DIPF_PISA_ISBN_2450_PDFX_1b_D_A.pdf, zuletzt geprüft am 27.11.2019.

Kluge, Friedrich; Seebold, Elmar (1989): *Etymologisches Wörterbuch der deutschen Sprache.* 22. Aufl./völlig neu bearb. Berlin u.a.: de Gruyter.

Koch-Priewe, Barbara (2013): Das Portfolio in der LehrerInnebildung -. Verbreitung, Zielsetzung, Empirie, theoretische Fundierung. In: Barbara Koch-Priewe, Tobias Leonhard, Anna Pineker und Jan Christoph Störtländer (Hg.): *Portfolio in der LehrerInnenbildung.* Konzepte und empirische Befunde. Bad Heilbrunn: Klinkhardt, S. 41–73.

Korthagen, Fred (1999): Linking reflection and technical competence: The logbook as an instrument in teacher education. In: *European Journal of Teacher Education 22*, S. 191–207.

Korthagen, Fred (2002): *Schulwirklichkeit und Lehrerbildung, Reflexion der Lehrertätigkeit.* Hamburg.

Korthagen, Fred; Vasalos, A. (2010): Going to the core: Deepening reflection by connecting the person to the profession. In: Nona Lyons (Hg.): *Handbook of Reflection and Reflective Inquiry.* Mapping a Way of Knowing for Professional Reflective Inquiry. Boston, MA: Springer Science+Business Media, LLC, S. 529–552.

Krieg, Martina; Kreis, Annelies (2014): Reflexion in Mentoringgesprächen -. ein Mythos? In: *ZFHE 9*(1), S. 103–117. Online verfügbar unter https://www.zfhe.at/index.php/zfhe/article/view/627/583, zuletzt geprüft am 29.04.2017.

Kuckartz, Udo (2012): *Qualitative Inhaltsanalyse.* Methoden, Praxis, Computerunterstützung. 3., überarbeitete Auflage. Weinheim: Juventa Verlag (Grundlagentexte Methoden).

Kunter, Mareike; Kleickmann, Thilo; Klusmann, Uta; Richter, Dirk (2011): Die Entwicklung professioneller Kompetenz von Lehrkräften. In M. Kunter, J. Baumert, W. Blum, S. Klusmann & M. Neubrand (Hrsg.). *Professionelle Kompetenz von Lehrkräften.* Ergebnisse des Forschungsprogramms COACTIV., S. 55–68.

Lamnek, Siegfried (2010): *Qualitative Sozialforschung.* Lehrbuch. 5., überarb. Aufl. Weinheim: Beltz (Grundlagen Psychologie). Online verfügbar unter http://www.content-select.com/index.php?id=bib_view&ean=9783621278409, zuletzt geprüft am 05.01.2020.

LEO (2016): *Übersetzung englisch-deutsch „prompt".* Online verfügbar unter http://dict.leo.org/ende/index_de.html#/search=prompts&searchLoc=0&resultOrder=basic&multiwordShowSingle=on&pos=0, zuletzt geprüft am 01.08.2016.

Leonhard, Tobias (2008): *Professionalisierung in der Lehrerbildung.* Eine explorative Studie zur Entwicklung professioneller Kompetenzen in der Lehrererstausbildung. Heidelberg, Pädag. Hochsch., Diss. Berlin: Logos (Studien zum Physik- und Chemielernen, 78). Online verfügbar unter http://deposit.d-nb.de/cgi-bin/dokserv?id=3095519&prov=M&dok_var=1&dok_ext=htm, zuletzt geprüft am 07.08.2017.

Leonhard, Tobias (2013): Portfolioarbeit zwischen Reflexion und Leistungsbewertung. Empirische Befunde zur Messbarkeit von Reflexionskompetenz. In: Barbara Koch-Priewe, Tobias Leonhard, Anna Pineker und Jan Christoph Störtländer (Hg.): *Portfolio in der LehrerInnenbildung.* Konzepte und empirische Befunde. Bad Heilbrunn: Klinkhardt, S. 180–192.

Leonhard, Tobias; Nagel, Norbert; Rihm, Thomas; Strittmatter-Haubold, Veronika; Wengert-Richter, Petra (2010): Zur Entwicklung von Reflexionskompetenz bei Lehramtsstudierenden. In: Axel Gehrmann, Uwe Hericks und Manfred Lüders (Hg.): *Bildungsstandards und Kompetenzmodelle.* Beiträge zu einer aktuellen Diskussion über Schule, Lehrerbildung und Unterricht. Bad Heilbrunn: Klinkhardt, S. 111–127.

Leonhard, Tobias; Rihm, Thomas (2011): Erhöhung der Reflexionskompetenz durch Begleitveranstaltungen zum Schulpraktikum? – Konzeption und Ergebnisse eines Pilotprojekts mit Lehramtsstudierenden. In: *Lehrerbildung auf dem Prüfstand 4* (2), S. 240–270.

Lipowsky, Frank (2006): Auf den Lehrer kommt es an. Empirische Evidenzen für Zusammenhängezwischen Lehrerkompetenzen, Lehrerhandeln und dem Lernen der Schüler. In: *Zeitschrift für Pädagogik* (51), S. 47–70. Online verfügbar unter https://www.pedocs.de/volltexte/2013/7370/pdf/Lipowsky_Auf_den_Lehrer_kommt_es_an.pdf, zuletzt geprüft am 21.12.2019.

Lorenzo, George; Ittelson, John (2005): *An Overview of E-Portfolio*. Educause Learning Initiative (Hg.) – advancing learing through IT innovation. Online verfügbar unter https://net.educause.edu/ir/library/pdf/ELI3001.pdf, zuletzt aktualisiert am 04.07.2016.

Lüsebrink, Ilka; Grimminger, Elke: Fallorientierte Lehrer/innenausbildung evaluieren – Überlegungen zur Modellierung von unterrichtsbezogener Reflexionskompetenz. In: Irene Pieper, Peter Frei, Katrin Hauenschild und Barbara Schmidt-Thieme (Hg.): *Was der Fall ist*. Beiträge zur Fallarbeit in Bildungsforschung, Lehramtsstudium, Beruf und Ausbildung, S. 201–211.

MAHARA (2016): *About Mahara*. Online verfügbar unter https://mahara.org/view/view.php?id=2, zuletzt geprüft am 07.11.2016.

Malone, Sarah (2013): Expertise-Reversal. In: Markus Wirtz (Hg.): *Dorsch Lexikon der Psychologie*. 16., vollst. überarb. Aufl. Bern: Huber, S. 513.

Marin, Katherine Ariemma (2014): Becoming a Teacher Educator: A Self-Study of the Use of Inquiry in a Mathematics Methods Course. In: *Studying Teacher Education 10* (1), S. 20–35. DOI: 10.1080/17425964.2013.873976.

Meentzen, Uta (2010): Verschiedene Formen der Portfolioarbeit im Programm „SINUS-Transfer". In: Michaela Gläser-Zikuda (Hg.): *Lerntagebuch und Portfolio aus empirischer Sicht*. Landau: Empirische Pädagogik e.V (Erziehungswissenschaft, Bd. 27), S. 125–141.

Mönig, Stephanie (2012): *Wissenschaftliche Reflexionsfähigkeit von Lehrenden und Lehramtsstudierenden* – theoretische Kompetenzmodellierung und empirische Überprüfung. Dortmund: Universitätsbibliothek Dortmund. Online verfügbar unter https://eldorado.tu-dortmund.de/bitstream/2003/31219/1/Dissertation.pdf, zuletzt geprüft am 02.11.2019.

Müller, Stefan (2010): Reflex, Reflektion und Reflexion. Dimensionen von Reflexivität in der Lehramtsausbildung. In: Katharina Liebsch (Hg.): *Reflexion und Intervention*. Zur Theorie und Praxis schulpraktischer Studien. Baltmannsweiler: Schneider-Verl. Hohengehren, S. 27–52.

Nückles, Matthias; Hübner, Sandra; Renkl, Alexander (2009): Enhancing self-regulated learning by writing learning protocols. In: *Learning and Instruction 19* (3), S. 259–271. DOI: 10.1016/j.learninstruc.2008.05.002.

Oevermann, Ulrich (2008): Profession contra Organisation? Strukturtheoretische Perspektiven zum Verhältnis von Organisation und Profession in der Schule. In: Werner Helsper, Susann Busse, Rolf-Torsten Kramer und Merle Hummrich (Hg.): *Pädagogische Professionalität in Organisationen*. Neue Verhältnisbestimmungen am Beispiel der Schule. Wiesbaden: VS Verlag für Sozialwissenschaften/GWV Fachverlage GmbH, Wiesbaden (Studien zur Schul- und Bildungsforschung, Band 23), S. 55–78.

Orland-Barak, Lily (2005): Portfolios as evidence of reflective practice. What remains 'untold'. In: *Educational Research 47* (1), S. 25–44. DOI: 10.1080/0013188042000337541.

Paseka, Angelika; Hinzke, Jan-Hendrik (2014): Der Umgang mit Dilemmasituationen. Ein Beitrag zu Fragen der Professionalität von Lehrpersonen und Lehramtsstudierenden. In: *ZISU* 1-2014, S. 14–28.

Paulson, F. Leon; Paulson, Pearl. R.; Meyer, Carol A. (1991): What Makes a Portfolio a Portfolio? In: *Educational Leadership 5* (48).

Peschel, Markus (2012): Mediendidaktik, Medienkompetenz, Medienerziehung. – Web 2.0 Aktivitäten im Sachunterricht. In: *GDSU-Journal* (2), S. 67–79.

Petneki, Katalin (2010): Das Portfolio als Messinstrument der Reflexionsfähigkeit in der DaF-Lehrerausbildung. In: Kazimiera Myczko (Hg.): *Reflexion als Schlüsselphänomen der gegenwärtigen Fremdsprachendidaktik*. Frankfurt am Main: Lang (Posener Beiträge zur Germanistik, 27), S. 213–223.

Pfeifer, Silvia; Kriebel, Joachim (2007): *Lernen mit Portfolios*. Neue Wege des selbstgesteuerten Arbeitens in der Schule. Göttingen: Vandenhoeck & Ruprecht.

Picard, Christin (2011): *Die Förderung kognitiver Prozesse beim Schreiben mit Prompts*. Inauguraldissertation. Online verfügbar unter: https://d-nb.info/1044772352/34, zuletzt geprüft am 05.11.2019.

Picard, Christin; Imhof, Margarete (2010): Prompts zur Anleitung tiefenorientierten Schreibens in Lerntagebüchern und Portfolios. In: Michaela Gläser-Zikuda (Hg.): *Lerntagebuch und Portfolio aus empirischer Sicht*. Landau: Empirische Pädagogik e.V (Erziehungswissenschaft, Bd. 27), S. 59–79.

Pineker, Anna; Störtländer, Jan Christoph (2013): Gestaltung von praktikumsbezogenen Reflexionsanlässen im Rahmen des „Bielefelder Portfolio Praxisstudien" – zwei hochschuldidaktische Varianten und ihre Evaluation. In: Barbara Koch-Priewe, Tobias Leonhard, Anna Pineker und Jan Christoph Störtländer (Hg.): *Portfolio in der LehrerInnenbildung*. Konzepte und empirische Befunde. Bad Heilbrunn: Klinkhardt, S. 192–211.

Pörksen, Uwe (2011): *Plastikwörter*. Die Sprache einer internationalen Diktatur. 7. Aufl. Stuttgart: Klett-Cotta.

Posch, Peter (2009): *Aktionsforschung und Kompetenzentwicklung*. Paper zum Vortrag auf der Tagung des Nordverbunds Schulbegleitforschung in Oldenburg am 18.09. 2009. Online verfügbar unter https://uol.de/fileadmin/user_upload/diz/download/Veranstaltungen/Tagungen/Nordverbund_Posch_Text.pdf, zuletzt geprüft am 23.12.2019.

Prenzel, Manfred; Sälzer, Christine; Klieme, Eckhard; Köller, Olaf (Hg.) (2013): *PISA 2012*. Fortschritte und Herausforderungen in Deutschland: Münster: Waxmann. Online verfügbar unter https://www.waxmann.com/?eID=texte&pdf=3001PISA_2012.pdf&typ=zusatztext, zuletzt geprüft am 20.09.2019.

Rachbauer, Tamara (2014): *Das E-Portfolio im Bildungskontext*: Anforderungen, Potenziale, Grenzen und Gefahren beim E-Portfolioeinsatz. Hamburg: Diplomica Verlag GmbH.

Rapp, Alexander (2013): Zone der nächsten Entwicklung. In: Markus Wirtz (Hg.): *Dorsch Lexikon der Psychologie*. 16., vollständig überarb. Aufl. Bern: Huber, S. 1705.

Ravet, Serge (2007): *Position Paper on ePortfolio*. Online verfügbar unter http://www.eife-l.org/publications/eportfolio/documentation/positionpaper, zuletzt geprüft am 14.10.2015.

Reinisch, Holger (2006): Kompetenz, Qualifikation und Bildung: Zum Diskurs über die begriffliche Fassung von Zielvorgaben für Lernprozesse. In: Klaus Beck, Gerhard Minnameier und Eveline Wuttke (Hg.): *Berufs- und wirtschaftspädagogische Grundlagenforschung*. Lehr-Lern-Prozesse und Kompetenzdiagnostik; Festschrift für Klaus Beck. Frankfurt am Main: Lang, S. 259–272.

Reinisch, Holger (2009): „Lehrerprofessionalität" als theoretischer Term. Eine begriffssystematische Analyse. In: Olga Zlatkin-Troitschanskaia (Hg.): *Lehrprofessionalität*. Bedingungen, Genese, Wirkungen und ihre Messung. Weinheim, Basel: Beltz, S. 33–43.

Reis, Oliver (2009): Durch Reflexion zur Kompetenz – Eine Studie zum Verhältnis von Kompetenzentwicklung und reflexivem Lernen an der Hochschule. In: Ralf Schneider (Hg.): *Wandel der Lehr- und Lernkulturen*. 40 Jahre Blickpunkt Hochschuldidaktik. Bielefeld: Bertelsmann (Blickpunkt Hochschuldidaktik, Bd. 120), S. 100–120.

Reiter, Melanie (2016): *Das eigene Lernen „managen"* – der Einsatz der E-Portfolio-Plattform Mahara an der Pädagogischen Hochschule Heidelberg. Online verfügbar unter https://www.e-teaching.org/etresources/pdf/erfahrungsbericht_2016_reiter-melanie_das-eigene-lernen-managen.pdf, zuletzt geprüft am 31.10.2016.

Rodgers, Carol (2002): Defining Reflection: Another Look at John Dewey and Reflective Thinking. In: *Teachers College Rec 104* (4), S. 842–866. DOI: 10.1111/1467-9620.00181.

Rolheiser, Carol; Bower, Barbara; Stevahn, Laurie (2000): The portfolio organizer. Succeeding with portfolios in our classroom. Alexandria, Va: *Association for Supervision and Curriculum Development*. Online verfügbar unter http://npu.edu.ua/!e-book/book/djvu/A/iif_kgpm_Rolheiser%20C.%20Succeeding%20with%20Portfolios%20in%20Your%20Classroom.pdf, zuletzt geprüft am 20.03.2017.

Rotärmel, Tanja; Niestradt-Bietau, Ilsegret (2016): Das Paderborner „Portfolio Praxiselemente". AIMs auf dem Weg. In: Maria Boos, Astrid Krämer und Meike Kricke (Hg.): *Portfolioarbeit phasenübergreifend gestalten*. Konzepte, Ideen und Anregungen aus der LehrerInnenbildung. Münster: Waxmann (LehrerInnenbildung gestalten, 8), S. 121–134.

Roters, Bianca (2012): *Professionalisierung durch Reflexion in der Lehrerbildung*. Eine empirische Studie an einer deutschen und einer US-amerikanischen Universität. Münster: Waxmann (Studien zur international und interkulturell vergleichenden Erziehungswissenschaft, Bd. 12).

Schäfer, Stefanie; Blomberg, Geraldine A.; Stürmer, Kathleen; Seidel, Tina (2012): Der Einsatz von Lerntagebüchern in der universitären Lehrerausbildung. – Welchen Effekt haben strukturierende Leitfragen auf die Reflexionsfähigkeit von Lehramtsstudierenden? In: *Empirische Pädagogik 26* (2), S. 271–291.

Schlee, Jörg (2013): Lernen als Veränderung von Subjektiven Theorien. In: *Erziehung & Unterricht 163* (1/2), S. 118–124.

Schön, Donald A. (1983): *The reflective practitioner*. How professionals think in action. New York, NY: Basic Books.

Schön, Donald A. (1987): *Educating the reflective practitioner*. San Francisco: Jossey-Bass Publishers.

Schüpbach, Jürg (2007): *Über das Unterrichten reden*. Die Unterrichtsnachbesprechung in den Lehrpraktika – eine „Nahtstelle von Theorie und Praxis"? Bern: Haupt (Schulpädagogik – Fachdidaktik – Lehrerbildung, 14).

Sherin, Miriam Gamoran (2001): Developing a professional vision of classroom events. In: Terry Lee Lee Wood, Barbara Scott Nelson und Janet Warfield (Hg.): *Beyond classical pedagogy*. Teaching elementary school mathematics. Mahwah, N.J: Erlbaum Associates, S. 75–93.

Sherin, Miriam Gamoran (2002): When teaching becomes learning. In: *Cognition and Instruction 20* (2), S. 119–150.

Skorsetz, N., Weber, N. & Kucharz, D. (2020). ePortfolio zur Medienbildung im Grundschulehramtsstudium – ein Best-Practice Beispiel aus dem Sachunterricht. In K. Kaspar, M. Becker-Mrotzek, S. Hofhues, J. König & D. Schmeinck (Hrsg.), Tagungsband „Bildung, Schule und Digitalisierung" (S. 236–241). Münster: Waxmann. Link: https://www.waxmann.com/index.php?eID=download&buchnr=4246

Spektrum Akademischer Verlag (2010): *Lexikon der Psychologie*. Prompts. Heidelberg. Online verfügbar unter http://www.spektrum.de/lexikon/psychologie/prompts/11918, zuletzt geprüft am 01.08.2016.

statista (2019): Anzahl der Smartphone-Nutzer in Deutschland in den Jahren 2009 bis 2018. Online verfügbar unter https://de.statista.com/statistik/daten/studie/198959/umfrage/anzahl-der-smartphonenutzer-in-deutschland-seit-2010/, zuletzt geprüft am 06.01.2020.

Streblow, Lilian; Rumpold, Vanessa; Valdorf, Nicole (2013): Einschätzungen der Portfolioarbeit durch Lehramtsstudierende -. empirische Ergebnisse einer studienverlaufsbegleitenden Befragung in Bielefeld. In: Barbara Koch-Priewe, Tobias Leonhard, Anna Pineker und Jan Christoph Störtländer (Hg.): *Portfolio in der LehrerInnenbildung.* Konzepte und empirische Befunde. Bad Heilbrunn: Klinkhardt, S. 122–135.

Sturm, Tanja (2016): *Lehrbuch Heterogenität in der Schule.* 2., überarb. Aufl., München, Basel: Ernst Reinhardt Verlag (UTB, 3893).

Stürmer, Kathleen; Seidel, Tina; Schäfer, Stefanie (2013): Changes in professional vision in the context of practice. Preservice Teachers' Professional Vision Changes Following Practical Experience: A Video Based Approach. In: *University Based Teacher Education. Gruppendynamik & Organisationsberatung 44* (3), S. 339–355.

Tenorth, Heinz-Elmar; Tippelt, Rudolf (Hg.) (2007): *Beltz Lexikon Pädagogik.* Weinheim: Beltz (Studium Paedagogik). Online verfügbar unter http://www.content-select.com/index.php?id=bib_view&ean=9783407291455, zuletzt geprüft am 07.08.2017.

Terhart, Edwald (2011): Lehrerberuf und Professionalität. Gewandeltes Begriffsverständnis – neue Herausforderungen. Helsper, Werner; Tippelt, Rudolf (Hg.): Pädagogische Professionalität. In: *Zeitschrift für Pädagogik*, S. 202–224. Online verfügbar unter https://www.pedocs.de/volltexte/2013/7095/pdf/Terhart_Lehrerberuf_und_Professionalitaet.pdf, zuletzt geprüft am 21.12.2019.

Thomann, Lisa Caroline (2012): *Portfolio im Modellstudiengang Medizin der RWTH Aachen* – Intention bei Einführung, Statusanalyse und Ermittlung der studentischen Anforderungen zur Implementierung eines elektronischen Portfolios. unveröffentlichte Dissertation. Rheinisch-Westfälischen Technischen Hochschule Aachen.

Thomas, Bernd (2013): Von der Exotik zur Dominanz. Frauen und Männer im Lehramt für die Grundschule. In: *die hochschule 1*, S. 138–149.

Tracy, Rosemarie; Lemke, Vytautas (Hg.) (2009): *Sprache macht stark.* Offensive Bildung. Berlin: Cornelsen Scriptor (Frühe Kindheit. Sprache & Literacy).

Trautmann, Matthias; Wischer, Beate (2011): *Heterogenität in der Schule.* Eine kritische Einführung. Wiesbaden: VS Verlag für Sozialwissenschaften/Springer Fachmedien Wiesbaden.

Tulodziecki, Gerhard (2013): Zur Entstehung und Entwicklung zentraler Begriffe bei der pädagogischen Auseinandersetzung mit Medien. In: Horst Niesyto (Hg.): *Medienbildung und Medienkompetenz.* Beiträge zu Schlüsselbegriffen der Medienpädagogik. München: kopaed, S. 11–39.

United Nations (UN) (2009): Übereinkommen der Vereinten Nationen über die Rechte von Menschen mit Behinderungen. (UN-BRK). Online verfügbar unter www.bmas.de/DE/Service/Medien/Publikationen/a729-un-konvention.html, zuletzt geprüft am 05.06.2019.

Unterbruner, Ulrike (2007): Multimedia-Lernen und Cognitive Load. In: Dirk Krüger und Helmut Vogt (Hg.): *Theorien in der biologiedidaktischen Forschung.* Ein Handbuch für Lehramtsstudenten und Doktoranden, Bd. 38. Berlin, Heidelberg: Springer-Verlag Berlin Heidelberg (Springer-Lehrbuch), S. 153–164.

Valli, Linda (1997): Listening to other voices: A description of teacher reflection in the United States. In: *Peabody Journal of Education 72* (1), S. 67–88. DOI: 10.1207/s15327930pje7201_4.

van Es, Elizabeth A.; Sherin, Miriam Gamoran (2008): Mathematics teachers' "learning to notice" in the context of a video club. In: *Teaching and Teacher Education 24* (2), S. 244–276. Online verfügbar unter https://doi.org/10.1016/j.tate.2006.11.005, zuletzt geprüft am 23.12.2019.

VERBI Software (2015). *MAXQDA 2012* [computer software]. Berlin, Germany: VERBI Software. Available from maxqda.com.

Vogel, Rose (2013): Portfolioarbeit als Ort der Selbstreflexion im Lehramtsstudium (am Beispiel des Fachs Mathematik). In: Barbara Koch-Priewe, Tobias Leonhard, Anna Pineker und Jan Christoph Störtländer (Hg.): *Portfolio in der LehrerInnenbildung.* Konzepte und empirische Befunde. Bad Heilbrunn: Klinkhardt, S. 226–236.

Wahl, Diethelm (2002): Mit Training vom trägen Wissen zum kompetenten Handeln? In: *Zeitschrift für Pädagogik 48* (2), S. 227–241.

Wahl, Diethelm (2013): *Lernumgebungen erfolgreich gestalten.* Vom trägen Wissen zum kompetenten Handeln: mit Methodensammlung. 3. Auflage. Bad Heilbrunn: Klinkhardt.

Weber, Nadine; Skorsetz, Nina; Kucharz, Diemut (2019): Förderung medienpädagogischer Kompetenz durch ePortfolios in der 1. Phase der Lehramtsausbildung. Ludwigsburger Beiträge zur Medienpädagogik. 20/2019. Link: https://www.medienpaed-ludwigsburg.de/wp-content/uploads/LBzM_Thema-Weber-Skorsetz-Kucharz_ePortfolio.pdf, zuletzt geprüft am 18.11.2020.

Weber, Nadine; Wehner, Franziska (i. Vorb.): *Erfassung von Reflexionskompetenz zum Umgang mit Heterogenität durch Fallvignetten* – Inhaltliche Validierung durch Expert*innen.

Wehner, Franziska; Weber, Nadine (2017): Erfassung der Reflexionskompetenz bei Lehramtsstudierenden anhand von Fallvignetten. In: Susanne Miller, Birgit Holler-Nowitzki, Brigitte Kottmann, Svenja Lesemann, Birte Letmathe-Henkel, Nikolas Meyer et al. (Hg.): *Profession und Disziplin*. Wiesbaden: Springer Fachmedien, S. 270–275.

Wenning, Norbert (2007): Heterogenität als Dilemma für Bildungseinrichtungen. In: Sebastian Boller (Hg.): *Heterogenität in Schule und Unterricht*. Handlungsansätze zum pädagogischen Umgang mit Vielfalt. Weinheim, Bergstr: Beltz (Beltz Pädagogik), S. 21–31.

WIKIPEDIA (2016): *Eintrag zu „Mahara"*. Online verfügbar unter https://de.wikipedia.org/wiki/Mahara, zuletzt geprüft am 31.10.2016.

Winter, Felix (2012): Das Portfolio vom möglichen Mehrwert her planen. Welches Portfolio soll es sein und wozu? In: Gerd Bräuer (Hg.): *Portfolio macht Schule*. Unterrichts- und Schulentwicklung mit Portfolio. Seelze-Velber: Klett; Kallmeyer, S. 41–65.

Winter, Felix (2013): Das Portfolio in der Hochschulbildung. Reformimpulse für Didaktik und Prüfungswesen. In: Barbara Koch-Priewe, Tobias Leonhard, Anna Pineker und Jan Christoph Störtländer (Hg.): *Portfolio in der LehrerInnenbildung*. Konzepte und empirische Befunde. Bad Heilbrunn: Klinkhardt, S. 15–40.

Wischer, Beate (2013): Konstruktionsbedingungen von Heterogenität im Kontext organisierter Lernprozesse. Eine schul- und organisationstheoretische Problemskizze. In: Jürgen Budde (Hg.): *Unscharfe Einsätze: (Re-)Produktion von Heterogenität im schulischen Feld*, Bd. 32. Wiesbaden: Springer Fachmedien Wiesbaden, S. 99–126.

De Witt, Claudia (2008): Lehren und Lernen mit Neuen Medien/E-Learning. In: Uwe Sander (Hg.): *Handbuch Medienpädagogik*. Wiesbaden: VS, Verl. für Sozialwiss, S. 440–448.

Wyss, C. (2008): Zur Reflexionsfähigkeit und -praxis der Lehrperson. In: *bildungsforschung* 5 (2), S. 1–15. Online verfügbar unter http://bildungsforschung.org/index.php/bildungsforschung/article/view/80/82, zuletzt geprüft am 03.03.2015.

Wyss, Corinne (2019): *Reflexion und Reflexivität in der Lehrerbildung*: konzeptionelle und empirische Grundlagen. Vortrag auf der GoL-Tagung in Gießen 2019. Online verfügbar unter https://www.uni-giessen.de/fbz/zentren/zfl/projekte/gol/tagungen/keynotes, zuletzt geprüft am 05.11.2019.

Zeichner, Kenneth M.; Liston, Daniel P. (1996): *Reflective Teaching: An Introduktion*. Mahwah, New Jersey: Lawrence Erlbaum Associates.

Ziegelbauer, Sascha (2016): Zum Nutzen von Portfolioarbeit im Lehramtsstudium – zwei Seiten einer Medaille. In: Sascha Ziegelbauer und Michaela Gläser-Zikuda (Hg.): *Das Portfolio als Innovation in Schule, Hochschule und LehrerInnenbildung*. Perspektiven aus Sicht von Praxis, Forschung und Lehre. Bad Heilbrunn: Klinkhardt, S. 147–165.

Ziegelbauer, Sascha; Ziegelbauer, Christine; Limprecht, Susi; Gläser-Zikuda, Michaela (2013): Bedingungen für gelingende Portfolioarbeit in der Lehrerbildung – empiriebasierte Entwicklung eines adaptiven Portfoliokonzepts. In: Barbara Koch-Priewe, Tobias Leonhard, Anna Pineker und Jan Christoph Störtländer (Hg.): *Portfolio in der LehrerInnenbildung*. Konzepte und empirische Befunde. Bad Heilbrunn: Klinkhardt, S. 112–121.

Zumbach, Jörg (2008): Problembasiertes Lernen in der Hochschuldidaktik. In: *Journal für LehrerInnenbildung* 8 (4), S. 8–14.

Zylka, Johannes; Müller, Wolfgang; Dörr, Günter (2014): Empirische Verfahren der Medienkompetenzerfassung und ihre Strukturierung am Beispiel der Lehrerbildung. In: Anja Hartung, Bernd Schorb, Horst Niesyto, Heinz Moser und Petra Grell (Hg.): *Jahrbuch Medienpädagogik 10*. Methodologie und Methoden medienpädagogischer Forschung. Wiesbaden: Springer Fachmedien Wiesbaden, S. 193–211.

Abbildungsverzeichnis

Tabellenverzeichnis